三代損益記

夏商周文化史研究

夏含夷
Edward L. Shaughnessy
著

图书在版编目(CIP)数据

三代损益记：夏商周文化史研究 / 夏含夷著. —
上海：上海古籍出版社，2020.9(2024.1 重印)
　　ISBN 978-7-5325-9747-5

　　Ⅰ.①三…　Ⅱ.①夏…　Ⅲ.①文化史－研究－中国－
三代时期　Ⅳ.①K221.03

　　中国版本图书馆 CIP 数据核字(2020)第 167576 号

三代损益记

夏商周文化史研究

夏含夷　著

上海古籍出版社出版发行

(上海市闵行区号景路159弄1-5号A座5F　邮政编码201101)

(1) 网址：www.guji.com.cn
(2) E-mail：guji1@guji.com.cn
(3) 易文网网址：www.ewen.co

常熟市人民印刷有限公司印刷

开本 635×965　1/16　印张 18　插页 5　字数 234,000
2020 年 9 月第 1 版　2024 年 1 月第 2 次印刷
印数：3,101—3,900
ISBN 978-7-5325-9747-5
K·2902　定价：78.00 元
如有质量问题，请与承印公司联系

自　序

　　子张问："十世可知也?"子曰："殷因于夏礼,所损益,可知也;周因于殷礼,所损益,可知也;其或继周者,虽百世可知也。"(《论语·为政》)

　　孔子籀《易》,至于损益一卦,未尝不废书而叹,戒门弟子曰："二三子,夫损益之道,不可不审察也,吉凶之□也。益之为卦也,春以授夏之时也,万物之所出也,长日之所至也,产之室也,故曰益。损者,秋以授冬之时也,万物之所老衰也,长夜之所至也,故曰损。……益之始也吉,其终也凶。损之始凶,其终也吉。损益之道足以观天地之变,而君者之事已。"(马王堆帛书《要》)

　　"损益"这个词汇虽然现在多用于经济学方面,可是它对文化史的意义更为深刻,不但孔子审视夏商周礼制时曾以"损益"论之,而且早在孔子之前《损》和《益》已经是《周易》中的两卦。孔子曰"损益之道足以观天地之变,而君者之事已",并非夸张。因此,这本《夏商周文化史研究》以《三代损益记》为题。

　　像过去上海古籍出版社出版的《古史异观》(2005年)和《兴与象:中国古代文化史论集》(2012年)那样,这个论文集也"监于"夏商周三代,只不过我也跟孔子一样"从周"(《论语·八佾》之语):除了第一篇文章《竹书纪年〉和夏代编年:我对历史方法的反思》专论夏代年代问题,以及最后一篇《再论表意文字与象形信仰》对中国文字的起源与性质作综合研究以外,其余十六篇文章都以两周文化为主。这十八篇文章分成三编,即"青铜器和断代研究""出土文献与古文字研究"和"经学研究",每一编包括六篇文章。

上编"青铜器和断代研究"主要探讨两个问题:铜器断代和铜器铭文的文学意义。铜器断代是我长期关心的问题,这个问题与西周年代学有密切关系。历史学家都知道年代框架是历史学的基石,年代的先后如果颠倒,历史的趋势就会被误解。在 20 世纪 90 年代,中国上古年代是学术界热烈讨论的问题,初步结果是 2000 年出版的《夏商周断代工程 1996—2000 年阶段成果报告(简本)》。这个报告虽然得到中国国内学者的认可,教育和文化机构都引用它的年代框架,但是出版不久之后就有新问世的铜器暴露出这个框架的种种问题,说明《工程》需要修改。2013 年发表的《"夏商周断代工程"十年后之批判——以西周诸王在位年代为例证》(本书中改作《论"夏商周断代工程"》)一文是我在台湾宣读的论文,初步发表也是在台湾,在境外引起相当多的注意,然而在境内很少有人知道。这篇文章对《夏商周断代工程 1996—2000 年阶段成果报告(简本)》提出综合批评,也举出积极证据说明铜器断代与年代学的方法,作为以后的基础。

铜器铭文的文学意义是国外积极讨论的问题,在国内并没有引起多少注意。国外不少学者强调比较文明研究,认为中国上古历史与西方国家诸如希腊和罗马历史经过了并行的演变。按照这些西方学者的推想,因为希腊古典文学多为口传,所以中国文学也应该源于口头背景,连铜器铭文也不例外。有人说铜器是为了宗庙礼仪而铸造的,它的铭文反映了礼仪的表演,包括纪念周王赏赐时宣布的命令和祭祀祖先时的祷告,基本上都反映口头背景。针对这个观点,我在《师望鼎的铸造与文字的重要地位》一文里提出证据,说明铜器铸造技术强调铭文的形式,这表明了书写的重要性。

有的西方学者也对战国时代的简帛文献持同样的学术立场。他们认为这种文献不但是口头创作,而且主要也通过口头传播。

在本书的"出土文献与古文字研究"与"经学研究"两编中,我以两篇文章对这个学说提出了反驳。在《〈郑文公问太伯〉与中国古代文献的抄写》一文中,我提出证据说明清华简《郑文公问太伯》的甲、乙本是由一个底本和一个抄本抄写的,对口传学说是非常不利的具体反证。《郑文公问太伯》是新出土的文献,仍然没有引起大多数读者的注意。与此不同的是,《诗经》是中国经典,是任何读者都关心的文学精品。西方学者也普遍说《诗经》是古人唱诵的诗歌,到战国时代才有写本。在《出土文献与〈诗经〉的口头和书写性质》一文中,我利用各种文献学和文字学证据论证书写对《诗经》的创作和流传都起了重要作用。在这方面,我的观点大概和大多数中国学者的看法比较一致。

这并不是说我所有的看法都和中国学者相同。在《筮法还是释法》一文中,我受到清华简《筮法》的启发,重新考虑《左传》所载的诸多占筮记载;接着我在 1988 年发表的《〈周易〉筮法原无"之卦"考》中又一次讨论《周易》的筮法,论证这个筮法不可能跟中国传统说法一样。《〈周易〉筮法原无"之卦"考》发表以后没有得到大多数中国《周易》学者的认同,恐怕他们认为这仅仅是一个老外的痴人说梦。然而,新出土的证据又证明古代筮法当与千年来的传统说法不同。我自己的结论不一定对,然而指出传统说法的问题也是学术进步,这个问题非常值得《周易》学界重视。说到梦,《说杅:〈程寤〉与最早的中国梦》也值得一提。《程寤》篇原先是《逸周书》的一篇,可是北宋末年以后就失传了,剩下来的只是六朝隋唐文献所引用的一小部分。2010 年出版的《清华大学藏战国竹简(壹)》使学术界终于得见此文的早期面貌,是可喜可贺的事情。然而,因为中国中古时代的学者不懂上古的某些文字学习惯,引用《程寤》的时候犯下了基本错误。不幸的是,这个错误延续到现在,不但清华大学的编者对《程寤》的简本采用了中古的读法,并且其他所有讨论这篇文献的学者都受到这种枷锁的限制而继续着同样的误解。

　　说到这里就不再一一介绍本文集收录的文章。若我们回头思考"损益"的深意,则按照《周易》的道理,有损必有益,有益也必有损。这十八篇文章当中,有的结论和中国学者的看法相同,有的不同;有的受到西方学术界的影响,有的未受到影响,几乎都和传统说法有所不同。我的这些结论不一定都对,但是不管如何是一家之言。一个外国学者指出中国传统说法的缺点和错误一定会引起某些读者的反感,虽然如此,我也绝不会为此道歉。在中国国内有普遍的看法,认为古人的成说有很深的渊源,应该谨慎对待。这个态度我当然认可,毕竟我已经投入了一辈子的时间研究中国传统学术史。然而,我们现在有幸见到 20 世纪的伟大考古发现。有的发现肯定了不少传统说法,这没有人能够否认,但是我们同样应该承认有的发现推翻了不少传统误解。21 世纪的中国学术界也许应该走出疑古时代,可是这并不等于走入信古时代。往前走总是进步,尽管进步有益又有损,但总而言之还是积极的方向。益卦初九爻辞曰:"初九:利用为大作。元吉。无咎。"就让我带着自信继续前进吧!

夏含夷

2020.7.25

目　录

上编

青铜器和断代研究

《竹书纪年》和夏代编年：
我对历史方法的反思[*]

  1923 年 1 月 27 日,倪德卫(David Shepherd Nivison,1923—2014)生于美国缅因州法明代尔。1940 年进入哈佛大学,准备学习中国古典学,然而他的学业被太平洋战争打断了。倪德卫在战争期间服务于美军情报部门,学习了日语。1945 年战争结束,倪德卫回到哈佛,次年毕业,取得了东亚研究(重点是中国历史)的学位。1948 年,他开始在斯坦福大学教书,直到去世。倪德卫最初研究思想史,由章学诚(1738—1801)上溯宋代思想家,再上溯孟子(公元前 372—前 289)。20 世纪 70 年代,他试着阅读商代的甲骨文,关注点遂转移到更早的时代。

  我与倪德卫初遇于 1978 年,那时我是斯坦福大学古代中国研究专业的研究生。一年后,我上了倪德卫的西周金文研究课。倪德卫后来回忆,一个周日的晚上,在他准备教案时,他"发现了难以置信的事,它成了我余生研究的主题"。这项研究最初仅针对 1976 年在陕西扶风庄白发现的微氏家族铜器,最终扩展到两个主要方面:首先是"《竹书纪年》不是伪造的,而是无价的史料",其次是精确重构从夏代开始的中国上古纪年。他说"第二天晚上的讨论会令人激动"①,讨论会确实令人激动。同样令人激动的是他接下来 35 年的研究生涯。在此期间,除了上面提到的两个主要方面,他还研究了其他关于上古中国历史编纂和纪年的论题。

  倪德卫以他此后 35 年重构《竹书纪年》的原始文本并以此重

---

 * 本文原载于《文史哲》2019 年第 2 期,程羽黑译。
 ① David S. Nivison, *The Riddle of the Bamboo Annals*, Taipei: Airiti Press, 2009, p.8.

构整个上古中国史编年而著名。他的研究比"夏商周断代工程"早
了 15 年①，在很多方面比断代工程更有雄心，在某些方面比断代工
程有更长久的价值。他比这个国家资助的大项目投入了更多的时
间，也期望更大的成果。倪德卫探索了中国古史的许多不同方面，
思考它们需要再有一个国家项目。然而，因为本文的主题是探讨
夏代纪年，所以我们可以只考虑他重构夏代纪年这一点。我与这
一研究有密切关联，尤其是倪德卫最后的一些思考，我要对它们作
出回应。

　　倪德卫声称他解决了夏代编年问题。在早期的研究中，班大
为(David W. Pankenier)证明了公元前 1953 年 2 月发生了五星连
珠。倪德卫假定这一天象标志夏代的开始，他注意到公元前 1953
年在《竹书纪年》记载的夏代元年——公元前 2029 年的 76 年之
后。在中国古代的历法中，76 年为一蔀，倪德卫因此假定某个文
本编辑者将 76 年额外的材料插入文本。接着他和加利福尼亚州
帕萨迪纳喷气推进实验室的一个天文学家、业余历史研究者彭瓞
钧(Kevin D. Pang)合作，确定了《尚书》中记载的著名的"仲康日
食"发生于公元前 1876 年 10 月 16 日。根据这些天文现象，倪德
卫发展出了一套异常复杂的关于整个夏代纪年的论证。他的论据
是他自己重构的《竹书纪年》，而他的重构主要包括三个方面，依次
为：① 夏代君主以即位元年首日的天干为名；② 夏代君主之间的
不规则间隔(零、一、二、三、四年以及一次四十年)通统应是两年；
③ 末代君主桀完全是虚构的。

　　倪德卫在 *The Riddle of the Bamboo Annals* 中充分阐释了
他重构夏代纪年的企图。他的论据包括天文学(见上文)、文本考

---

　　① 倪德卫关于这一主题发表的第一篇文章是他在《哈佛亚洲学报》上刊行的长文
"The Dates of Western Chou"。26 年后他出版了对《竹书纪年》最详细的研究 *The Riddle
of the Bamboo Annals*，此书的中译本《〈竹书纪年〉解谜》(上海古籍出版社，2015 年)在他去
世后出版。他的未刊论文集 *The Nivison Annals: Selected Works of David S. Nivison on
Early Chinese Chronology，Astronomy，and Historiography* (Berlin: De Gruyter, 2018)
随后结集出版。

据(尤其是对《竹书纪年》)以及相当多的对历史编纂的猜测(他考
虑到了夏代和战国时代的情况,认为《竹书纪年》在这个时代经过
多次修订)。介绍他的论证最公平的方法莫过于引用他自己在
"Epilogue to *The Riddle of the Bamboo Annals*"中的简明论述①。
在下面的一长段引文中,我仅删去了我认为无关紧要的说明以及
四条脚注(文中提到的年代都指公元前):

> 《竹书纪年》中开始于我假定的原始年份的纪年是怎
> 么创造出来的? 我认为《竹书纪年》中夏代君主的在位时
> 间是准确的,而他们之间的间隔通统是两年(前任君主的
> 丧期)。战国时代的某个时候,也许是在鲁国(因为尧的
> 元年从2026年推前到2145年,该年是鲁国闰历中的蔀
> 首,而商的元年仍是1589年,该年是从1554年前推而
> 得,但在帝癸的在位时间被推得之前),夏代纪年被改造
> 以使原来从1989年禹取得"法理上的"(de jure)王位开
> 始的十六个王的在位时间加起来恰好等于四百年。
>
> 　"实际上的"(de facto)夏元年(舜十四年舜把权力转
> 交给禹)从1953年前移了一蔀76年到2029年,得出了
> 《竹书纪年》的夏积年——471年。头四十年(到舜五十
> 年,然后是舜的丧期)被算作禹"实际上的"在位年份。于
> 是禹"法理上的"在位八年变成了从1989年开始(以下叙
> 述把这些年份当作固定的)。
>
> 　同时,A类的圣王尧、舜、禹的丧期由两年增为三年。
> 既然舜在禹"实际上的"在位期间去世,那么夏就增加了
> 两年。作为补偿,第二个君主启的丧期(临时)由两年减
> 为零年。
>
> 　第四代君主仲康的日食推前了一个蔀(76年,配合

---

① 　David S. Nivison, "Epilogue to *The Riddle of the Bamboo Annals*." *Journal of Chinese Studies* 53 (2011), pp.17 - 18.该文是对我写的 *The Riddle of the Bamboo Annals* 长书评的反驳,下文会提到我的书评。

夏元年的改动)。如果日食的正确日期——夏历九月一日——在1876年，它必须被推前到1952年。但这一年的九月朔太阳应在房宿(《左传·昭公十七年》)。这一年份需减去一纪1520年验证，结果是432年，验证失败。432年之后第一个通过验证的年份是428年，该年(夏历)九月朔是庚戌(该年有个闰八月，所以张培瑜《中国先秦史历表》的十二月是夏历九月)。所以《纪年》选定的年份是428+1520=1948，日期是庚戌……移后这四年需要在《纪年》中此前夏纪年的某一点插入四年。启后的"零年"间隔正满足了需要，于是启与嗣君的间隔变成了四年——《纪年》夏纪年中唯一的四年间隔(这一结果与彭瓞钧的日食日期——1876年10月16日契合)。提前的年份现在减少了四年，由76年变成72年。

相之后寒浞的四十年间隔被提出来，以代替两年的间隔，用来填充推前的72年中剩下的38年，将它减少为34年。

这使得从禹"法理上的"在位开始到第八任君主芬的丧期结束的时间变成202年。因此，芬的两年丧期被取消，推前年份增加到36年。于是夏代前八个君主分配到了两百年，如此则后八个君主也分配到了两百年，使1789年变成第九任君主芒的元年，而1589年变成了商元年。

《竹书纪年》在第十一任君主不降之后插入两年间隔，忘了他是退位的。这使推前年份再次下降为34年。从1589年往回数，会发现后八位君主(芒到发)包括间隔有201年；于是第九任君主芒后的间隔从两年减为一年。这使推前年份增加到35年。

接着，不降后的两年间隔被注意到不应添加，于是就被取消了，而不降前后的君主(泄和扃)的丧期(即间隔)从两年增加到三年，以与之前的年数一致。

　　这篇"Epilogue to *The Riddle of the Bamboo Annals*"是被我在同一本杂志(香港中文大学《中国文化研究所学报》)上发表的书评①激出来的。在书评的开头，我评估了他广为人知的西周君主用两套历法的理论——一套从前任去世后的一年开始(新君"立")，一套从前者的两年后开始(新君"即位"，可能是完成了三年之丧)。我认为这一理论很可能是解开西周纪年之谜的关键。然而，我接着批评倪德卫将这一理论从西周推前一千年用到夏代——离文字记录出现还要好几个世纪呢：

　　　　不幸的是，在我评论的这本书中，我认为倪德卫将一个好想法"超负荷"使用了。他把这种历法实践从西周前推一千年到夏初。当然，这一时代别无文字记录，支撑倪德卫主张的唯一根据是一直背负伪名的《竹书纪年》。倘若有证据表明《竹书纪年》的这些部分确合史实，那么它可能是有说服力的——如果这样的证据确实存在于《竹书纪年》中。只有部分在位时间提到之前有间隔，有时是一年，有时是两年，有时是三年——如倪德卫所注意到的，"大约三分之一是两年"。从这点出发，他断言"认为所有的间隔都是两年应是合理的"。为什么是"合理的"？实际上，我认为更"合理的"说法是早期不规则的间隔规则化了，但这需要时间。对我来说，没有任何证据(比如我们现在看到的《竹书纪年》文本)能支持倪德卫的假设。倪德卫认为还有其他证据支持它——他重构的夏纪年需要用到规则的两年间隔。很明显这是循环论证，即便如此也不需要倪德卫去论证夏的末代君主、恶名昭彰的帝癸或桀"是虚构的，没有这样的一个君主"。我们看到的《竹书纪年》包括了这位君主三十一年的纪年，但倪德卫

　　① Edward L. Shaughnessy, "Of Riddles and Recoveries: The *Bamboo Annals*, Ancient Chronology, and the Work of David Nivison." *Journal of Chinese Studies* 52 (2011), pp.269-290.

说他重构的文本说明这些是后来插入原始文本的（显然
是在公元前300年左右魏襄哀王时插入的）。①

下面我还要从整体上说说《竹书纪年》。现在我仅对两点作进
一步说明：关于夏代君主之间的间隔和末代君主桀的编年。从大
禹的儿子启到桀，《竹书纪年》包括了十六位君主，他们之间的间隔
如何，文本说得不是很清楚。然而，联系文本中每一位君主在位元
年的干支名和他们死时记载的在位时间，我们可以计算出他们在
位时间的间隔如下：4、2、2、40、2、2、0、1、3、0、3、2、2、2、0。因此，十
五次王权转移中有七次的间隔是两年，比倪德卫所说的"三分之
一"多。尽管如此，八次转移中要么压根没有间隔（三次），要么有
一、三、四，甚至四十年间隔，我仍然看不出有什么理由说所有的
间隔都正好是两年，没有任何文献支持此说，我认为倪德卫在这一
重构上师心自用了。至于说桀"是虚构的，没有这样的一个君主"，
在我看来这是倪德卫对史料更专横的干涉。我相信我们所看到的
关于桀的零星史料中有很大一部分是传说，但《竹书纪年》中桀的
编年与其他编年没有本质的区别。删去他在位的三十一年，除了
满足倪德卫夏编年的需要，还有别的根据么？

很明显，倪德卫被这篇书评刺痛了。他在"Epilogue to *The
Riddle of the Bamboo Annals*"的结论部分详细罗列了他对我的
书评的直接回复：

> 所以他说："倪德卫作了这么多研究，怎么仍然错得
> 如此离谱？"他把自己抬到了历史学圣人的地位：他"确
> 信"这样，"确信"那样②，"认为"这样，"认为"那样，宣判我
> 的整个先周编年无效[没有对具体细节的批评，他断定我
> 错的唯一论据是我的答案"是建立在（我）重构的《竹书纪

---

① Edward L. Shaughnessy, "Of Riddles and Recoveries." p.274.
② 倪德卫在此添加了一条脚注："夏含夷坚持说是'我'太自信，这让我不怒反笑。"

年》上的完整系统的一部分"]。①

这一批评针对的是我书评最后的一节。我支持它，而且有理由相信——如果不是"确信"——我没有把自己抬高到"历史学圣人"的地位。

> 尽管 *The Riddle of the Bamboo Annals* 有诸多贡献，我在这篇书评中对此书仍持（可以说是相当严厉的）批判态度。倪德卫作了这么多研究，怎么仍然错得如此离谱？我认为答案很简单，他想要做的太多。他试图说服自己，他为我们重构的文本是完美的（想想他的《引言》："现在我明确地知道前七分之五的原始文本上的每一个字，共 303 简"）。我对《竹书纪年》下的功夫不亚于倪德卫，但我不确定文本是否像他确信的那样。另一方面，我确信，而且十分确信，我思考的事有些是非常重要的。比如，我不知道倪德卫包括进文本的注释中的大部分是否在出土时已有。如果答案是肯定的，那么它是否和编年一起写成（不论是什么格式）；叙事部分或许如此，但我十分确信解释性的注文是西晋编辑者添加的。我不知道原本有多少毁坏或散佚，但我确信至少有一部分——包括倪德卫重构的七分之五中的一部分——已湮灭无存。最后，我也十分确信，西晋编者在编辑过程中至少犯了一些错误——有些是遗漏，其他则是逞臆私改，制造一些出土文本中所无但符合他们对上古史的认识的简文。如果我对《竹书纪年》和它流传的种种没有把握，那么我是不会相信在相对简单、不相关联的段落组成的文本以外的任何重构。我当然也不会相信倪德卫的重构是可靠的。②

---

① David S. Nivison, "Epilogue to *The Riddle of the Bamboo Annals*." p.15.
② Edward L. Shaughnessy, "Of Riddles and Recoveries." p.289.

在此只有一处我伸张了自己的权威，像倪德卫一样，我也对《竹书纪年》作了大量研究[1]，在此基础上，我认为文本有三点毋庸置疑：

1. "解释性的注"，如"芒或曰帝荒""是西晋编辑者加上去的"。

2. 在墓葬发掘时，"至少有一部分简文遭到破坏或散佚"，墓葬发现记录中有很清楚的证据。

3. "西晋编者在编辑过程中至少犯了一些错误"，可由各种中古史料中引用的《纪年》异文证明。

尽管这么做被人批评，我仍然"确信"这三点是正确的。至于我不相信"在相对简单、不相关联的段落组成的文本以外的任何重构"，我很乐意有人证明这个想法是错误的，但我怀疑新的《竹书纪年》简文出土的可能性都比根据现有文本令人信服地重构一个公元 279 年从汲冢盗发的《竹书纪年》大。

根据倪德卫的说法，我们在《竹书纪年》，尤其是在上古中国的编年（特别是其中的夏代编年）上的分歧源于我们在哲学认识上的不同，这一不同更甚于在文献研究上的不同。在他去世后出版的 *The Nivison Annals: Selected Works of David S. Nivison on Early Chinese Chronology*, *Astronomy*, *and Historiography* 中，有一章题为 "The Nivison-Shaughnessy Debate on the *Bamboo Annals* (*Zhushu Jinian*)"，文章开头是这么写的：

实际上，我们之间的辩论在哲学层面上非常有趣。夏含夷发自肺腑地相信培根的（Baconian，译者按：指归

---

[1]   我发表的第一篇论文是"On the Authenticity of the *Bamboo Annals*," *Harvard Journal of Asiatic Studies* 46.1 (1986)，pp.149 - 180；该文后译成中文《也谈周武王的卒年——兼论今本〈竹书纪年〉的真伪》(《文史》第二十九辑，中华书局，1988 年，第 7—16 页)。更广泛的研究发表为《竹书纪年》的整理和整理本》(《出土文献研究方法论文集初集》，台湾大学出版中心，2005 年，第 339—441 页)；该文英文稿也收入我的 *Rewriting Early Chinese Texts* (Albany, N.Y.: SUNY Press, 2006)一书。

纳推理)历史方法，一次解决一个问题，对其他方法不屑一顾(他自己可能没有认识到这一点)。我则遵循科林伍德(Robin G. Collingwood)的"反思"(Rethinking)和波普尔(Karl R. Popper)的证伪主义，对整体证据进行"最佳解释推理"(inference to the best explanation)。夏含夷受不了，认为我的论证超出了我掌握的史料范围。[1]

倪德卫在他的"Epilogue to *The Riddle of the Bamboo Annals*"中已经提醒读者注意他"最佳解释推理"的方法：

> 在拙著(第3—5页)中我回答，在他反对的论点中，我其实是在将多种初始可能性较低、但在一个值得证明的整体结构中处于兼容状态的事项有逻辑地结合起来——只要其中的一些因素以实证为基础，这种兼容性不可能是偶然的。他反对我提出的夏代君主之间有2年的规则间隔，认为间隔应该是不规则的。他这么想只能说明他没搞清楚：我的论述结构是先假设再证实，而2年的间隔期是我假设的一部分。
>
> 那么，如何看待夏含夷所指循环论证(他认为我用两个"未知因素"：编辑过程和所谓真实的年份互相证明，因而结论无效)？我已经证明了它们，但一开始我是把它们作为假说提出的。它们必须互为假设，否则我的假说将不一致，导致在进一步论述前犯错。夏含夷将我的假设必须的连贯性和所谓循环论证混淆了。[2]

回到夏代君主之间的不规则间隔问题，我反对倪德卫将所有的间隔修正为两年根本无关合理与否，我反对是因为我们看到的《竹书纪年》文本里的间隔是不规则的。如果遵照文本就是"培根的历史方法"，那么我很乐意和这位真正的圣贤持同一立场。我也

[1] David S. Nivison, *The Nivison Annals*, pp.614-615.
[2] David S. Nivison, "Epilogue to *The Riddle of the Bamboo Annals*." pp.14-15.

略懂假说,但我认为假说需要新的证据证实(证据不能在此前用于建立假说,然后再来检验假说),如果没有新的证据,则要由中立的第三方再现同样的结果。据我所知,迄今没有新证据能验证倪德卫的假说,也没有第三方能重复其结论。因此,倪德卫关于夏代纪年的假说仍然是假说,不管它如何"前后一致",这种连贯性无法达到证实它的高度。

让我来引用倪德卫"The Nivison-Shaughnessy Debate on the *Bamboo Annals*(*Zhushu Jinian*)"的结论部分结束我这篇文章吧:

> 夏含夷行动前应该考虑代价,但他没有,因为考虑代价必须接受这样的准则:相关的事至少应该有一以贯之的解释,即便事实上还没有。他不打算这样做,也没法容忍其他人这么做。我给了他一份简报,其中提供了夏初君主纪年的证据;我出书研究夏、商编年的变化,他都不以为然,因为他认为这些事不能做。所以他问:"倪德卫怎么错成这样?"①

如果我对"提供了夏初君主纪年的证据"的简报不以为然,部分是因为我认为这些证据不能支持这份编年,事实上也不能支持任何夏代编年。很可能将来会发现新的证据,提供解决这一谜题的关键,我热切盼望着这一天。唯一的遗憾是倪德卫在 2014 年去世,不能再投身其中。

---

① David S. Nivison, *The Nivison Annals*, p.654.

论"夏商周断代工程"*

　　十多年以前,"夏商周断代工程"结束了五年的研究和探讨工作,发表了所谓的阶段性研究成果报告,即《夏商周断代工程1996—2000 年阶段成果报告(简本)》(下文简称《简本》)①,在中国国内及海外都引起了极大的关注。这个报告的题目不但强调它的"阶段"性,并且也清清楚楚地题作"简本",暗示其后还会有一个"繁本"。《简本》发表之后,引起激烈的争论,许多学者发表了各种各样的评论②。我自己在不同的场合中,也提出质疑③。然而,因为《简本》自称为"阶段成果",所以我觉得应该等到所谓《繁本》正式发表以后再作正式评论。现在已经过去了十多年,《繁本》一直都没有出来,恐怕将来也出不来。并且,这十多年以来,商周铜器不断地发现,所载铭文为古史年代学,特别是西周时代的年代学提供了关键性的证据,证明"夏商周断代工程"的年代框架不仅存在某些问题,甚至可以说从头到尾几乎全都错。因此,毋庸再等多少年再作综合批判,只是现在能够作的批判只是针对《简本》所载结

<hr />

　　* 本文原题为《"夏商周断代工程"十年后之批判——以西周诸王在位年代为例证》,载于《出土材料与新视野》,中研院,2013 年。

　　① 夏商周断代工程专家组:《夏商周断代工程 1996—2000 年阶段成果报告(简本)》,世界图书出版公司,2000 年。

　　② 譬如蒋祖棣:《西周年代研究之疑问(摘要)——对夏商周断代工程方法论的批评》,《汉学研究通讯》2002 年总第 84 期,第 1—4 页;张立东:《面对面的对话——"夏商周断代工程"的美国之旅》,《中国文物报》2002 年 5 月 24 日。

　　③ 《简本》刚刚出版之时,《纽约时报》登了一篇文章,指出在中国以外不少学者对之有激烈批评。记者引用我的一句话说"夏商周断代工程"的民族主义成分比学术成分还浓厚,很多中国学者看了这句话以后感到非常生气,认为我的说法很不公平。这种感想不无道理。其实,我与《纽约时报》记者谈了很长时间,详细地解释了中国古史年代学的各种问题及其历史背景,可惜,记者在文章中只引用了那一句话。虽然如此,十多年以来的新证据都证实了我当时的批评有坚实的基础。

果而已。

《简本》对夏代和商代前期只提供一种大概的框架,对商代后期则提供绝对年代,但也承认这些年代不一定精确。然而,对西周时代却完全不同,从武王克商至幽王卒于骊山之下,对西周十二王的在位年代都提供了绝对年代,如表一所示(所有年代都为公元前):

表一　西周诸王在位年代表

武王	克商	1046	卒年	1043	在位年数	4
成王	即位	1042	卒年	1021	在位年数	22
康王	即位	1020	卒年	996	在位年数	25
昭王	即位	995	卒年	977	在位年数	19
穆王	即位	976	卒年	922	在位年数	55
共王	即位	922	卒年	900	在位年数	23(共王当年改元)
懿王	即位	899	卒年	892	在位年数	8
孝王	即位	891	卒年	886	在位年数	6(孝王当年改元)
夷王	即位	885	卒年	878	在位年数	8
厉王	即位	877	奔彘	841	在位年数	37
共和	元年	841	还政	828	在位年数	14(共和当年改元)
宣王	即位	827	卒年	782	在位年数	46
幽王	即位	781	卒年	771	在位年数	11

这些在位年数中,有的与古代史书(特别是《史记》和《汉书》,也牵涉所谓"古本"《竹书纪年》)所载一致,诸如昭王在位19年(与《竹书纪年》相同,与《汉书》不同)、穆王在位55年(与《史记》相合)、共和摄政14年、宣王在位46年和幽王在位11年(与《史记》相合,这三个在位年代是中国历史上最早公认的年代)。有的与古代史书大同小异,诸如武王克商后3年(亦即克商第4年)而卒,而《史记》谓武王克商后2年(亦即克商第3年)而卒;厉王在位37年,但是奔彘年与共和摄政元年为同一年(公元前841年),和《史

记》各种《世家》暗指奔巂年是公元前 842 年、共和摄政元年是公元前 841 年不同。有的与古代史书迥然不同,诸如成王在位 22 年、康王在位 25 年,而《汉书》有确切记载谓成王在位 37 年(包括周公摄政 7 年)、康王在位 26 年①。如此,《简本》所载西周诸王在位年数和任何古代史书都没有统一的引用方法,《简本》能够在古书中找到支持就引之,找不到支持就弃之,这和一般史学方法显然不合。

　　除了武王克商年代是根据《逸周书·世俘解》以及另外一些传世文献,懿王元年是根据《竹书纪年》中"天再旦于郑"的记载以外,《简本》所载西周诸王在位年代基本上是根据 63 件当时已经公布的铜器铭文所载的年代。如下面所论,《简本》所提出的年代框架和分期不但不能容纳近年新见之铜器铭文,并且对原来 63 件铜器的分期也有几处重要错误。《简本》的基本依据出现如此错误,年代框架亦随之落空。

　　《简本》还有一个重要问题。西周铜器铭文的年代记载通常包括四个部分:在位年代、当年的月份、月相和当天的干支。在位年代、当年月份和当天干支尽管不无问题,但是理解通常没有太大分歧。月相包括四个名称,即"初吉""既生霸""既望"和"既死霸"。对于这四个名称,过去主要有两种解释:一个是王国维"四分月相说",认为一个阴历月含有 29 或者 30 天,四个不同的记载应该都指这 29 或 30 天的四分之一,亦即各个阶段含有七八天;另一个是"定点月相说",认为这四个记载都指月份的某一日。《简本》对月相既没有采用王国维"四分月相说",也没有采用"定点月相说",反而创造了一个全新的理解,认为"初吉"和另外三种记载没有同等价值,指月份上旬(亦即十天)任何一天;根据《简本》说明,"既生霸"指月份初二或初三至第十五日;"既望"指满月后一段时间,亦即月份第十六日以后多少日("满月后月的光面尚未显著亏缺");

_____

① 班固:《汉书·律历志》,中华书局,1964 年,第 1017 页。

"既死霸"指月份最后一段时间,"从月面亏缺到月光消失"。因为传世文献对月相没有统一解释,再加上"四分月相说"和"定点月相说"迥然不同,所以《简本》当然可以创造一个全新的理解。然而,如下文所论,《简本》所提出的这样宽泛的理解与近年新见之铜器铭文所载年代不合,这个解释恐怕也要落空。

下面只选出西周早期、中期和晚期三个时代五位王的在位年代(成王、康王、穆王、厉王和宣王)进行讨论,顺便对月相的理解再作一个尝试。我深知自己的年代框架也未必能得到大众、专家的认同,但是我觉得他们都会同意《简本》的年代体系完全站不住脚,不但不能体现当时的水准,也不能作为将来再进一步研究的基础。

一、成王、康王在位年代

中国传统文献对周成王和康王的在位年数没有多少分歧。尽管《史记》没有记载这两位王在位多少年,然而《汉书·律历志》有确切记载,即成王在位 37 年(包括周公摄政 7 年)、康王在位 26 年。《汉书·律历志》基本上来自刘歆的《世经》,绝对年代往往是刘歆推算出来的,因此没有多少史学价值。但是,提到成王和康王在位年数以后,文中谓"鲁自周昭王以下亡年数",暗示刘歆确实有成王和康王的"年数"记载。历来史书多引用《汉书·律历志》的这些数字,不能算是独立的历史证据,但是有另一种文献应该是独立的,并且含有完全相同的在位年数,这就是《竹书纪年》。在该书里,成王卒于他在位的第 37 年,康王卒于他在位的第 26 年。《竹书纪年》在魏襄哀王二十年(即公元前 299 年)或稍后埋葬于墓葬里,晋武帝咸宁五年(公元 279 年)才出土。当刘歆活着的时候(公元前 46 年至公元 23 年)和《汉书》撰写的时候(约公元 70 年),《竹书纪年》在地下,无人知其内容,因此,《汉书》和《竹书纪年》是两个独立的并无联系的历史证据。它们如此不谋而合,应该有相当高的历史价值,历来史书多引用之,几乎成为定论。

尽管如此,《简本》却对成王和康王在位年代提出全新的年数。按照《简本》西周诸王年代框架,武王卒于公元前 1043 年,成王元年是公元前 1042 年,他的卒年是公元前 1021 年,在位一共 22 年。成王的长子是康王,元年是公元前 1020 年,卒年是公元前 996 年,在位一共 25 年。《简本》表八"西周金文历谱"只有三条证据支持这两个在位年代(表二),这三条证据不但互相矛盾,而且其中一条证据所载的信息还被任意地改变了。

表二 《简本》表八所载周成王、康王在位年代的证据

编号	文献或器名	王年	公元前	文献与铭文中年、月、干支与纪时词语	推排结果
2	《召诰》	成七	1036	唯二月既望,粤六日乙未	二月甲戌朔,乙未二十一日
				唯三月丙午朏	三月甲辰朔,丙午三日
3	《毕命》	康十二	1009	唯十又二年六月庚午朏	六月丙寅朔,庚午五日
4	庚嬴鼎	康二十三	998	唯廿又二(三)年四月既望己酉	四月壬辰朔,己酉十八日

表中第 2、3 两条证据都含有"月朏"之日期,右边最后一栏"推排结果"中,在第 2 条指初三、在第 3 条指初五。然而,"朏"是新月出现之日,历来经典和辞书都没有歧义。《书·召诰》"三月惟丙午朏"[1],孔传谓:"朏,明也。月三日明生之名。"《汉书·律历志》谓:"古文《月采》篇曰'三日曰朏'。"《新唐书·历志三上》稍微有一点不同,谓:"夕而成光则谓之'朏'。朏或以二日,或以三日。"《新唐书》这样限定是根据物质现象,中国阴历分大月(即三十日之月)和小月(即二十九日之月),在大月之后,月之初现是在初二;在小月之后,月之初现是在初三。但是无论如何,朏绝不在初五,《简本》

---

① 《简本》表八(第 30 页)引作"唯三月丙午朏",有所更改。

将《毕命》之"六月庚午朏"推排在公元前1009年六月初五,失之两日。因为朏是一个定点,两日也算是失之很远,但是《简本》连一个注解也没有①。

表中第4条的问题更严重。第三栏谓"康二十三"(即康王二十三年),第五栏"文献与铭文中年、月、干支与纪时词语"利用括号暗示信息有所更改,但是也没有其他的说明。庚嬴鼎在清乾隆时代《西清古鉴》中首次发表,尽管器影和铭文只是木板仿刻,但是铭文清清楚楚地谓"隹廿又二年四月既望己酉"(图一),历来释文都没有作"廿又三年"者。《简本》如此随意改变信息②,有违基本科学方法。

图一　庚嬴鼎铭文

《简本》对成王和康王在位年代和年数的推定显然是在它推定出武王克商之年即公元前1046年和昭王元年是公元前995年的框架以后插入的。康王在位25年,虽然表二只载有《毕命》和庚嬴鼎两条信息,但是研究铜器铭文和西周史的学者都知道这些信息还应该包括小盂鼎,原器早已亡佚,所存铭文也很不清晰,但是最后六个字是年代记载,大多数释文都释作"隹王廿有五祀"。《简本》第28页"《召诰》《毕命》历日与成、康之年"一段提到这件铜器,谓"小盂鼎'唯廿又五年八月既望甲申'……小盂鼎仅存一份拓本,'甲申'二字不可见",其他并无多言。然而,《简本》将康王在位年数推定为25年很明显是根据小盂鼎这个记载。如此,剩下只有22

①　《简本》第28页有一段"《召诰》《毕命》历日与成、康之年",也提到《毕命》,但是毫无其他说明,仅谓:"康王十二年历日合于公元前1009年,该年六月丙寅朔,庚午朏为初五日。"

②　《简本》第28页有一段"《召诰》《毕命》历日与成、康之年",谓"庚嬴鼎只见刊本,字划多误",没有其他说明。

年给成王,包括周公摄政 7 年。

　　在"夏商周断代工程"进行的五年中,这样的推断和所有传世文献证据都不一致的情况有不少,当时由于缺乏相关铜器铭文,所以至少也没有明确反证。不幸,地不爱宝,《简本》出版以后不到七年,这个情况就改变了。曾参加过"夏商周断代工程"的朱凤瀚教授在《考古》2007 年第 3 期上发表了《𪟝公簋与唐伯侯于晋》一文,介绍他在香港一个古董店见到的一件铜器①。如朱凤瀚介绍的那样,这个𪟝公簋是典型的西周早期簋(图二·1),器形和花纹都与商代晚期的絴簋很相似(图二·2),与著名的康侯簋也有类似的地方。朱凤瀚通过详细的类型学对比,对𪟝公簋的年代作出这样的结论:"就上举诸器的情况看,𪟝公簋的形制与纹饰所反映的工艺特征确是流行于西周早期偏早这一时段内,即武王至康王早期。"②

图二·1　𪟝公簋　　　　　　　　图二·2　絴簋

　　𪟝公簋载有铭文 4 行 22 字,可以隶定如下:

　　　𪟝公乍娑姚

　　　簋遘于王令

　　　易白侯于晋

　　　隹王廿又八祀 ⊠

　　①　朱凤瀚:《𪟝公簋与唐伯侯于晋》,《考古》2007 年第 3 期,第 64—69 页。
　　②　朱凤瀚:《简论与西周年代学有关的几件铜器》,《新出金文与西周历史》,上海古籍出版社,2011 年,第 36 页。

　　铭文末行是年代记载和族徽,年代写得非常清楚,是某王二十八年。朱凤瀚详细引用中国传世文献所有关于成王在位年数的证据以后,作出如下结论:"孔颖达所总结的汉人对成王在位年的说法,主要即是刘歆的三十年与郑玄的二十八年,代表了汉人一般看法。三十年或二十八年,皆是从成王在周公致政成王后之第二年亲政始算的,汉以后学者多从三十年说。"①本文毋庸论及刘歆和郑玄对成王在位年数记载相差两年的分歧②,我们的目的只是指出"夏商周断代工程"的落空。像朱凤瀚所说,这件器几乎肯定是成王时代所作,但是所载"隹王廿又八祀"的年代记载和《简本》成王在位 22 年的年代框架完全不合。有人说,𪔂公簋可能属于康王时代,《简本》推定的康王在位年数 25 年与 28 年相差只有三年,但是仍然有所差别③。作年代学研究,连一年之差也是差别,更不用说中国传统经典都没有康王在位 26 年以上的记载,这个证据恐怕只能说明成王在位年数至少有 28 年④。朱教授关于这个问题的最后两句话非常有见地:"在目前通过金文排历谱的工作中,如认定𪔂公簋是成王二十八年器,则势必要改动夏商周断代工程简本提供的历表体系,比如调整武王克商年。或如有的学者所建议,据金文资料,压缩穆王在位年,但后者要触动《史记》对穆王在位年的明确记

_____

①　朱凤瀚:《简论与西周年代学有关的几件铜器》,《新出金文与西周历史》,第 38 页。

②　在别处我曾经讨论过成王在位年数的证据,指出不但是郑玄和刘歆有这样的两年之分歧(即 28 年卒和 30 年卒之说),而且《尚书大传》和其他史书也反映出两年之差别:《尚书大传》谓周公摄政 5 年还政于成王,其他史书则谓他摄政 7 年还政。这样两年之差很可能与本文下面将要讨论的西周年历的二元说有关系。

③　李学勤先生提出了这样的可能,但是没有正式发表。

④　或有人设问,𪔂公簋铭文内容和成王年代是否一致。铭文记载王"令易白侯于晋",如朱凤瀚指出的那样,"易白"是唐伯;出土文字资料中,唐国之"唐"都写作"易"或从"易"。如朱教授又论证,易白或唐伯应该指燮父,晋国首封者唐叔虞的长子。唐叔虞是周成王同母弟,因为受封于唐,所以被称作唐叔虞。唐叔虞的长子燮父迁封于晋之前会被称作唐(易)伯(白),"伯"乃指明长子的排行。关于唐之迁徙于晋,今本《竹书纪年》有这样的记载:"(康王)九年,唐迁于晋,作宫而美,王使人让之。"这个记载似乎稍微晚于𪔂公簋的年代,但是也不一定。𪔂公簋记载王初"令易白侯于晋",当时,亦即成王二十八年,唐伯还没有迁徙于晋。《竹书纪年》记载晋侯所作宫殿过分豪华,康王派人到晋去责备晋侯。按照常理,这个事件应该在初封多年以后。从另外一个角度,《竹书纪年》这个记载又证明𪔂公簋是成王时代的铜器。

载,所以也有体系变动的问题。"①如下所论,尽管《史记》对穆王的在位年数有明确记载,但是有相当多的证据说明这个年数并不可靠。

二、穆王在位年代

如朱凤瀚所示,《史记》对穆王在位年有明确记载,谓"穆王立五十五年,崩",大多数传世文献和现代学者也都像"夏商周断代工程"一样接受这个年数。虽然如此,在断代工程开始之前,已经有一些铜器铭文证据暗示这个年数相当可疑。1975年在陕西岐山县董家村出土了一个窖藏,一共包括37件铜器,其中有4件是裘卫所作,这4件裘卫器都有完整的年代记载,即二十七年裘卫簋("隹廿又七年三月既生霸戊戌")、三年裘卫盉("隹三年三月既生霸壬寅")、五祀裘卫鼎("隹正月初吉庚戌……隹王五祀")和九年裘卫鼎("隹九年正月既死霸庚辰")。无论是器形、铭文内容还是年代记载,裘卫簋无疑是这四件器中最早的一件。因为五祀裘卫鼎提到共王的生称,所以几乎所有的铜器学者都认为它是共王标准器,断代工程也不例外,《简本》将之列为共王五年(按照《简本》"西周金文历谱"为公元前918年)之器。三年裘卫盉和九年裘卫鼎的年代记载与五祀裘卫鼎的年代记载都可以容纳在一个统一的年历上,显然属于一个王代,通常也算是共王标准器。对这两件器,断代工程也不例外,列于共王三年(公元前920年)和九年(公元前914年)。那么,载有二十七年年代记载的裘卫簋在共王三、五、九年标准器之前只能是穆王时代所作,大概没有多少铜器学者会否认。在这一点上,断代工程又不例外,将之列为穆王二十七年器,按照《简本》年代框架为公元前950年。然而,无论绝对年代如何,穆王如果真的在位55年,那么裘卫首次受命铸造一件铜器以后,他要等待32年(穆王二十七年至五十五年的29年+共王3

---

①　朱凤瀚:《简论与西周年代学有关的几件铜器》,《新出金文与西周历史》,第38页。

年)才再铸造另一件铜器,并且在 6 年以内陆续铸造三件器。这当然不是不可能,但是总的来说应该算比较奇怪。如果穆王在位时间没有 55 年之长,而只有譬如说,30 多年,那么裘卫的职业生涯就会限制在 20 年左右,就比较好理解。

到"夏商周断代工程"进行之时,又有类似的铜器证据出现。1996 年在陕西省丹凤县出土了一件虎簋盖[①],虽然器不存,但是从盖的纹饰,即竖瓦纹,可以知道这件器是西周中期的典型器无疑。虎簋盖载有铭文 13 行 158 个字,可以隶定如下:

> 隹卅年四月初吉甲戌王才周
> 新宫各于大室密弔内右虎即
> 立王乎入史曰册令虎曰甗乃
> 且考事先王嗣虎臣今命女曰
> 更乓且考足师戏嗣走马驭人
> 眔五邑走马驭人女毋敢不善
> 于乃政易女載市幽黄玄衣㡀
> 屯緣旂五日用事虎敢拜頴首
> 对扬天子不环鲁休虎曰不显
> 朕剌且考舜明克事先王韓天
> 子弗望乓孙子付乓尚官天子
> 其万年齹兹命虎用乍文考曰庚
> 障簋子孙其永宝用夙夕享于宗

虎簋盖是一位名虎之人所作,被王命"足师戏嗣走马驭人",给"文考曰庚"作器。这都和首次发表于 1895 年吴式芬编《捃古录金文》,现存于上海博物馆的师虎簋所载信息一致。师虎簋也是典型的西周中期器,唯一的纹饰是横瓦纹,载有铭文 10 行 121 个字,可以隶定如下:

---

① 　王翰章、陈良和、李保林:《虎簋盖铭简释》,《考古与文物》1997 年第 3 期,第 78—80 页。

佳元年六月既望甲戌王才杜

厇彶于大室丼白内右师虎即

立中廷北乡王乎内史吴曰册

令虎王若曰虎载先王既令乃

旻考事啻官嗣左右戏躲荆今

余佳帅丼先王令₌女更乃旻考

啻官嗣左右戏躲荆敬夙夜勿

瀍躬令易女赤舄用事虎敢拜

頴首对扬天子不环鲁休用乍躬

刺考日庚障簋子₌孙₌其永宝用

　　这个虎的考也称作"日庚",几乎可以肯定是同一个人作器。因为师虎簋的器形和花纹都含有典型的西周中期特征,铭文右者"丼白",即井伯,也是西周中期有名的人物,所以大多数铜器学家都把它定为共王或懿王时作。因为铭文所载"元年六月既望甲戌"和公元前899年,即"天再旦于郑"发生日食之年年历一致(甲戌为该年六月第十九日,与"既望"月相一致),所以"夏商周断代工程"把它定为懿王元年之器。如大多数学者指出的那样,1996年出土的虎簋盖的铸造年代应该在师虎簋之前。因为虎簋盖铭文有"佳卅年四月初吉甲戌"的年代记载,而传世文献都没有共王在位30年之长的记载,所以只好把它定为穆王时作。断代工程也同样把它定在穆王三十年,按照《简本》年代框架就是公元前947年。按照这样的年代框架,从虎首次受王命到作师虎簋有49年之久,似乎这个人的职业生涯格外长一些。并且,无论穆王三十年是指哪一绝对年代,如果穆王确实在位55年,而共王在位至少15年(十五年趞曹鼎是共王标准器),那么虎之职业生涯至少有40多年。这也不太合乎常理,似乎说明穆王在位年数应该在55年以下;其实,更可能在40年以下。

　　当然,如果仅仅有上面讨论的一两个例子,我们也许会设想裘卫和虎是特别长寿的人物,这样的话,常理论证就可以弃置不管。

然而,"夏商周断代工程"《简本》出版以后,还有另外两个相同的例子出现了,即亲簋和作册吴盉,这两个例子似乎更有说服力,特别是亲簋。亲簋是典型的西周中期偏早的簋,以相对的回首分尾大鸟纹为主要纹饰,被大家公认为周穆王时代的铜器。该器载有典型的赏赐铭文,纪念一位名作亲的贵族受王命做冢司马,即周军的最高统帅。铭文开头冠以完整的年代记载,谓"隹廿又四年九月既望庚寅",王"申令"亲"更乃祖服乍冢司马"。"申令"似乎暗示这并不是亲第一次受王令(于此"申"应该是"伸延"的意思),更不用说年轻小孩子不会被命为冢司马。

这件器特别重要的原因之一,是作器者亲就是上面讨论师虎簋时候的井伯,在很多西周中期的铜器铭文上都出现过,有的时候称作"井伯"(诸如七年趞曹鼎、五祀裘卫鼎、殳簋盖、豆闭簋、师虎簋、永盂、长由盉等),有的时候称作"司马井伯"(诸如师奎父鼎和走簋),一次称作"司马井伯亲"(师痶簋盖)。师痶簋盖铭文是这些名称的关键,把"井伯""司马井伯"和"亲"都联系起来,说明它们都指同一个人物。载有"司马井伯亲"名称的铜器中,一件是穆王时代标准器(即长由盉),几件是共王时代标准器(七年趞曹鼎、五祀裘卫鼎、永盂),还有一件现在大多数铜器铭文学者认为是晚到周懿王元年之器(即师虎簋)。现在亲簋出现了,我们得知亲早在穆王二十四年已经被任命为冢司马。如果穆王在位年数真的长到55年,那么从亲被任命为周军的最高统帅到他做师虎的保证人,他的职业生涯至少有48年(穆王二十四年至五十五年的32年+共王在位至少15年+懿王至少元年那一年)。我在2007年讨论这件器的年代之时,开玩笑说这相当于林彪在1959年被任命为国防部部长,到2007年仍然在任,这显然不可思议。同样司马井伯亲的职业生涯也不太可能如此之长,更不用说古代人的寿命不如现代人长①。我

---

① Edward L. Shaughnessy, "Chronologies of Ancient China: A Critique of the 'Xia-Shang-Zhou Chronology Project'." in Clara Wing-chung Ho (ed.), *Windows on the Chinese World: Reflections by Five Historians*, Lanham: Lexington Books, 2008, p.24.

觉得唯一合理的解释是穆王在位年数没有 55 年之长,比较合理的年数应该在 35 年(穆王时代标准器鲜簋有"三十四年"的年代记载)到 40 年之间,这样司马井伯亲的职业生涯仍然长达 30 年左右。

证明穆王在位年数不应该长达 55 年的还有另外一些新近出土的证据。2003 年,陕西省眉县杨家村的农民在挖土的时候发现了一座西周晚期的窖藏。这个窖藏包括 27 件铜器,每件都有铭文,其中有三篇铭文长达 300 多字,即虞逑盘、四十二年虞逑鼎和四十三年虞逑鼎的铭文,这一发现立即被有关文物机构誉为新世纪极其重要的考古发现。最引起学术界注意的是虞逑盘,此器载有长达 373 个字的铭文,有一点像著名的史墙盘铭文那样叙述他自己的祖先和周王一代一代的在位活动。与史墙盘不同的是,史墙盘是共王时代所作,对周王的叙述到共王为止;而虞逑盘是周宣王时代器物,因此除了西周最后一个王,即周幽王以外,虞逑盘铭文载有对西周每一代周王的叙述。下面我们还会详细讨论四十二年虞逑鼎和四十三年虞逑鼎两件器为宣王在位年代确定所提供的新信息,现在先简单地看看虞逑盘铭文对西周中期昭王、穆王、共王和懿王的记载:

雩朕皇高且惠中盉父:谧龢于政,又成于献,用会邵王穆王,盗政四方,伐楚荆。

雩朕皇高且零白:桼明厥心,不坠□服,用辟龏王、懿王。

从这个记载可知,虞逑的两代祖先,即惠中盉父和零白,辅佐了四代周王,即昭王、穆王、共王和懿王,这似乎也说明这四代周王的在位年数不应该特别长。我们知道昭王在位 19 年,如果穆王在位 55 年,那么既然惠中盉父的职业生涯不一定完全包括在这两代周王的在位年数中,他的职业生涯应该接近 70 年之长。这并不是说他会活到 70 岁,而是说他在政治舞台上活跃了 60 多年,这恐怕不太可能。因此,朱凤瀚教授说,有的学者建议,据金文资料,压缩穆王在位年,"但后者要触动《史记》对穆王在位年的明确记载"。如上面所示,这样的金文资料非常丰富,"夏商周断代工程"对穆王在位年数和年代坚持《史记》的记载恐怕失之过长。

三、厉王、宣王在位年代

如上文所述,2003 年陕西省眉县杨家村农民发现的窖藏,一共包括 27 件铜器。上面已经介绍了其中虞逑盘铭文记载的穆王在位年数的信息,虞逑盘铭文特别重要,谁也不能否认。然而,对于年代学而言,四十二年虞逑鼎和四十三年虞逑鼎更为重要。这三件器物都是一个人作的,此人属于单氏家族,名逑,职官为虞。虞逑盘纪念他首次受到周王之命,命他继承祖考的职业,谓"今余隹巠乃先圣祖考,釐壵乃令,令女疋焂兑,鄱嗣四方吴替,用宫御"。如上文所示,盘铭开头阐述周王以及单氏家族各代前辈的功劳。铭文由文王和武王开始一直叙述到周厉王,而后又提到虞逑之时的"天子",由此可知该器肯定是在周宣王时代铸造的。四十三年虞逑鼎是为纪念虞逑所受另一项任命而作。铭文直接引用盘铭所载命书,谓"昔余既令女'疋焂兑,鄱嗣四方吴替,用宫御'。余隹巠乃先且考又爵于周邦,釐壵乃令,令女官嗣历人",因此可确知此器肯定是在虞逑盘以后铸造的。因为西周晚期只有周宣王在位长达 43 年之久,所以此器也毫无疑问是周宣王时代的铜器。四十二年虞逑鼎铭文没有直接引用虞逑盘铭文,但是铭文中有与四十三年虞逑鼎铭文非常相似的语句,正如下面引用的一段文字:

> 盘铭:王若曰:逑,不显文武雁受大令,匐有四方。
> 则繇隹乃先圣祖考夹召先王,爵堇大令。
> 四十二年鼎铭:王若曰:逑,不显文武雁受大令,匐
> 有四方。则繇隹乃先圣祖考夹召先王,爵堇

　　大令、奠周邦,余弗叚酲(忘)圣人孙子。

四十三年鼎铭:王若曰:逑,不显文武雁受大令,匍
　　　　有四方。则繇隹乃先圣夹召先王,爵堇大令、
　　　　奠周邦,肆余弗酲(忘)圣人孙子。

　　由此可知,四十二年虞逑鼎也应该是在同一个时代,即周宣王
在位时代铸造的。

　　这一断代结论与其他学者对眉县单氏家族铜器的研究并无二
致,大多数学者都认为两个虞逑鼎的四十二年和四十三年是指宣
王的在位之年。然而,这两件铜器所载的月份、月相和干支却与公
认的宣王四十二年和四十三年无论如何解释都配合不上。四十二
年虞逑鼎的年代记载是"隹卌又二年五月既生霸乙卯[即六十干支
顺换第 52 日,下面一律以数字标志]",四十三年鼎的是"隹卌又三
年六月既生霸丁亥[24]"。据《史记·十二诸侯年表》,宣王元年相
当于公元前 827 年,因此,他在位的第 42 年应该是公元前 786 年,
第 43 年应该是公元前 785 年。根据张培瑜编《中国先秦史历表》,
公元前 786 年五月朔日为壬戌[59],该月没有四十二年鼎铭的乙
卯[52]日[1]。如果改变当年的闰月,可得五月朔日为壬辰[29]或者
辛卯[28],乙卯[52]则为该月第 24 或者 25 天,在"既望"以后,与
"既生霸"月相不合。根据张氏历谱,公元前 785 年六月朔日为乙
卯[52],该月也没有四十三年鼎铭的丁亥[24]日。如果改变闰制,
可得六月朔日为乙酉[22]或者甲申[21],丁亥[24]则为该月第 3
或者第 4 天,尽管与《简本》所提出的月相解释一致,可是与王国维
"四分月相说"认为是指每月第 8 至 15 天的"既生霸"月相也不合。
这两个年代记载与公认的宣王年历都不合,只能说明公认的宣王
年历含有某种误解。

　　单氏家族铜器出土以后,有不少学者尝试将四十二年和四十
三年虞逑鼎的年代插进宣王在位年代。有的认为宣王元年应该是

─────────

　　[1]　张培瑜:《中国先秦史历表》,齐鲁书社,1987 年,第 61 页。

厉王奔彘后共和摄政元年,也就是公元前 841 年,如此四十二年和四十三年相当于公元前 800 年和前 799 年①。有的认为宣王元年不应该是《史记》所指定的公元前 827 年,而应该是公元前 826 年,如此四十二年和四十三年相当于公元前 785 年和前 784 年②。这些建议不但不能解决这两件铜器铭文的年代记载,并且与宣王时代一系列铜器都不符合,没有得到多数专家认同。

那么,这个问题是不是没有解决办法?在单氏家族铜器出土之前,我和倪德卫(David S. Nivison)曾论证即使宣王即位之年确实像《史记》所说那样是公元前 827 年,也有相当多的证据说明他以两年以后的公元前 825 年为另一个元年③。我对这个说法已经作了多次阐述,所以在此不再赘述。现在仅以两个虞逨鼎的年代记载为例,看看我们这个说法是不是还能够站得住脚。公元前 825 年之后的第 42 年和 43 年分别是公元前 784 和前 783 年。根据张氏编《中国先秦史历表》,公元前 784 年五月朔日为己卯[16],该月没有四十二年鼎铭的乙卯[52]。然而,改变闰制可得己酉[46]为朔日,乙卯[52]乃为该月第 7 天,与通常认为是指月份第 8 至 15 天的"既生霸"相差只有一天。据张氏历谱,公元前 783 年六月朔日是癸卯[40],该月也没有四十三年鼎铭的丁亥[24]。然而,改变闰制以后可得癸酉[10]为朔日,丁亥[24]则为该月第 15 天,与"四分月相说"完全一致。不但如此,因为这两个鼎铭所记是前后相连的两年,所以我们可以从第一年五月乙卯的干支一直推到第二年六月丁亥的干支,从而复原这两年的年历。在公元前 9 世纪末和

---

① 王占奎:《西周列王纪年拟测》,《考古与文物》2003 年第 3 期,第 17—30 页。
② 张培瑜等:《陕西眉县出土窖藏青铜器笔谈》,《文物》2003 年第 6 期,第 43—65 页。
③ 倪德卫:《西周之年历》,《中国古文字学会第四届年会论文》,山西太原,1981 年。此文后来发表为:"The Dates of Western Zhou." *Harvard Journal of Asiatic Studies* 43.2 (1983), pp.481—580. 题为《克商以后西周诸王之年历》的中文译文载于朱凤瀚和张荣明合编的《西周诸王年代研究》,贵州人民出版社,1998 年,第 380—387 页。我自己的文章包括:《此鼎铭文与西周晚期年代考》,《大陆杂志》1990 年第 4 期,第 16—24 页;《西周诸王年代》,《西周诸王年代研究》,第 268—292 页;《上博新获大祝追鼎对西周断代研究的意义》,《文物》2003 年第 5 期,第 53—55 页。

前8世纪初,唯有公元前784和前783年这两年与这个年历符合,宣王在位期间没有其他两年能够满足这两个年代记载[①]。我想这可以证明宣王在某种程度上使用了公元前825年为一个元年。

除了自身的年代以外,四十二年和四十三年虞逑鼎还为另外一对西周晚期铜器的年代,即逨盘和逨鼎(另外还有大概是同一个人作的师逨簋)提供了极其宝贵的信息。关于逨盘和逨鼎的年代,过去一直有不同的意见。大多数铜器专家认定师逨簋为宣王器,可是几乎都定逨盘和逨鼎为厉王铜器[②],这是因为盘和鼎铭文中"隹廿又八年五月既望庚寅[27]"的年代记载与公认的宣王年历不合。根据公认的宣王年历(即以公元前827年为元年),第28年应该是公元前800年。然而,在张氏历谱中该年五月朔日为壬子[49],五月没有庚寅[27]。如果改变闰制,得朔日为癸未[20],庚寅[27]为该月第8天,与只能是每月第16天以后的"既望"月相完全不合。因此,学者们多把它置于厉王之世,即使其月相也不合于通常使用的厉王年历。如上文所说,《史记》的许多世家里有充分的证据说明厉王奔彘年是公元前842年,《史记·周本纪》里还有其他段落暗示厉王在位三十七年奔彘。因此,历史学家普遍认为厉王元年可推为公元前878年。再进一步推定,厉王在位二十八年应该是公元前851年。

根据《中国先秦史历表》,公元前851年五月朔日是己卯[16],铭文所载庚寅[27]为该月第12天,与"既望"月相也不合。《简本》针对这个难处提出了一个新的说法,即将厉王奔彘年与共和元年定为同一年,即公元前841年。《简本》根据这一说法,又推定厉王元年为公元前877年,厉王二十八年则为公元前850年[③]。该年五

---

① 眉县铜器发表以后,我曾对其年历问题作过详细讨论,因此在此仅仅提到结论。参见夏含夷:《四十二年、四十三年两件吴逑鼎的年代》,《中国历史文物》2003年第5期,第49—52页。

② 以师逨簋为宣王铜器者有郭沫若、容庚和马承源。定逨盘和逨鼎为厉王铜器者包括郭沫若、容庚、唐兰、白川静、马承源以及"夏商周断代工程"。

③ 《简本》第23—24页。

月朔日为癸卯[40]，五月没有庚寅[27]，然而若改变闰月可得朔日为甲戌[11]，庚寅[27]则是该月第17天，与"既望"月相记载符合。尽管这种对厉王奔彘年的说法毫无历史文献根据，而且与《史记》里的证据都矛盾，可是这种新提出的说法能够解决袤盘和袤鼎的年代问题，所以《简本》将此作为建立其年代体系的重要根据。

两个虞逑鼎发现以后，《简本》的这个袤盘和袤鼎为厉王时代铜器的说法就落空了。这是因为两个虞逑鼎铭文里都提到一个叫作史减的史官册命虞逑。

> 隹卅又二年五月既生霸乙卯，王才周康穆宫。旦王各大室即立。嗣工散右吴逑入门立中廷北卿。尹氏受王賛书。王乎史减册賛逑。

> 隹卅又三年六月既生霸丁亥，王才周康宫穆宫。旦王各周庙即立。嗣马寿右吴逑入门立中廷北卿。史减受王令书。王乎尹氏册令逑。

袤盘和袤鼎铭文同样也提到史减册命袤。

> 隹廿又八年五月既望庚寅，王才周康穆宫。旦王各大室即立。宰颢右袤入门立中廷北卿。史嵩受王令书。王乎史减册易袤玄衣嵩屯赤市朱黄銮旂攸勒戈琱咸戢必彤沙。

如上文所述，两个虞逑鼎可以定为宣王末年所作，也就是公元前785年前后。史减当然不可能在公元前850年，也就是公元前785年之前的65年，已经辅佐周厉王。因此，袤盘和袤鼎铭文所载的"二十八年"只能指宣王二十八年，这已经是大多数西周铜器专家所公认的。然而，上文已经指出，它的年代记载和公认的宣王年历绝不相合，即袤盘和袤鼎铭文的年代记载与公认的宣王元年即公元前827年以后的第28年即公元前800年不合。可是，现在有了虞逑鼎铭文年代记载的新证据以后，我们知道宣王在某一场合之下也以公元前825年为一个"元年"（亦即公元前827年以后两年),我们应该再检查裘盘和裘鼎铭文的年代记载会不会和公元前800年两年以后的公元前798年符合。根据张氏历表,公元前798年五月朔日是辛未[8],裘盘和裘鼎铭文所载庚寅[27]是该月第20天,与"既望"月相完全一致。是否可以据此将裘盘和裘鼎定为宣王器?

裘盘和裘鼎铭文的年代记载并非孤例,还有一系列的西周晚期高年铜器,诸如十七年此鼎、二十六年番匊生壶、三十一年鬲攸从鼎和鬲从簋、三十二年大祝追鼎、三十三年伯窥父盨,特别是三十七年善夫山鼎,这些铜器应该都属于宣王器,可是铭文的年代记载都与公认的宣王年历不合。然而,如表三所示,它们都与两年以后的年历完全一致。

表三 周宣王时代年代记载俱全的铜器

器　　名	年　代　记　载	元年	年份	日
颂　鼎	三年五月既死霸甲戌[11]	827	825	27
兮甲盘	五年三月既死霸庚寅[27]	827	823	24
虢季子白盘	十又二年正月初吉丁亥[24]	827	816	—1
克　钟	十又六年九月初吉庚寅[27]	827	812	1
虞虎鼎	十又八年十又三月既生霸丙戌[23]	827	810	10
趩鼎	十又九年四月既望辛卯[28]	827	809	18
此鼎	十又七年十又二月既生霸乙卯[52]	825	809	14
番匊生壶	廿又六年十月初吉己卯[16]	825	800	—1
裘盘	廿八年五月既望庚寅[27]	825	798	20
鬲攸从鼎	佳卅又一年三月初吉壬辰[29]	825	795	9
大祝追鼎	卅又二年八月初吉辛巳[18]	825	794	6
伯窥父盨	卅又三年八月既死霸辛卯[28]	825	793	22
善夫山鼎	卅又七年正月初吉庚戌[47]	825	789	—1
四十二年虞逑鼎	佳卌又二年五月既生霸乙卯[52]	825	784	7
四十三年虞逑鼎	佳卌又三年六月既生霸丁亥[24]	825	783	15

　　上表的铜器中,至少兮甲盘、虞虎鼎、袁盘和两个虞速鼎都确定无疑是宣王时代的铜器,然而它们之间却有一个很有意思的区别:兮甲盘和虞虎鼎都与公认的宣王年历(即以公元前827年为元年)符合,而袁盘和两个虞速鼎却与比这个年历晚两年的年历(即以公元前825年为元年)符合,这是一个比较普遍的现象。宣王早年的铜器都以公元前827年为元年,而晚年的铜器却以公元前825年为元年。尽管学术界公认宣王的即位年为公元前827年,与史书大多数的记载也都一致,可是最权威的史书,即《史记》,不无互相矛盾的记载。

　　《史记》大多数的《世家》和《十二诸侯年表》都指定宣王即位年(或称之"初立"年)相当于公元前827年。《史记·齐太公世家》只是一个例子:

　　　　(齐)武公九年(前842年),周厉王出奔,居彘。十年(前841年),王室乱,大臣行政,号曰"共和"。二十四年(前827年),周宣王初立。

　　这是大家都公认的,可是同书《陈杞世家》却有明显矛盾的记载:

　　　　(陈)幽公十二年,周厉王奔于彘(前842年)。二十三年(前831年),幽公卒,子厘公孝立。厘公六年(前825年),周宣王即位。

　　《史记》所载的这个矛盾并不是中国经典文献上唯一的例子。关于《春秋·文公九年》经所谓:"春,毛伯来求金。"《公羊传》有这样的说明:

　　　　"九年春,毛伯来求金。"毛伯者何?天子之大夫也。何以不称使?当丧,未君也。逾年矣,何以谓之未君?即位矣,而未称王也。未称王,何以知其即位?以诸侯之逾年即位,亦知天子之逾年即位也。以天子三年然后称王,亦知诸侯于其封内三年称子也。逾年称公矣,则曷为于其封内三年称子? 缘民臣之心,不可一日无君;缘终始之义,一年不二君,不可旷年无君;缘孝子之心,则三年不忍当也。

《公羊传》也并不是孤例,《孔子家语·正论解》有同样的说法:

> 子张问曰:"《书》云:'高宗三年不言,言乃雍。'有诸?"孔子曰:"胡为其不然也。古者天子崩,则世子委政于冢宰三年,成汤既没,太甲听于伊尹,武王既丧,成王听于周公,其义一也。"

要说明中国西周年代学上怎会有这样的现象,必须另外作讨论,但是不可否认中国经典中没有相关线索。无论学术界对中国经典中的线索有何种看法,在四十二年和四十三年逨鼎出土以后,不可否认宣王时代有两个不同的年历。科学方法是要先考察一个现象,重复发现了几次以后,我们必须承认有这样的现象,现象被确认了以后,我们就应该提供一个说明。

谈了周宣王在位年代问题以后,我们再回过头看看周厉王在位年代问题。上面已经指出,"夏商周断代工程"对厉王在位年代提出了一个全新的说法。《史记·周本纪》关于厉王载有这样一段文字:

> 厉王即位三十年,好利,近荣夷公。大夫芮良夫谏厉王曰:"王室其将卑乎? 夫荣公好专利而不知大难。夫利,百物之所生也,天地之所载也,而有专之,其害多矣。天地百物皆将取焉,何可专也? 所怒甚多,而不备大难。以是教王,王其能久乎? 夫王人者,将导利而布之上下者也。使神人百物无不得极,犹日怵惕惧怨之来也。故《颂》曰'思文后稷,克配彼天,立我蒸民,莫匪尔极'。《大雅》曰'陈锡载周'。是不布利而惧难乎,故能载周以至于今。今王学专利,其可乎? 匹夫专利,犹谓之盗,王而行

之,其归鲜矣。荣公若用,周必败也。"厉王不听,卒以荣公为卿士,用事。王行暴虐侈傲,国人谤王。召公谏曰:"民不堪命矣。"王怒,得卫巫,使监谤者,以告则杀之。其谤鲜矣,诸侯不朝。三十四年,王益严,国人莫敢言,道路以目。厉王喜,告召公曰:"吾能弭谤矣,乃不敢言。"召公曰:"是鄣之也。防民之口,甚于防水。水壅而溃,伤人必多,民亦如之。是故为水者决之使导,为民者宣之使言。故天子听政,使公卿至于列士献诗,瞽献曲,史献书,师箴,瞍赋,蒙诵,百工谏,庶人传语,近臣尽规,亲戚补察,瞽史教诲,耆艾修之,而后王斟酌焉,是以事行而不悖。民之有口也,犹土之有山川也,财用于是乎出;犹其有原隰衍沃也,衣食于是乎生。口之宣言也,善败于是乎兴。行善而备败,所以产财用衣食者也。夫民虑之于心而宣之于口,成而行之。若壅其口,其与能几何?"王不听。于是国莫敢出言,三年,乃相与畔,袭厉王。厉王出奔于彘。

传统史学家注意到司马迁所写"厉王即位三十年""三十四年,王益严"和"三年,乃相与畔,袭厉王。厉王出奔于彘"三个记载,判断厉王在位三十七年"奔于彘"。看起来,这很合理。然而,《史记·十二诸侯年表》始于厉王奔于彘那一年,暗示史迁自己对厉王在位年数没有把握。其实,在《史记》各个《世家》里有相当多的证据说明厉王在位年数没有长达37年。按照《卫康叔世家》所载各侯在位年数来推算,厉王在位年数在奔彘之前不可能超过24年:

> 顷侯厚赂周夷王,夷王命卫为侯。顷侯立十二年卒,子厘侯立。厘侯十三年,周厉王出犇于彘,共和行政焉。二十八年,周宣王立。

因为厉王奔彘年为公元前842年,此年为卫厘侯十三年,厘侯元年可以推为公元前854年。他的父亲顷侯之卒年可以推为公元前855年,顷侯在位十二年卒,他的元年可以推为公元前866年。

《卫康叔世家》明显谓"顷侯厚赂周夷王",那么夷王之卒年不可能
早于公元前866年,因此,厉王元年也不可能早于公元前865年,
奔彘之前的年数绝不可能超过24年,这是基本数学。那么,《史
记》本身含有矛盾的信息,《周本纪》暗示厉王在位三十七年奔彘,
《卫康叔世家》说得很清楚奔彘年不会在他在位二十四年以后。遇
到这样的情况,史学者当然要选择一个,放弃一个(或者,也有可能
两个都放弃),但是无论选择哪一个,他们都应该说明为什么放弃
的那一个不可靠。"夏商周断代工程"对这个选择有这样的两
句话:

> 厉王在位年,《周本纪》为37年,而《卫世家》、今本
> 《竹书纪年》均不足30年。今据晋侯苏钟,可知厉王在位
> 应超过33年。[①]

所谓晋侯苏钟是指一套由16枚甬钟组成的编钟,14枚是1992
年6月从山西省天马—曲村晋侯墓地盗出、上海博物馆于该年年底
在香港古董市场购买的,另外2枚则是1993年元月从天马—曲村8
号墓中出土的。晋侯苏钟铭文有"三十三年"的年代记载确定无疑,
但是《简本》说据此"可知厉王在位应超过33年"不无疑问。根据《世
本》可知,晋侯苏即为晋献侯。根据《史记·十二诸侯年表》,晋献侯
在位年代可以推为公元前822年至公元前812年,亦即周宣王在位
六至十六年。厉王在位期间,晋献侯尚未即位,根本不可称作"晋
侯",这又是一个矛盾。根据《史记》,厉王在位年间,晋侯苏尚未即
位,到宣王三十三年,他已经薨卒不在。无论如何,我们不能够直
接说"今据晋侯苏钟,可知厉王在位应超过33年"。

《简本》对这个问题不是没有更详细的解释,只是所提解释也
没有多少说服力。《简本》谓:

> 铭文纪年为三十三年。西周晚期在位超过33年的,

只有厉王和宣王。对 M8 墓中的木炭样品进行常规法^{14}C
年代测定,其年代为公元前 816—前 800 年。又用 AMS
法对 M8 墓中的木炭和祭牲样品测年,其年代分别为公
元前 814—前 796 年和公元前 810—前 794 年,两种方法
所得数据一致。《史记·晋世家》载晋侯苏卒于周宣王十
六年(公元前 812 年),与测年结果吻合,所以晋侯苏钟的
"三十三年"当属厉王。

我们可以暂时不管"夏商周断代工程"利用 AMS 法对 M8 墓
中木炭的测年可靠到什么程度,就是按照《简本》所提供的数据,这
座墓的年代似乎也更适合于宣王在位时期。如上面所述,宣王在
公元前 827 年即位,在位三十三年为公元前 795 年,与 AMS 法测
定的"公元前 814—前 796 年和公元前 810—前 794 年"正好吻合,
反而与《简本》推定的厉王在位三十三年之年代,即公元前 845 年,
相差至少 30 多年。

如果^{14}C 年代测定不能解决这个矛盾,是不是就只能承认这是
一个解决不了的问题呢?我觉得不是,有某些新见铭文可以解决
这个问题。晋侯苏钟第 9 枚钟铭文记载王从东国"反归在成周",
第 10 枚钟铭文继续谓"六月初吉戊寅旦,王各大室即位。王乎善
夫䚤召晋侯苏入门立中庭"。尽管最初释文将"善夫"(即膳夫)下
一个字,即 ▨ ,隶定为"曰",但是之后李学勤指出此字应该读作
"䚤",是膳夫的名字,这个释读正确无疑[1]。这个膳夫䚤应该就是
其他铭文所称的"士䚤",譬如克钟谓:"佳十又六年九月初吉庚寅,
王才周康剌宫。王乎士䚤召克。"唐兰在《西周铜器断代中的"康
宫"问题》[2]一文中提出"剌"与"厉"声近通假,"剌宫"即"厉宫",亦
即祭祀周厉王的公庙,因此克钟可以定为宣王时代铜器,现在已经

----

① 李学勤:《晋侯苏编钟历日的分析》,《夏商周年代学札记》,辽宁大学出版社,1999
年,第 157 页。

② 唐兰:《西周铜器断代中的"康宫"问题》,《考古学报》1962 年第 1 期,第 15—48 页。

被视作定论。克钟所载年代,即"隹十又六年九月初吉庚寅"与此完全一致。按照张培瑜《中国先秦史历表》,宣王十六年即公元前812年,九月朔日为庚寅,与"初吉"月相刚好符合。

最近,地又不爱宝,又给我们提供了新的相关证据。2007年张光裕先生首次公布了文盨,铭文又提到"士曶":"唯王廿又三年八月,王命士曶父殷南邦君者侯,乃赐马。王命文曰:率道于小南。唯五月初吉,还至于成周,作旅盨,用对王休。"[1]张光裕指出,文盨所述史事与宣王时代的历史一致,所载"二十三年"的年代记载很可能相当于公元前805年,李学勤也提出了更多证据支持这个年代学结论[2]。

问题是曶如果在公元前812年和前805年在成周辅佐周宣王,那么晋侯苏钟记载的他在某一王之"三十三年"也在成周辅佐周王,年代应该是指40年前的厉王三十三年(按照"夏商周断代工程"为公元前845年)还是十年后的宣王三十三年(即公元前795年)?我觉得答案很清楚,只能是宣王时代。晋侯苏钟如果记载宣王时代的史事,那么"夏商周断代工程"对厉王年代判定的基石就不存在,则厉王其他年代更不可靠。

四、小　　结

如上文所论,"夏商周断代工程"所发表的西周诸王在位年代,从成王到宣王一代一代都有明显错误,其实可以说它的年代体系全错,这些错误来自各种原因。关于穆王和宣王在位年数,断代工程完全接受了《史记》的55年和46年说,《史记》对穆王在位年数的记载几乎全是传说性的,对宣王在位年数也不无矛盾的信息,断代工程却对这些史料没有采取史学研究最根本的怀疑态度。然

---

① 张光裕:《西周士百父盨铭所见史事试释》,《古文字与古代史(第一辑)》,中研院史语所,2007年,第213—222页。
② 李学勤:《文盨与周宣王中兴》,《文博》2008年第2期,第4—5页。

而,与此完全不同的是,断代工程对成王和厉王在位年数提出了全新的说法,即便与《史记》几乎有同等史学价值的《汉书》对成王在位年数有明确无疑的记载,而对厉王在位年代的用法与西周其他王代完全不同。这只能说是违背了基本史学原则。

李学勤先生对"夏商周断代工程"曾经作过这样的总结:

> "夏商周断代工程"做的是前人没有做过的事,我们是在社会主义的条件下,把以前互不往来,缺乏共同语言的一批学科,包括自然科学和人文、社会科学,结合到一起来了。相信这不仅是达到"工程"预期目标的保证,而且会为今后进一步开展跨学科、多学科的交叉研究积累有益的经验。[①]

李先生说,断代工程"把以前互不往来,缺乏共同语言的一批学科""结合到一起"而达到了它预期的目标。我们上面已经论述过,断代工程西周诸王在位年代框架一代一代全错,恐怕没有一个年代正确[②]。有了这样的错误,当然不能说"夏商周断代工程"达到了所预期的目标。遇到这样的失败,我们应该思考这是由于什么原因,我觉得主要原因之一可能就是"工程"这样的概念。原则上,跨学科、多学科的交叉研究当然是值得赞成的,然而,不同的学科如果缺乏共同语言,也就是说没有统一的标准,这样的"工程"只能达到最低的共同分母。无论有多大,一个委员会恐怕永远达不到年代学所需要的绝对结论。借用李先生所利用的政治思想词汇,我们可以不管社会主义的条件对学问有什么样的影响,但是学问并不是一种民主主义的工程,反而是一种专制事业。"夏商周断代

---

① 李学勤、郭志坤:《中国古史寻证》,上海科技教育出版社,2002年,第363页。
② "夏商周断代工程"西周部分唯一正确的年代恐怕是将所谓"懿王天再旦于郑"的日食定在公元前899年,可是这个年代并不是断代工程首先提出的,最早是韩国学者方善柱(《西周年代学上的几个问题》,《大陆杂志》1975年第1期,第15—23页),断代工程最多只是"确认"(《简本》第83页所列的12项"作为标志性成果"中利用了"确认"这样的词汇,也许暗示前人对这个问题有所贡献,可是《简本》连提也没提方善柱的成果,只能算是比较严重的遗漏)。

工程"预期的目标不是像断代工程那样的委员会所能达到的,而应当由某一个独立学者自己作研究来完成,只有这样的一个学者才能对所有资料和信息的价值和交叉有统一的把握。

附录:再论月相问题

本文在讨论西周铜器铭文年代记载时,曾指出有 15 件典型的西周晚期铜器应该作于周宣王时代(参见表三)。对这 15 件年、月、月相和干支齐备的宣王铜器,我们可以进一步分析它们的月相记载。专门研究西周铜器和西周年代的学者都知道,铜器铭文中有四种月相记载,即初吉、既生霸、既望和既死霸。20 世纪以来对月相最常用的解释是王国维《生霸死霸考》的四分说。王氏认为在一个朔晦月间,我们所观察到的月亮明显地分成四个阶段:从新月到增长的半月、半月到满月、满月到亏缺的半月、亏缺的半月到晦日,每一个阶段都有七八天。他说:"一曰初吉,谓自一日至七八日也;二曰既生霸,谓自八九日以降至十四五日也;三曰既望,谓十五六日以后至二十二三日;四曰既死霸,谓自二十三日以后至于晦也。"[①]与这个说法不同,"夏商周断代工程"提出了一个新的说法,认为初吉"出现在初一至初十",既生霸是"从新月初见到满月",既望是"满月后月的光面尚未显著亏缺",既死霸是"从月面亏缺到月光消失"[②]。这 15 件宣王时代年、月、月相和干支俱全的铜器铭文为这个关键问题提供了非常宝贵的资料,其中有 6 件载有初吉、4 件载有既生霸、2 件载有既望、3 件载有既死霸,可以说是相当丰富的证据。根据张培瑜《中国先秦史历表》,它们在所属月份中的日期分布如下:

　　　　初吉:　　　—1、1、—1、6、9、—1
　　　　既生霸:　　10、14、7、15

---

① 王国维:《生霸死霸考》,《观堂集林》卷一,中华书局,1959 年,第 2 页。
② 《简本》第 35—36 页。

　　既望：　　　18、20
　　既死霸：　　27、24、22

　　这样的分布与王国维《生霸死霸考》的四分月相说基本一致。15 件宣王铜器中有六个初吉，四个指初一（详下）、一个指初六、一个指初九（很可能是初八，详下）；有四个既生霸，一个指月份第七天、一个第十天、一个第十四天、一个第十五天；有两个既望，一个指月份第十八天、一个第二十天；有三个既死霸，一个指第二十二天、一个第二十四天、一个第二十七天。其中个别例子与王氏说稍微有点出入，需要进一步说明。

　　查张培瑜《中国先秦史历表》，三个初吉均属于前一个月的最后一天（即上面的"－1"日）。不过，该历表应该进行一些调整。譬如，虢季子白盘有"十又二年正月初吉丁亥[24]"之语，很多铜器专家都认为该盘为宣王时器，因此十二年应该就是公元前 816 年。据张氏历谱，公元前 816 年元月朔日是戊子[25]，比虢季子白盘铭文的丁亥[24]晚一天。然而，查张氏历谱公元前 817 年，十月朔日是戊午[55]、十一月朔日是戊子[25]、十二月朔日是戊午[55]，也就是说有三个连续的大月（即三十天月），中国的历法从来没有这样的例子。如果这三个连续的大月中有一个月是小月（即二十九天月），那么公元前 816 年元月朔日就应该是丁亥[24]，虢季子白盘的"十又二年正月初吉丁亥[24]"正好是该月的朔日。其实，按照董作宾《中国年历总谱》，公元前 816 年元月朔日就是丁亥[24][①]。

　　善夫山鼎也有同样的情况。原报告按照器形、花纹和铭文内容定之为宣王器。此后，因为所载年代与公认的宣王年历不合，所以有人定之为厉王器，有人甚至定之为夷王器。现在我们知道，宣王晚年的时候利用了以公元前 825 年为元年的年历，善夫山鼎的"卅又七年正月初吉庚戌[47]"与公元前 789 年基本符合。按照张氏历谱该年正月朔日是辛亥[48]，庚戌[47]乃前一年的最后一天。

────────

① 　董作宾：《中国年历总谱》，香港大学出版社，1960 年。

然而,再查张氏历谱,公元前 790 年十月朔日是辛巳[18]、十一月朔日是辛亥[48]、十二月朔日又是辛巳[18]。公元前 789 年正月之前有三个连续的大月,如果将其中任何一个月改成小月,次年正月朔日就变成庚戌[47],与善夫山鼎的初吉完全一致。董作宾《中国年历总谱》又正好定这个月的朔日为庚戌[47]。

鬲攸从鼎的情况指出张氏历谱里的另外一种问题。所载"佳卅又一年三月初吉壬辰[29]"的年代记载与公认的宣王年历完全不合。按照以公元前 827 年为元年的年历,第三十一年指公元前 797 年,但是该年三月朔日是丁卯[4]。如此,所载壬辰[29]就相当于该月第二十六日,与所载初吉月相不合。如果检查此后两年,即公元前 795 年,我们发现三月朔日是甲申[21],壬辰[29]就为第九日。这与王国维的初吉定义,即初一至初七八,也相差一两天,可是这个差别可以理解。按照张氏历谱此月的天文朔(日月之会)是在甲申日的晚上 19 点 17 分,历法的朔日很可能会定到第二天的乙酉[22]。通过这样的调整,鬲攸从鼎的壬辰[29]就为初八,与王国维的说法基本上一致。

还有一件铜器的月相与四分月相说稍微有一点出入,那就是四十二年逑鼎的"佳卅又二年五月既生霸乙卯[52]"。乙卯为公元前 784 年五月第七天,比王国维所说的既生霸为"自八九日以降至十四五日也"早一天。对于此例,我们无法像前三个例子一样根据历法调整张氏历谱,不过,这样的历谱只能提供一个相对准确的框架,不能视为绝对标准。下面看看美国航空航天局(NASA)Fred Espenak 先生所编的"2001 至 2005 年四分月相表"(表四),从表中可知自然的月份或大或小,不一定年年月月都一样。根据 Espenak 先生的说明,一个朔晦月的平均长度是 29.530 588 日,但是由于太阳引力的影响,某一个朔晦月可小到 29.26 日,可大到 29.80 日[①],生半月、满月和死半月的时间也同样不相等。

---

① 下表引自 Fred Espenak, "Phases of the Moon: 2001 to 2005".

表四 2001 至 2005 年四分月相表

年	朔			生 半 月			满 月			死 半 月		
2001	Jan	24	13:07	Jan	2	22:31	Jan	9	20:24 t	Jan	16	12:35
	Feb	23	08:21	Feb	1	14:02	Feb	8	07:12	Feb	15	03:24
	Mar	25	01:21	Mar	3	02:03	Mar	9	17:23	Mar	16	20:45
	Apr	23	15:26	Apr	1	10:49	Apr	8	03:22	Apr	15	15:31
	May	23	02:46 T	Apr	30	17:08	May	7	13:53	May	15	10:11
	Jun	21	11:58	May	29	22:09	Jun	6	01:39	Jun	14	03:28
	Jul	20	19:44	Jun	28	03:20	Jul	5	15:04 p	Jul	13	18:45
	Aug	19	02:55	Jul	27	10:08	Aug	4	05:56	Aug	12	07:53
	Sep	17	10:27	Aug	25	19:55	Sep	2	21:43	Sep	10	19:00
	Oct	16	19:23	Sep	24	09:31	Oct	2	13:49	Oct	10	04:20
	Nov	15	06:40	Oct	24	02:58	Nov	1	05:41	Nov	8	12:21
	Dec	14	20:48 A	Nov	22	23:21	Nov	30	20:49	Dec	7	19:52
				Dec	22	20:56	Dec	30	10:41 n			

续表

年	朔			生 半 月			满 月			死 半 月		
2002	Jan	13	13:29							Jan	6	03:55
	Feb	12	07:41	Jan	21	17:47	Jan	28	22:50	Feb	4	13:33
	Mar	14	02:03	Feb	20	12:02	Feb	27	09:17	Mar	6	01:25
	Apr	12	19:21	Mar	22	02:28	Mar	28	18:25	Apr	4	15:29
	May	12	10:45	Apr	20	12:48	Apr	27	03:00	May	4	07:16
	Jun	10	23:47 A	May	19	19:42	May	26	11:51 n	Jun	3	00:05
	Jul	10	10:26	Jun	18	00:29	Jun	24	21:42 n	Jul	2	17:19
	Aug	8	19:15	Jul	17	04:47	Jul	24	09:07	Aug	1	10:22
	Sep	7	03:10	Aug	15	10:12	Aug	22	22:29	Aug	31	02:31
	Oct	6	11:17	Sep	13	18:08	Sep	21	13:59	Sep	29	17:03
	Nov	4	20:34	Oct	13	05:33	Oct	21	07:20	Oct	29	05:28
	Dec	4	07:34 T	Nov	11	20:52	Nov	20	01:34 n	Nov	27	15:46
				Dec	11	15:49	Dec	19	19:10	Dec	27	00:31

续表

年	朔			生半月			满月			死半月		
2003	Jan	2	20:23	Jan	10	13:15	Jan	18	10:48	Jan	25	08:33
	Feb	1	10:48	Feb	9	11:11	Feb	16	23:51	Feb	23	16:46
	Mar	3	02:35	Mar	11	07:15	Mar	18	10:34	Mar	25	01:51
	Apr	1	19:19	Apr	9	23:40	Apr	16	19:36	Apr	23	12:18
	May	1	12:15	May	9	11:53	May	16	03:36 t	May	23	00:31
	May	31	04:20 A	Jun	7	20:28	Jun	14	11:16	Jun	21	14:45
	Jun	29	18:39	Jul	7	02:32	Jul	13	19:21	Jul	21	07:01
	Jul	29	06:53	Aug	5	07:28	Aug	12	04:48	Aug	20	00:48
	Aug	27	17:26	Sep	3	12:34	Sep	10	16:36	Sep	18	19:03
	Sep	26	03:09	Oct	2	19:09	Oct	10	07:27	Oct	18	12:31
	Oct	25	12:50	Nov	1	04:25	Nov	9	01:14 t	Nov	17	04:15
	Nov	23	22:59 T	Nov	30	17:16	Dec	8	20:37	Dec	16	17:42
	Dec	23	09:43	Dec	30	10:03						

续表

年	朔			生 半 月			满 月			死 半 月		
2004	Jan	21	21:05	Jan	29	06:03	Jan	7	15:40	Jan	15	04:46
	Feb	20	09:18	Feb	28	03:24	Feb	6	08:47	Feb	13	13:40
	Mar	20	22:41	Mar	28	23:48	Mar	6	23:14	Mar	13	21:01
	Apr	19	13:21 P	Apr	27	17:32	Apr	5	11:03	Apr	12	03:46
	May	19	04:52	May	27	07:57	May	4	20:33 t	May	11	11:04
	Jun	17	20:27	Jun	25	19:08	Jun	3	04:20	Jun	9	20:02
	Jul	17	11:24	Jul	25	03:37	Jul	2	11:09	Jul	9	07:34
	Aug	16	01:24	Aug	23	10:12	Jul	31	18:05	Aug	7	22:01
	Sep	14	14:29	Sep	21	15:54	Aug	30	02:22	Sep	6	15:11
	Oct	14	02:48 P	Oct	20	21:59	Sep	28	13:09	Oct	6	10:12
	Nov	12	14:27	Nov	19	05:50	Oct	28	03:07 t	Nov	5	05:53
	Dec	12	01:29	Dec	18	16:40	Nov	26	20:07	Dec	5	00:53
							Dec	26	15:06			

续表

年	朔	生半月	满月	死半月
2005	Jan 10 12:03	Jan 17 06:58	Jan 25 10:32	Jan 3 17:46
	Feb 8 22:28	Feb 16 00:16	Feb 24 04:54	Feb 2 07:27
	Mar 10 09:10	Mar 17 19:19	Mar 25 20:58	Mar 3 17:36
	Apr 8 20:32 H	Apr 16 14:37	Apr 24 10:06 n	Apr 2 00:50
	May 8 08:45	May 16 08:56	May 23 20:18	May 1 06:24
	Jun 6 21:55	Jun 15 01:22	Jun 22 04:14	May 30 11:47
	Jul 6 12:03	Jul 14 15:20	Jul 21 11:00	Jun 28 18:23
	Aug 5 03:05	Aug 13 02:39	Aug 19 17:53	Jul 28 03:19
	Sep 3 18:45	Sep 11 11:37	Sep 18 02:01	Aug 26 15:18
	Oct 3 10:28 A	Oct 10 19:01	Oct 17 12:14 p	Sep 25 06:41
	Nov 2 01:25	Nov 9 01:57	Nov 16 00:58	Oct 25 01:17
	Dec 1 15:01	Dec 8 09:36	Dec 15 16:16	Nov 23 22:11
	Dec 31 03:12			Dec 23 19:36

　　由表四可以看出,第一半月的显现有的时候在月份第七天,有的时候在第八天,有的时候在第九天,不是很固定。古人依靠自己的观察能力,长短出入应该与此相同。依此,四十二年虞逑鼎的既生霸乙卯[52]指月份第七天,不应该算是相差太大。若然,我们应该稍微调整一下王国维所定月相的定义。现在看来,初吉应该是自初一至初六、七、八;既生霸应该是自七、八、九日至十四五日;既望应该是十五六日以后至二十一、二十二、二十三日;既死霸应该是自二十二、二十三、二十四日以后至晦。这样稍微宽泛的定义不但合乎铜器铭文的年代记载,并且与月亮实际情况也完全一致。

由"天再旦于郑"再论
"夏商周断代工程"的得失[*]

  从 1996 年到 2000 年,作为中国学术界最重要的科研项目之一,由包括历史学家、考古学家、古文字学家、文献学家和天文学家在内的诸多专家共同参与的"夏商周断代工程"探讨了中国上古三代的年代问题,并于 2000 年得出初步结论。专家们发表的《夏商周断代工程 1996—2000 年阶段成果报告(简本)》(下文简称《简本》)^①,对夏商时代提出概括性断代,对西周时代提出绝对性年代框架,对西周十二王提出确切在位年代。关于西周十二王年代的具体结论如表一所示^②:

表一　西周十二王年代

王名	重要活动及相应年份	卒年(结束之年)	在位年数
武王	克商(前 1046)	前 1043	4
成王	即位(前 1042)	前 1021	22
康王	即位(前 1020)	前 996	25
昭王	即位(前 995)	前 977	19

---

  * 本文原题为《由〈晚篹〉铭文看"天再旦于郑"》,载于《历史研究》2016 年第 1 期,为纪念尊师倪德卫(David S. Nivison, 1923—2014)而作。倪德卫教授逝世于 2014 年 10 月 16 日,直至逝世前两个礼拜,他还一直关心着中国古代年代学和"夏商周断代工程"研究成果的得失。本文采用倪教授发明的"二元说",并认为这是解开西周年代难题的钥匙。本文写作过程中得到北京大学历史系博士班史安瑞(Ondřej Škrabal)不少指正,谨此表示谢意。

  ① 夏商周断代工程专家组:《夏商周断代工程 1996—2000 年阶段成果报告(简本)》,世界图书出版公司,2000 年。

  ② 《简本》第 88 页。

王名	重要活动及相应年份	卒年(结束之年)	在位年数
穆王	即位(前976)	前922	55
共王	即位(前922)	前900	23(共王当年改元)
懿王	即位(前899)	前892	8
孝王	即位(前891)	前886	6
夷王	即位(前885)	前878	8
厉王	即位(前877)	前841	37
共和	执政元年(前841)	前828	14(共和当年改元)
宣王	即位(前827)	前782	46
幽王	即位(前781)	前771	11

《简本》问世以后马上引起不少讨论,有学者接受,有学者批评。批评者针对的主要是断代工程所采用的某些定义和大前提,但对断代工程所利用的证据没有多少异议。尤其是对有关西周诸王在位年代的天文现象(如所谓"天再旦于郑"的日食记载)以及有纪年的西周铜器铭文,学者们或可提出不同理解,但基本上不能指出《简本》有遗漏之处。

虽然如此,科学方法不能仅满足于对某时的所有证据作出圆满说明,有关结论同样应符合此后出现的新证据。《简本》出版后,地不爱宝,几乎每年都有重要铜器面世。这些新见的证据也非常客观,值得高度重视。事实上,无论学者们此前对《简本》提出的西周诸王年代框架持接受还是批评态度,现在恐怕没有人能够否认这个框架存在严重问题。譬如,曾参加"夏商周断代工程"铜器组工作的朱凤瀚教授在《考古》2007年第3期上发表《㒸公盨与唐伯侯于晋》一文,介绍他在香港一个古董店所见到的一件铜器①。如

---

① 朱凤瀚:《㒸公盨与唐伯侯于晋》,《考古》2007年第3期,第64—69页。

朱凤瀚所说,"(甦公簋)的工艺特征确是流行于西周早期偏早这一时段内,即武王至康王早期"①,甦公簋铭文也有"隹王廿又八祀"的纪年。无论如何,《简本》所载周成王在位 22 年和康王在位 25 年都不能容纳这个纪年。因此,朱凤瀚虽基本支持"夏商周断代工程"的结论,但也只能承认:"在目前通过金文排历谱的工作中,如认定甦公簋是成王二十八年器,则势必要改动夏商周断代工程简本提供的历表体系,比如调整武王克商年。或如有的学者所建议,据金文资料,压缩穆王在位年,但后者要触动《史记》对穆王在位年的明确记载,所以也有体系变动的问题。"②

　　2014 年,朱凤瀚又撰文介绍新见的铜器,承认所载年代与《简本》体系不合,无法配合,也无法调整。朱教授共介绍了 7 件载有年代的铜器,其中最重要的可能是旽簋③。该器铭文著录于吴镇烽所编《商周青铜器铭文暨图像集成》,编号为 05386,并注明"某收藏家"收藏④。该器敛口鼓腹,一对兽首耳,下有垂珥,盖面呈弧形鼓起,上有圈状捉手,圈足下连铸三个兽面附足;盖沿和器口下饰窃曲纹,盖上和器腹饰瓦沟纹。这种形制的簋在西周中晚期相当流行,按照吴氏描述,可能与萮簋(《集成》4195,图一)和虎叔簋(《铭图》04833,图二)颇为相似⑤。

　　吴氏也提供了旽簋盖上铭文的拓本(图三),共 150 字(器上铭文是对铭)。

---

① 朱凤瀚:《简论与西周年代学有关的几件铜器》,《新出金文与西周历史》,上海古籍出版社,2011 年,第 36 页。

② 朱凤瀚:《简论与西周年代学有关的几件铜器》,《新出金文与西周历史》,第 38 页。

③ 朱凤瀚:《关于西周金文历日的新资料》,《故宫博物院院刊》2014 年第 6 期,第 11—14 页。

④ 吴镇烽:《商周青铜器铭文暨图像集成》,上海古籍出版社,2012 年,第 05386 号器。

⑤ 吴镇烽对萮簋器形、纹饰作了如下描述:"敛口鼓腹,一对兽首耳,下有方形垂珥,圈足连铸三条兽面扁足,盖上有圈状捉手。盖沿和器口沿饰窃曲纹,盖上和器腹饰瓦纹,圈足饰斜角雷纹。"(《铭图》05205)关于虎叔簋谓:"敛口鼓腹,兽首耳较细,下有方垂珥,盖面隆起,上有圈形捉手,捉手上有对穿的双孔。圈足下附有三个兽面扁足,足尖呈爪形。盖沿和器口沿饰窃曲纹,盖面和器腹饰瓦纹,圈足饰斜角窃曲纹。"(《铭图》04833)均与对旽簋的描述基本相同。

图一　鬲簋

图二　虎叔簋

图三　旎簋盖铭

旎簋铭文可隶定如下：

> 唯十年正月初吉甲寅，王在周[般]
>
> 大室。旦王格庙即位。鼏王康公入
>
> 门右旎立中廷北向。王呼乍册尹册命
>
> 旎曰：戈曶乃祖考縣又 于先

王，亦弗忘乃祖考登里厥典封

于服。今朕丕显考龏王既命汝

更乃祖考事，作嗣徒。今余唯

䢞先王，命汝蠶嗣西朕嗣徒，讯

讼，取徥十孚，敬勿瀌朕命。赐

汝邑卣、赤市、幽黄、攸勒。吮拜稽首，对

扬天子休，用作朕烈考幽叔宝

尊簋，用赐万年，子子孙孙其永宝。

按照吴镇烽的意见，吮簋为"西周中期后段"铜器。从器形、纹饰的描述和铭文字体、书法看，这样断代应该没有错。因为命书提到时王的"朕丕显考龏王"，"龏王"即周共王（又作恭王），所以可知时王应为共王之子懿王①。如上所述，《简本》把懿王元年定为前899年，将其卒年定为前892年，在位共8年。吮簋还有"唯十年"的记载，可知懿王在位年数至少在10年以上，因此《简本》的"八年"明显错误。针对这样的难题，朱凤瀚作如下讨论：

这样一来，《夏商周断代工程1996—2000年阶段成

---

①　"朕丕显考龏王"未必是吮簋作于懿王在位时代的铁证。关于懿王继位者周孝王与共王的关系，史安瑞指出传世文献有不同记载。《史记·周本纪》："共王崩，子懿王囏立。懿王之时，王室遂衰，诗人作刺。懿王崩，共王弟辟方立，是为孝王。孝王崩，诸侯复立懿王太子燮，是为夷王。"（《史记》卷四，中华书局，1959年，第140—141页）同书《三代世表》又说："孝王方，懿王弟。"（《史记》卷十三，第503页）唐代的《五经正义》有两次引用《世本》说懿王和孝王都是共王的儿子。第一次《毛诗正义·民劳·疏》说："《世本》及《周本纪》皆云成王生康王，康王生昭王，昭王生穆王，穆王生恭王，恭王生懿王及孝王，孝王生夷王，夷王生厉王。凡九王。从成王言之，不数成王，又不数孝王，故七世也。"（《毛诗正义》卷第十七—四，《十三经注疏》，中华书局，1980年，第547页）第二次《礼记正义·郊特牲·疏》说："正义曰：案《世本》康王生昭王，昭王生穆王，穆王生恭王，恭王生懿王。懿王崩，弟孝王立。孝王崩，懿王大子燮立，是为夷王。懿王是康王之玄孙，夷王是懿王之子，故云玄孙之子也。"（《礼记正义》卷第二十五，《十三经注疏》，第1447—1448页）与此又矛盾的是《太平御览》卷八五的《史记》引文："懿王在位二十五年，崩。恭王弟辟方，是为孝王。"（《太平御览》卷八五，中华书局，1960年，第402页）因此，孝王是穆王之子还是共王之子没有确切文献证据。据吮簋铭文可知，"朕丕显考龏王"的时王在位10年，与"夏商周断代工程"所定懿王在位8年、孝王在位6年的框架不合。因为《世本》早已亡佚，无法校对《五经正义》的证据，所以下面的讨论按照《史记·周本纪》的记载。分析似乎表明吮簋所谓"时王"，确为懿王无误。

果报告(简本)》所刊布的《西周金文历谱》中,将懿王在位年数定在前899至前892年,共八年时间,即必须要调整了。调整的方法无非是两种,一种是向下延长,一种是向上,冲破前899为懿王元年的设置。

如保留懿王元年为前899年的说法,则只能将懿王在位年下延。依此,懿王十年即前890年。但从历表上看,前890年正月丙申朔,十九日甲寅,与簋铭所言历日"正月初吉甲寅"不合,因为从迄今所见西周金文资料提供的"初吉"时日范围(多在每月上旬,即初一至十日的范围内),无论怎样,皆不会晚到十九日。这种情况表明,从金文历谱角度来看,以前899年为懿王元年的设置,也有改动的必要了。①

朱教授还增加了一个注解说明懿王元年与"天再旦于郑"的记载:

定前899年为懿王元年,主要是根据将古本《竹书纪年》所载"懿王元年天再旦于郑"解释为"日出之际发生的一次日食",并将"郑"的地望定在华县或凤翔,然后依据对日食造成的天光视亮度进行测算的数学方法,计算出前1000—前840年间哪几次日食在西周郑地可以造成此种"天再旦"的现象。②

朱教授的分析很合理。然而,"以前899年为懿王元年的设置,也有改动的必要了"的后果,必然是放弃懿王"天再旦于郑"与前899年日食的联系。这一联系是"夏商周断代工程""推定西周王年的七个支点"之一,也可以说是最重要的支点。《简本》有如下论述:

---

① 朱凤瀚:《关于西周金文历日的新资料》,《故宫博物院院刊》2014年第6期,第12页。
② 朱凤瀚:《关于西周金文历日的新资料》,《故宫博物院院刊》2014年第6期,第12页注5。

古本《竹书纪年》载："懿王元年天再旦于郑。""天再旦"即天亮两次的奇异天象,有学者认为是日出之际发生的一次日食。"郑"的地望在西周都城(今西安)附近的华县或凤翔。通过理论研究建立了描述日出时日食造成的天光视亮度变化的数学方法,据此可以计算出每次日食所造成天再旦现象的地面区域。对公元前 1000—前 840 年间的日食进行全面计算,得出公元前 899 年 4 月 21 日的日食可以在西周郑地造成天再旦现象,并且是唯一的一次。

1997 年 3 月 9 日,我国境内发生了本世纪最后一次日全食,日食发生时,新疆北部正好是天亮之际。经布网实地观测,日出前天色已明,此时日全食发生,天色转黑,几分钟后,全食结束,天色再次放明。实际观测印证了"天再旦"为日全食记录是可信的。①

《简本》还把这个支点列在"夏商周断代工程的标志性成果"之中,说:"对 1997 年 3 月 9 日新疆北部的日全食进行观测,从理论和实践上证明黎明时的大食分日食会形成天再旦现象,并确认'懿王元年天再旦'时间在前 899 年 4 月 21 日。"②不但如此,在其他场合断代工程还更确切地宣扬"天再旦于郑"日食的独特性、重要性:

用这一方法计算了相关时期的全部日食,发现惟一的一次在"郑"地发生的"天再旦"现象是公元前 899 年 4 月 21 日日食。也就是说,我们得到懿王元年是公元前 899 年的结论。史学方面估计懿王元年有大约 40 年的可能范围,天文学分析"天再旦"现象在特定地点出现的几率为 1000 年一遇。我们在 40 年的范围内恰恰找到了惟

---

① 《简本》第 24—25 页。
② 《简本》第 83 页。

一的一例,这对"天再旦"的日食说也是有力的支持。……结论为夏商周断代工程正式采用为西周王年体系的一个重要支撑点。它作为夏商周断代工程得到的夏商周年表的一部分,成为中国历史年代的权威参考,为各种工具书、教科书和博物馆采用。①

如果放弃"在特定地点出现的几率为1000年一遇",天文学家和历史学家"在40年的范围内恰恰找到了惟一的一例",那么在西周时代就肯定找不出第二个例子。

我过去对"夏商周断代工程"提出过比较激烈的批评。虽然如此,我们仍不应这么轻易地放弃懿王"天再旦于郑"与前899年日食的联系。朱凤瀚教授正确地指出𤞤簋"唯十年正月初吉甲寅"的纪年与前890年"不合"(若懿王元年为前899年,那么懿王十年必然为前890年)。如朱教授所说,根据张培瑜《中国先秦史历表》,前890年正月朔日是丙申[33]②,甲寅[51]是该月第十九日,与"初吉"的月相记载完全不合。然而,朱教授说"调整的方法无非是两种,一种是向下延长,一种是向上,冲破前899为懿王元年的设置",没有考虑三十多年前提出的另外一个调整方法。我曾多次发表文章论证西周诸王普遍使用两个年历:一个以继位年为元年,另一个以两年后时王正式"即位"的年份为元年③。还有一个难以

---

①　http://baike.baidu.com/view/218325.htm.

②　张培瑜:《中国先秦史历表》,齐鲁书社,1987年,第52页。更确切地说,根据张表,此年正月(亦即"冬至月")朔日是丁卯[4],该月没有甲寅[51],但只要改变岁首正月或闰月设置就得出建丑月为正月,朔日像朱教授所说是丙申[33]。

③　我和倪德卫曾怀疑这个历法现象与古代"三年之丧"制度有关。按照三年之丧制度,国王去世后嗣王委政于冢宰三年。《孔子家语·正论解》有最清楚的记载:子张问曰:"《书》云:'高宗三年不言,言乃雍。'有诸?"孔子曰:"胡为其不然也。古者天子崩,则世子委政于冢宰三年,成汤既没,太甲听于伊尹,武王既丧,成王听于周公,其义一也。"文献记载说明在这三年之间,嗣王不但不亲自听政,并且也不正式"称王"。关于《春秋·文公九年》所谓:"春,毛伯来求金。"《公羊传》说:"毛伯者何?天子之大夫也。何以不称使?当丧,未君也。逾年矣,何以谓之未君?即位矣,而未称王也。未称王,何以知其即位?以诸侯之逾年即位,亦知天子之逾年即位也。以天子三年然后称王,亦知诸侯于其封内三年称子也。逾年称公矣,则曷为于其封内三年称子?缘民臣之心,不可一日无君;缘终始之义,一年不二君,不可旷年无君;缘孝子之心,则三年不忍当也。"

说明的现象：时王即位后没有立刻改历，而是等待一段时间之后才改，譬如周宣王改历发生于其在位第十八年后①。我们仍然不知道时王为什么要这样等待，但是现象就是如此。

我在 *Sources of Western Zhou History: Inscribed Bronze Vessels* 中已论证周懿王也不例外，除以前 899 年为继位年以外，他

---

①　我已写了两三篇文章讨论宣王时代的铜器及其与"二元说"的关系，毋庸于此再作详细介绍。然而，为证明下面所讨论的懿王年历并非孤证，至少应加一个注解说明这个证据。最重要的证据是 2003 年陕西眉县出土的逨盘、四十二年逨鼎和四十三年逨鼎。逨盘铭文近似一部西周通史，从文王、武王一直叙述到时王的父亲"剌王"（即周厉王），最后提到当时的"天子"，当然只能是厉王的儿子周宣王。四十三年逨鼎铭文所载命书直接引用逨盘铭文的命书，这说明四十三年逨鼎的铸造年代必在逨盘之后，因此也只能是宣王在位期间。虽然如此，很多学者已指出四十二年逨鼎和四十三年逨鼎铭文的完整纪年，即"隹卌又二年五月既生霸乙卯[52]"和"隹卌又三年六月既生霸丁亥[24]"与公认的宣王年历不合。公认的宣王年历以前 827 年为元年，其在位第 42 年相当于前 786 年、第 43 年相当于前 785 年。查张培瑜《中国先秦史历表》，前 786 年五月朔日为壬戌[59]，该月无四十二年逨鼎纪年所载的乙卯[52]；如果改变岁首正月，得辛卯[28]为朔日，乙卯相当于该月第 25 天，与"既生霸"月相不合。前 785 年六月朔日是乙卯[52]，该月也无四十三年逨鼎纪年所载的丁亥[24]；如果改变岁首正月，得甲申[21]为朔日，丁亥相当于该月第 4 天，与"既生霸"月相也不合。然而，查张表两年后的前 784 和前 783 年，我们发现四十二年逨鼎和四十三年逨鼎的纪年完全符合。前 784 年五月朔日是己卯[16]，该月没有乙卯[52]；如果改变岁首正月，得乙酉[46]为朔日，乙卯[52]相当于该月第 7 天，与"既生霸"月相基本符合。前 783 年六月朔日是癸卯[40]，该月也没有丁亥[24]；如果改变岁首正月，得癸酉[10]为朔日，丁亥[24]相当于该月第 15 天，与"既生霸"月相完全符合。应该强调的是，从前 800 年到前 780 年的 20 年间，唯有前 784 和前 783 年能够这样容纳四十二年逨鼎和四十三年逨鼎的纪年。早在逨述铜器出土的三十多年前，我和倪德卫已推测了这个现象。逨述铜器的新资料不但证明了宣王的年历，也证明了其他西周晚期铜器的断代。最能够说明问题的是袁盘（《集成》10172）。袁盘载有"隹廿又八年五月既望庚寅[27]"的完整纪年，因为这个纪年与公认的宣王年历（公认的宣王元年为前 827 年，他在位第 28 年相当于前 800 年）不合，所以"夏商周断代工程"将此器列在厉王年间，即前 850 年（见《简本》第 33 页"西周金文历谱"）。袁盘铭文不但载有完整纪年，还提到一位名叫"史减"的官员册命。四十二年逨鼎铭文也载有"史减"在朝廷宾礼上扮演一样的角色，必为同一人。因为从前 850 年到前 784 年为 66 年，远比一个人的工作生涯要长，所以我们只能承认袁盘也应是宣王时代铜器。尽管所载纪年与前 800 年不合，但根据张培瑜《中国先秦史历表》，前 798 年五月朔日是辛未[8]，袁盘铭文所载庚寅[27]是该月第 20 天，与"既望"月相完全一致。这也是我曾推定的，参见 Edward L. Shaughnessy, *Sources of Western Zhou History: Inscribed Bronze Vessels*, Berkeley: University of California Press, 1991. 此书出版前后，我还发表了几篇中文文章，参见《此鼎铭文与西周晚期年代考》，《大陆杂志》1990 年第 4 期，第 16—24 页；《西周诸王年代》，《西周诸王年代研究》，贵州人民出版社，1998 年，第 268—292 页；《上博新获大祝追鼎对西周断代研究的意义》，《文物》2003 年第 5 期，第 53—55 页；《四十二年、四十三年两件吴逨鼎的年代》，《中国历史文物》2003 年第 5 期，第 49—52 页；《"夏商周断代工程"十年后之批判：以西周诸王在位年代为例证》，《出土材料与新视野：第四届国际汉学会议论文集》，中研院，2013 年，第 341—379 页。

还使用以前 897 年为即位年的历法①。我们发现有相当多四要素（即年份、月份、月相和干支）俱全的铜器与以前 899 年为元年的年历符合，如师虎簋（《集成》4316）、曶鼎（《集成》2838）、吴方彝（《集成》9898）和趞尊（《集成》6516）②。按照一般的铜器学标准来说，这些铜器的断代都应在懿王时代，大概没有多少疑问。其实，《简本》也将这四件器列在懿王时代，同样说明这点③。这些纪年都有一个特点，就是其"年份"很低，师虎簋和曶鼎都是"元年"，吴方彝和趞尊都是"二年"，前两个纪年与前 899 年年历符合，后两个和前 898 年年历符合。然而，还有两件铜器按照一般铜器学标准来看，也应属于懿王时代，但是与这个年历不合。

这两件铜器是大师虘簋（《集成》4251，图四）和无㝬簋（《集成》4225、4226，图五）。大师虘簋和无㝬簋都是《西周青铜器分期断代研究》中所谓的"Ⅳ式"圈足簋，无㝬簋是典型的例子，全饰层叠的瓦棱纹，《西周青铜器分期断代研究》谓："论者或以铭文有王征南夷而属之昭王，然据器形可知失之过早，宜为西周中期偏晚约当懿王前后器。"④大师虘簋铭文提到"宰曶"和"师晨"，宰曶可能与曶鼎之"曶"是一个人，但难以确定。"师晨"应该比较独特。吴式芬撰《攈古录金文》载有师晨鼎拓本（《集成》2817），铭文记载时王命师

---

① Edward L. Shaughnessy, *Sources of Western Zhou History*, pp. 256 - 259、284 sheet A16；《西周诸王年代》，第 275—276 页、第 286 页表 16。

② 参见夏含夷 *Sources of Western Zhou History*, p.284，另见《西周诸王年代》第 286 页，我把王臣簋置于懿王时代。王臣簋比较麻烦，所载"隹二年三月初吉庚寅[27]"的纪年与前 898 年虽基本一致（庚寅是该月初九，与"初吉"不一定合），可是这个月和趞尊所载"隹二年三月初吉乙卯[52]"的年历冲突，需要岁中置闰月。铭文还提到"益公"作王臣的右者，又提到"内史先"，都是西周中期的重要人物，益公可能略早（约在共王、懿王时代），内史先略晚（约在懿王、孝王时代）。《简本》将王臣簋置于夷王在位期间，比铭文所载"益公"的活动时代稍晚一点，然而也不无可能。现在只好作注指出王臣簋的问题。

③ 《简本》还将牧簋（《集成》4343）列在懿王七年，即前 893 年。尽管牧簋所载纪年与该年符合，但器形和纹饰似乎比这个时代稍微晚一点。*Sources of Western Zhou History* 将它列在孝王时代，但是考虑到铭文提到的"内史吴"，也许应置于懿王时代。

④ 王世民、陈公柔、张长寿：《西周青铜器分期断代研究》，文物出版社，1999 年，第 69 页。

图四　大师虘簋铭文与器　　　图五　无㠱簋铭文与器

晨"疋师俗辭邑人"。"师俗"还见于永盂(《集成》10322)、史密簋
(《铭图》05327)和师酉鼎(《铭图》02475)诸器铭文上,三者都是典
型的西周中期器。永盂是共王标准器,师酉鼎铭文载有完整纪年
(即"隹王四祀九月初吉丁亥[24]"),与共王标准器卫盂、五年卫鼎
和九年卫鼎所需年历一致,也可定在共王时代①。因此,大师虘簋
和无㠱簋肯定都是西周中期偏晚铜器,如《西周青铜器分期断代研

① 朱凤瀚:《师酉鼎与师酉簋》,《中国历史文物》2004 年第 1 期,第 4—10、35 页。该
文对师酉鼎有详细讨论,将其定为共王时器。

究》所谓"约当懿王前后器",没有多少疑问①。大师虘簋铭文载有
"隹十又二年正月既望甲午"的纪年,无论如何都与前888年(亦即
以前899年为懿王元年的第12年)不合,可是两年后的前886年
正月朔日是甲戌[11],甲午[31]是该月第20天,与"既望"月相相
合。无㫃簋铭文载有"隹十又三年正月初吉壬寅"的纪年,同样与
前887年(即以前899年为懿王元年的第13年)不合,可是两年以
后的前885年正月朔日是戊戌[35],壬寅[39]是该月第5天,与
"初吉"月相符合。因为这两件器不是断代标准器,也有可能作于
前后的王代,所以这样推定它们的年代不算是定论。然而,为考察
肯定是懿王标准器的㫃簋,这么做至少可以提供一个思路。

　　科学方法通常是根据现有的证据作出阶段性的推论,等新的
证据出现以后,再检验原来的推论是否能够解释新的证据。我曾
提出周懿王铜器使用了两个年历,一个以前899年为元年,一个以
两年后的前897年为元年。现在新出现的㫃簋已确知属于懿王时
代,其"唯十年正月初吉甲寅[51]"的纪年是重要的新证据。无论
如何,这个纪年与前890年,亦即以前899年为元年的第10年的
年历不合,因此,朱凤瀚建议我们只能放弃这个年历。然而,如果
以此新证据检验我过去提出的"双元年"推论,我们应当考察这个
纪年与前888年,亦即以前897年为元年的第10年的年历是否符
合。查张培瑜《中国先秦史历表》,前888年冬至月朔日为乙酉
[22],甲寅[51]为该月第30天,与"初吉"不合。然而,我们只要改
变岁首正月或闰月制度,就得出建丑月为正月,朔日为乙卯[52],
即甲寅次日的结论。一般来说,在西周铜器铭文年代学上,一日的
差距是可以接受的。并且,再仔细看张表,在前889年,从八月到
十一月有三个连续的大月(即30天月)。我们知道中国阴历通常

────────

　　① 《简本》将无㫃簋列在共王十三年(第31页),然而该年年历与此器铭文所载纪年不
合(壬寅是前910年正月第11天,与"初吉"月相不合)。《简本》将大师虘簋列在厉王时代
(前866年)(第33页),就此器器形、纹饰与铭文提及的人名看来都失之过晚。陈梦家根据
器形和铭文证据将之定为懿王时代铜器,颇有见地,值得参考。参见氏著:《西周铜器断
代》,中华书局,2004年,第137—139页。

轮流设有大月和小月(即29天月),但是因为月份周期比29.5天略长(平均周期是29.53天),所以每32或33个月就要多加一天,即所谓"连大月"。据我所知,自春秋时代以后,中国历史上从来没有连续使用三个大月的情况,恐怕西周时代也不太可能是例外。如果将张表前889年的一个大月改为小月,那么甲寅就变成前888年建丑月(也可能是正月)初一,当然与"初吉"相合。这样将盄簋所载"正月初吉甲寅"视作前888年正月的朔日,我们就不得不稍微调整张培瑜的《中国先秦史历表》。然而,所有调整不但都合理,并且也有历史根据。

表二　张培瑜《中国先秦史历表》前889年

前	冬至	冬至月	二月	三月	四月	五月	六月	七月	八月	九月	十月	十一月	十二月	十三月
889	丙戌	12 4	1 3	2 1	3 2	3 31	4 29	5 29	6 27	7 27	8 26	9 25	10 24	11 23
		辛酉	辛卯	庚申	庚寅	己未	戊子	戊午	丁亥	丁巳	丁亥	丁巳	丙戌	丙辰
		21 38	08 12	17 49	03 07	12 40	22 58	11 30	23 48	15 07	08 06	01 43	18 41	09 54

于此应顺便说一下张表的某些得失。张培瑜利用计算机推算天文现象与历表,因为张表既是"科学"的,又是计算机化的,所以中国国内许多研究者认为它肯定准确。其实未必如此。春秋时代的岁首正月、闰月制度和月的朔晦往往可以根据《春秋》和《左传》得知。《春秋》和《左传》关于当时年历的记载应该可靠,然而张表的春秋时代历表往往与之不合。譬如,张表一律将"冬至月"定为正月,然而从前722年到前600年前后,鲁国年历所用正月不固定,既可用建子月(即冬至月),又可用建丑月(即冬至月次月),也可用建寅月(即冬至月以后第二月),"王正月"(应该指周王的年历)也一样。张表所设闰制与《春秋》所载闰制也不一致。张表一律将闰月置于岁尾十三月,《春秋》尽管载有6次"闰十二月"(亦即岁尾十三月),可是也明显载有"闰三月""闰八月"和"闰十一月"。更不可思议的是,张表所定朔日也往往与《春秋》和《左传》记载的

朔日有一天甚至两天的差别。举一个例子,《左传·成公十八年》(前573年)谓"二月乙酉朔",然查张表前573年二月以丙戌[23](亦即乙酉[22]的次日)为朔。张表利用的是天文的朔日,即月球和太阳黄经相等,月球运行到地球和太阳之间,在地球上看不到月亮的当天。《春秋》明显是利用一种实用的年历,年历朔日(也就是月第一日)经常脱离天文月朔(亦即日月之合)一天。从《春秋》和《左传》的记载,我们也知道春秋时代的年历轮流设置大月和小月,并在五年以内设置两次闰日,也就是两次连大月。而张表与此大不一样,不但经常设置连大月,而且有不少年头含有三个连续的大月,就像上文所指前889年那样①。

因此,我们不应该只因为张表是"科学"的、计算机化的作品就迷信它。古人的习惯未必都是科学的,利用现代的科学规律,针对不科学的习惯本身就是不科学的方法。我们当然可以继续利用《中国先秦史历表》,可是每次都要适当作出某些调整。我觉得本文对张表所提出的调整都合理,前888年正月的朔日完全可能是甲寅,与盄簋所载"唯十年正月初吉甲寅[51]"的记载当然符合。因此,盄簋也完全可能是周懿王时代所作,然而像大师虘簋和无叀簋一样,它铭文中所使用的年历是懿王"即位"的年历。这个"即位"年历在懿王继位以后两年开始,亦即以前897年为元年。这样,懿王继位年仍然是前899年,也就是"天再旦于郑"的那一年。"夏商周断代工程"的错误虽然不少,可是这一支点不一定是其中之一。

盄簋资料是新出现的,然而本文的年代学分析则是至少三十多年前提出来的。检验一种方法是否科学的手段之一,是根据现有资料先作分析,得到推测性结论,等新资料出来时再观察它与推

---

① 瑞士学者高思曼对春秋年历作了细致分析,并对张培瑜《中国先秦史历表》提出尖锐批评,参见 Robert H. Gassmann, *Antikchinesisches Kalenderwesen: Die Rekonstruktion der chunqiu-zeitlichen Kalender des Fürstentums Lu und der Zhou-Könige*, Bern: Peter Lang, 2002.

测结果是否一致。如果新资料与推测结果不一致,我们就要放弃推测;相反,如果新资料与推测结果一致,则是对原先推测非常有力的旁证。盠簋的年代应该算是我和倪德卫教授提出的"二元说"的有力证据。

"既生霸"和"既望"中
所见铜器之关系[*]

　　西周铜器断代一直是金文学的关键问题,西周铜器铭文所载月相的定义又是铜器断代的关键。我在本文并不打算概括地讨论所有的月相,即"初吉""既生霸""既望"和"既死霸",而只打算利用"既生霸"和"既望"的最小公分母,亦即人人都应该可以接受的信息,来谈谈西周铜器断代上的两个难题的关系。第一个难题是2003年出土的陕西眉县单氏家族的四十二年逨鼎和四十三年逨鼎的年代问题,第二个难题是西周中期一系列高年铜器的断代,希望能够找出一种客观办法解决这两个难题。

一、四十二年逨鼎和四十三年
逨鼎铭文所载"既生霸"

　　四十二年逨鼎和四十三年逨鼎都是西周晚期铜器,应该是周宣王(公元前827—前782年在位)时代铜器无疑。两件铜器都有完整的年代记载:

> 隹卅又二年五月既生霸乙卯[52]
> 隹卅又三年六月既生霸丁亥[24]

　　现代历史观认为周宣王的在位年代是中国历史上第一个可以确定的年代,即位年是公元前827年,卒年是公元前782年,在位

　　* 本文原题为《如何利用西周铜器铭文所载"既生霸"和"既望"月相记载与满月前后日期的关系来推定铜器之间的关系》,载于《青铜器与金文(第一辑)》,上海古籍出版社,2017年。

46 年。如果四十二年逑鼎和四十三年逑鼎是宣王时代铸造的,那么四十二年和四十三年应该相当于公元前 786 年和前 785 年。然而,这两年的年历与两件器所载完整年代不合。我们可以利用张培瑜的《中国先秦史历表》,该书对这两年的年历复原如下:

年	冬至月	二月	三月	四月	五月	六月	七月	八月	九月	十月	十一月	十二月	闰月
786	癸亥 60	壬辰 29	壬戌 59	壬辰 29	壬戌 59	辛卯 28	辛酉 58	庚寅 27	庚申 57	己丑 26	戊午 55	戊子 25	丁巳 54
785	丁亥 24	丙辰 53	丙戌 23	丙辰 53	乙酉 52	乙卯 22	甲申 21	甲寅 51	癸未 20	癸丑 50	壬午 19	壬子 49	

尽管这个年历有基本错误(公元前 785 年六月和七月之间似乎缺一个月),但是仍然可以作为参考。按照张表,宣王四十二年,即公元前 786 年,五月朔日是壬戌[59],没有四十二年逑鼎所载乙卯[52]。如果我们改变岁首或闰制,可得壬辰[29]或辛卯[28]为朔日,乙卯[52]乃是该月第 24 天或 25 天,都在满月(即阴阳月第 15 天)以后。在铜器铭文上,满月以后以“既望”来指定。无论如何,“既生霸”应该在满月以前,因此,学术界公认四十二年逑鼎的年代记载与公元前 786 年不合。因为四十二年逑鼎和四十三年逑鼎应该是作于互相连续的两年之间,所以我们可以暂时不管四十三年逑鼎的年代记载是不是合乎公元前 785 年[1]。为了说明这种矛盾,中国学者提出了某些说法,诸如宣王元年从共和元年(即公元前 841 年)开始等,可是都没有受到学术界的广泛认可。

为了解决这种难题,我想利用“既生霸”的最小公分母,亦即“既生霸”应该指满月以前某一天,来分析这两个年代记载。我们的分析有下面几个大前提,大概不会有人否认:

---

① 按照张表,公元前 785 年六月朔日是乙卯[22],四十三年逑鼎所载丁亥[24]是该月第 3 日。这可以满足某些月相定义,但是与“四分月相说”不合。

1. 西周年历利用了阴阳月。

2. 因为月亮的平准阴阳月周期是 29.53 天,所以传统历法有互相连续的大月(即 30 天月)和小月(即 29 天月)。

3. 因为 29.53 天比 29.5 天稍微大一点,所以每 15 个月左右都设有闰日,亦即连大月(即两个连续的 30 天月)。

4. 四十二年和四十三年应该是连续的两年。

5. "既生霸"不应该和"既望"冲突,也就是说不可能指月份第 15 日以后。

我们可以从四十二年述鼎"隹卌又二年五月既生霸乙卯[52]"开始。如果乙卯[52]是四十二年五月第 15 日,那么该月朔日可以推定为辛丑[38]。从四十二年五月朔日,按照互相连续的大月和小月,我们可以推导四十三年六月朔日如下:

年	冬至月	二月	三月	四月	五月	六月	七月	八月	九月	十月	十一月	十二月	闰月
42					辛丑 38		庚子 37		己亥 36		戊戌 35		
43	丁酉 34		丙申 33		乙未 32	甲子 01							
						乙丑 02							

如果次年五月是小月,那么朔日是甲子[01],如果是大月则朔日是乙丑[02],丁亥[24]乃是该月第 24 或 23 日,在"既望"以后,无论如何都与"既生霸"月相记载不合。

相反地,我们也可以利用四十三年述鼎"隹卌又三年六月既生霸丁亥[24]"来设定这两年的年历。如果设定丁亥[24]为四十三年六月第 15 日,那么该月朔日是癸酉[10]。按照大月和小月的连续,可以推回去年五月的朔日。因为这期间包括 13 个满月,所以必须任意地选择多一个大月还是多一个小月。如果四十二年五月是小月,那么朔日是庚戌[47],如果是大月则朔日是己酉[46],乙卯[52]乃是该月第 6 或第 7 天。

年	冬至月	二月	三月	四月	五月	六月	七月	八月	九月	十月	十一月	十二月	闰月
42					己酉 46	己卯 16		戊寅 15		丁丑 14		丙子 13	
					庚戌 47								
43		乙亥 12		甲戌 11		癸酉 10							

这和王国维"四分说""既生霸"月相基本一致。我想这样的结果至少可以说明这两个年代记载不应该含有错误,我们完全可以利用所载信息来复原这两年的年历。剩下来的问题是要确定公元前 8 世纪初年(即周宣王四十二年和四十三年的大概时间)有没有两年与这样复原的年历相合。再利用张培瑜《中国先秦史历表》,可知公元前 784 年和前 783 年与之几乎一模一样①:

---

① 见张培瑜《中国先秦史历表》第 61 页:

786 宣 42	丁亥	12 5	1 3	2 2	3 4	4 3	5 2	6 1	6 30	7 30	8 28	9 26	10 26	11 24
		癸亥	壬辰	壬戌	壬辰	壬戌	辛卯	辛酉	庚寅	庚申	己丑	戊午	戊子	丁巳
		06 00	21 25	14 16	07 42	00 31	15 36	04 26	15 20	01 04	10 33	20 15	06 27	17 22
785 宣 43	壬辰	12 24	1 22	2 21	3 22	4 20	5 20	6 18	7 18	8 16	9 15	10 14	11 13	
		丁亥	丙辰	丙戌	丙辰	乙酉	乙卯	甲申	甲寅	癸未	癸丑	壬午	壬子	
		05 21	18 41	09 21	00 57	16 40	07 52	22 10	11 25	23 49	11 22	22 17	08 47	
784 宣 44	丁酉	12 12	1 11	2 9	3 11	4 9	5 9	6 7	7 7	8 6	9 4	10 4	11 2	
		辛巳	辛亥	庚辰	庚戌	己卯	己酉	戊寅	戊申	戊寅	丁未	丁丑	丙午	
		19 14	06 10	17 38	05 49	18 41	08 29	23 18	14 48	06 24	21 18	11 02	23 31	
783 宣 45	壬寅	12 2	12 31	1 30	2 28	3 30	4 28	5 28	6 26	7 26	8 25	9 23	10 23	11 21
		丙子	乙巳	乙亥	甲辰	甲戌	癸卯	癸酉	壬寅	壬申	壬寅	辛未	辛丑	庚午
		10 59	21 46	07 56	17 41	03 18	13 36	01 27	15 24	07 17	00 12	17 06	09 10	23 49

年	冬至月	二月	三月	四月	五月	六月	七月	八月	九月	十月	十一月	十二月	闰月
784	辛巳 18	辛亥 48	庚辰 17	庚戌 47	己卯 16	己酉 46	戊寅 15	戊申 45	戊寅 15	丁未 44	丁丑 14	丙午 43	
783	丙子 13	乙巳 42	乙亥 12	甲辰 41	甲戌 11	癸卯 40	癸酉 10	壬寅 39	壬申 09	壬寅 39	辛未 08	辛丑 38	庚午 07

　　张氏所复原的公元前784—前783年年历与上面按照四十二年逨鼎和四十三年逨鼎所载年代复原的年历几乎完全一致，只是两年的岁首不一样，因此，张氏所复原的公元前783年七月相当于四十三年逨鼎的六月。这样一个月的差距完全没有关系。

　　在公元前8世纪前期没有另外两年的年历如此相同。因此，这个结果不太可能仅仅是偶然而已，应该说明在某一定义上公元前784年相当于周宣王四十二年，公元前783年相当于宣王四十三年。本文的目的并不是说明这个相当性，但是有相当多的学术成果说明它的所以然①。

二、西周中期高年铜器的 "既生霸"和"既望"记载

　　最近四十年以来在中国出土了一系列带有高年年代记载的西

---

　　① 我已写了两三篇文章讨论宣王时代的铜器及其与我和倪德卫(David S. Nivison)所说"二元说"的关系，毋庸于此再作详细介绍。最早、最完整的讨论可以参见 Edward L. Shaughnessy, *Sources of Western Zhou History: Inscribed Bronze Vessels*, Berkeley: University of California Press, 1991.此书出版前后，我还发表了几篇中文文章，参见《此鼎铭文与西周晚期年代考》,《大陆杂志》1990年第4期，第16—24页;《西周诸王年代》,《西周诸王年代研究》,贵州人民出版社,1998年,第268—292页;《上博新获大祝追鼎对西周断代研究的意义》,《文物》2003年第5期，第53—55页;《四十二年、四十三年两件吴逨鼎的年代》,《中国历史文物》2003年第5期，第49—52页;《"夏商周断代工程"十年后之批判：以西周诸王在位年代为例证》,《出土材料与新视野：第四届国际汉学会议论文集》,中研院,2013年,第341—379页。

周中期铜器。本文打算针对其中五件有"既生霸"或"既望"月相记载的铜器来分析其相对关系。这五个年代记载是(按照年代记载早晚):廪簋载有"隹廿又四年八月既望丁巳"(可以简写为 24/8/C/54),亲簋载有"隹廿又四年九月既望庚寅"(24/9/C/27),裘卫簋载有"隹廿又七年三月既生霸戊戌"(27/3/B/35),斯簋载有"隹廿又八年正月既生霸丁卯"(28/1/B/04),作册吴盉载有"隹卅年四月既生霸壬午"(30/4/B/19)。据我所知,廪簋的器形没有发表,其他四件器的器形、铭文如下(图一、二、三、四):

图一　亲簋器与铭文

图二　裘卫簋器与铭文

图三　斷簋器与铭文

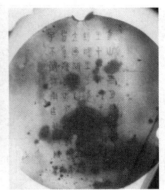

图四　作册吴盉器与铭文

　　廩簋和親簋都有二十四年年代记载,也都载有"既望"月相,年历分析比较简单。

　　　廩簋:隹廿又四年八月既望丁巳　　24/8/C/54
　　　親簋:隹廿又四年九月既望庚寅　　24/9/C/27

　　上面已经说明,阴阳月的满月或"望月"是月份周期第 15 天晚上。因此,"既望"(亦即"望月以后"的意思)不可早于月份第 16 天。按照廩簋所载"隹廿又四年八月既望丁巳[54]",丁巳[54]如果是该月第 16 天,亦即"既望"月相最早一天,可知该月朔日不可晚于壬寅[39]。按照小月(即 29 天月)或大月(即 30 天月)的可能,从八月朔日可以推知九月最晚朔日为辛未[08]或壬申[09]。按照小月和大月的轮流循序,也可以概括地复原此年的年历如下:

廪簋最晚元旦的年历
"隹廿又四年八月既望丁巳"(24/8/C/54)

年	正月	二月	三月	四月	五月	六月	七月	八月	九月	十月	十一月	十二月	闰月
24	丙子 13	乙巳 42	乙亥 12	甲辰 41	甲戌 11	癸卯 40	癸酉 10	壬寅 39	壬申 09	辛丑 38	辛未 08	庚子 37	
	乙亥 12	乙巳 42	甲戌 11	甲辰 41	癸酉 10	癸卯 40	壬申 09	壬寅 39	辛未 08	辛丑 38	庚午 07	庚子 37	

按照親簋所载"隹廿又四年九月既望庚寅[27]",同样可知该月第 16 天不可早于庚寅[27],那么该月朔日不可晚于乙亥[12]。那样,按照小月和大月的轮流循序,可以推回正月最晚朔日为己卯[16]。

親簋最晚元旦的年历
"隹廿又四年九月既望庚寅"(24/9/C/27)

年	正月	二月	三月	四月	五月	六月	七月	八月	九月	十月	十一月	十二月	闰月
24	己卯 16	己酉 46	戊寅 15	戊申 45	丁丑 14	丁未 44	丙子 13	丙午 43	乙亥 12	乙巳 42	甲戌 11	甲辰 41	

如果廪簋和親簋的"廿又四年"是同一年,那么按照廪簋年历最晚元旦和親簋年历最晚元旦的互相交叉,我们得知此年元旦不可晚于丙子[13]。按照月相相当于七八天的理解,也不应该早于壬申[09],即己卯[16]以前第 8 天。

我们现在分析有"既生霸"的年代记载,即:

袤卫簋:　　隹廿又七年三月既生霸戊戌　27/3/B/35

斳簋:　　　隹廿又八年正月既生霸丁卯　28/1/B/04

作册吴盉:　隹卅年四月既生霸壬午　　　30/4/B/19

按照裘卫簋"隹廿又七年三月既生霸戊戌[35]",可知该月朔日不可早于甲申[21],那样戊戌[35]是该月第 15 日("既生霸"最后一天)。按照大月、小月的正常循序,该年元旦不可早于乙酉[22]。

裘卫簋最早元旦的年历
"隹廿又七年三月既生霸戊戌"(27/3/B/35)

年	正月	二月	三月	四月	五月	六月	七月	八月	九月	十月	十一月	十二月	闰月
27	乙酉 22	乙卯 52	甲申 21										

按照斳簋所载"隹廿又八年正月既生霸丁卯[04]",可知该月朔日不可早于癸丑[50],那样丁卯[04]是该月第 15 日("既生霸"最后一天)。这也说明该年元旦不可早于癸丑[50]。

斳簋最早元旦的年历
"隹廿又八年正月既生霸丁卯"(28/1/B/04)

年	正月	二月	三月	四月	五月	六月	七月	八月	九月	十月	十一月	十二月	闰月
28	癸丑 50												

按照作册吴盉所载"隹卅年四月既生霸壬午[19]",可知该月朔日不可早于戊辰[05],那样壬午[19]是该月第 15 日。按照小月和大月的轮流循序,可以推回正月最早朔日为己亥[36]。

作册吴盉最早元旦的年历
"隹卅年四月既生霸壬午"(30/4/B/19)

年	正月	二月	三月	四月	五月	六月	七月	八月	九月	十月	十一月	十二月	闰月
30	庚子 37	己巳 06	己亥 36	戊辰 05									
	己亥 36	己巳 06	戊戌 35										

我们现在可以将三个复原的年历比较一下,看看有没有相接关系。按照小月和大月的轮流循序,从裘卫簋年历最早元旦,可推次年最早元旦为己卯[16]。

年	正月	二月	三月	四月	五月	六月	七月	八月	九月	十月	十一月	十二月	闰月
27	乙酉 22	乙卯 52	甲申 21	甲寅 51	癸未 20	癸丑 50	壬午 19	壬子 49	辛巳 18	辛亥 48	庚辰 17	庚戌 47	
28	己卯 16												

上面按照盄簋所载年代分析了二十八年最早元旦是癸丑[50],表面上与裘卫簋年历不合。然而,二十七年如果设有闰月,两年就可以结合。

年	正月	二月	三月	四月	五月	六月	七月	八月	九月	十月	十一月	十二月	闰月
27	乙酉 22	乙卯 52	甲申 21	甲寅 51	癸未 20	癸丑 50	壬午 19	壬子 49	辛巳 18	辛亥 48	庚辰 17	庚戌 47	己卯 16
28	己酉 46												
	戊申 45												

相反地,从盄簋年历所需二十八年正月最早元旦癸丑[50]上推到二十七年正月,我们可得朔日为己丑[26]或庚寅[27]。

从裘卫簋和盄簋的交叉复原的最早元旦年历

年	正月	二月	三月	四月	五月	六月	七月	八月	九月	十月	十一月	十二月	闰月
27	己丑 26	己未 56	戊子 25	戊午 55	丁亥 24	丁巳 54	丙戌 23	丙辰 53	乙酉 22	乙卯 52	甲申 21	甲寅 51	癸未 20

续表

年	正月	二月	三月	四月	五月	六月	七月	八月	九月	十月	十一月	十二月	闰月
27	庚寅 27	己丑 26	戊子 25	丁亥 24	丙戌 23	乙酉 22	甲申 21						
28	癸丑 50												

三月朔日如果是戊子[25]或己丑[26]，那么裘卫簋所载"三月既生霸戊戌"的戊戌[35]就是该月第 10 天或 11 天，与"四分月相说""既生霸"为七八天的理解完全符合，至少说明这两年可以属于同一个年历系统。

接下来，我们可以从斲簋复原的二十八年年历下推到作册吴盉所载"佳卅年四月既生霸壬午"的三十年四月，看看能不能结合作册吴盉年历。

斲簋最早元旦的年历
"佳廿又八年正月既生霸丁卯"(28/1/B/04)

年	正月	二月	三月	四月	五月	六月	七月	八月	九月	十月	十一月	十二月	闰月
28	癸丑 50	癸未 20	壬子 49	壬午 19	辛亥 48	辛巳 18	庚戌 47	庚辰 17	己酉 46	己卯 16	戊申 45	戊寅 15	
29	丁未 44	丁丑 14	丙午 43	丙子 13	乙巳 42	乙亥 12	甲辰 41	甲戌 11	癸卯 40	癸酉 10	壬寅 39	壬申 09	
30	辛丑 38	辛未 08	庚子 37	庚午 07	己亥 36								

按照这样复原的年历，三十年四月最早朔日是庚午[07]，作册吴盉年代记载所载壬午[19]乃是该月第 13 天，与"既生霸"月相理解一致，至少说明这件铜器的年代记载也可以属于同一个年历系统。

下面要再进一步看从廪簋和亲簋复原的二十四年年历可不可

以结合从裘卫簋、斸簋和作册吴盉复原的二十七年至三十年的年历。

从廩簋和親簋复原的最晚元旦年历

年	正月	二月	三月	四月	五月	六月	七月	八月	九月	十月	十一月	十二月	闰月
24	丙子 13	乙巳 42	乙亥 12	甲辰 41	甲戌 11	癸卯 40	癸酉 10	壬寅 39	壬申 09	辛丑 38	辛未 08	庚子 37	
25	庚午 07	己亥 36	己巳 06	戊戌 35	戊辰 05	丁酉 34	丁卯 04	丙申 33	丙寅 03	乙未 32	乙丑 02	甲午 31	
26	甲子 01	癸巳 30	癸亥 60	壬辰 29	壬戌 59	辛卯 28	辛酉 58	庚寅 27	庚申 57	己丑 26	己未 56	戊子 25	
27	戊午 55												

上面利用裘卫簋和斸簋的交叉复原了二十七年最早元旦年历。二十四年以下的年历和二十七年的年历表面上不一致，然而如果二十四年到二十六年任何一年设有闰月，就比较一致。从裘卫簋和斸簋的关系，我们已经知道二十七年需要闰月。因此，我们最好设想二十四年也有闰月，为了方便置于岁末：

从廩簋和親簋复原的最晚元旦年历

年	正月	二月	三月	四月	五月	六月	七月	八月	九月	十月	十一月	十二月	闰月
24	丙子 13	乙巳 42	乙亥 12	甲辰 41	甲戌 11	癸卯 40	癸酉 10	壬寅 39	壬申 09	辛丑 38	辛未 08	庚子 37	庚午 07
25	己亥 36	己巳 06	戊戌 35	戊辰 05	丁酉 34	丁卯 04	丙申 33	丙寅 03	乙未 32	乙丑 02	甲午 31	甲子 01	
26	癸巳 30	癸亥 60	壬辰 29	壬戌 59	辛卯 28	辛酉 58	庚寅 27	庚申 57	己丑 26	己未 56	戊子 25	戊午 55	
27	丁亥 24												

　　从廪簋和親簋所需年历得知二十七年正月朔日不可晚于丁亥[24],从裘卫簋、斷簋和作册吴盉所需年历得知二十七年正月朔日不可早于己丑[26],似乎是一个矛盾,表明所复原的这两个年历没有交叉。然而,这样复原过于刻板。我们知道因为月亮周期的平准日数不是 29.5 天,而是 29.53 天,所以每 15 个月都需要设有闰日,即所谓连大月。从二十四年正月到二十七年正月是 36 个月,至少应该多加 2 个闰日。如果上面复原的两个年历多设有 2 天,那么二十七年正月朔日大概不晚于己丑[26],也大概不早于己丑[26]。因此,虽然只有极少年历可以配合,但是完全有这个可能。

　　最后一步工作是检查张培瑜《中国先秦史历表》,看看公元前 9 世纪后半叶(亦即西周中期时代)有没有 7 年的年历像我们所复原的年历这样。按照张表,公元前 933 年至前 927 年的年历如下:

年	冬至月	二月	三月	四月	五月	六月	七月	八月	九月	十月	十一月	十二月	闰月
933	丁丑 14	丙午 43	丙子 13	乙巳 42	甲戌 11	甲辰 41	癸酉 10	癸卯 40	壬申 09	壬寅 39	壬申 09	壬寅 39	辛未 08
932	辛丑 38	庚午 07	庚子 37	己巳 06	戊戌 35	戊辰 05	丁酉 34	丁卯 04	丙申 33	丙寅 03	丙申 33	乙丑 02	
931	乙未 32	乙丑 02	甲午 31	甲子 01	癸巳 30	壬戌 59	壬辰 29	辛酉 58	庚寅 27	庚申 57	庚寅 27	己未 56	
930	己丑 26	己未 56	己丑 26	戊午 55	戊子 25	丁巳 54	丙戌 23	丙辰 53	乙酉 22	甲寅 51	甲申 21	癸丑 50	癸未 20
929	癸丑 50	癸未 20	癸丑 50	壬午 19	壬子 49	辛巳 18	庚戌 47	庚辰 17	己酉 46	戊寅 15	戊申 45	丁丑 14	
928	丁未 44	丁丑 14	丁未 44	丙子 13	丙午 43	乙亥 12	乙巳 42	甲戌 11	甲辰 41	癸酉 10	壬寅 39	壬申 09	
927	辛丑 38	辛未 08	辛丑 38	庚午 07	庚子 37	庚午 07	己亥 36	己巳 06	戊戌 35	戊辰 05	丁酉 34	丁卯 04	丙申 33

　　按照这样的年历,廪簋所载"隹廿又四年八月既望丁巳"的丁

巳相当于公元前 933 年八月第 15 天,与"既望"月相相差一天,值得考虑;亲簋所载"隹廿又四年九月既望庚寅"的庚寅相当于该年九月第 19 天,与"既望"一定一致;裘卫簋所载"隹廿又七年三月既生霸戊戌"的戊戌相当于公元前 930 年三月第 10 天,与"既生霸"一致;斷簋所载"隹廿又八年正月既生霸丁卯"的丁卯相当于公元前 929 年正月第 15 天,也与"既生霸"一致;作册吴盉所载"隹卅年四月既生霸壬午"的壬午相当于公元前 927 年四月第 13 天,也与"既生霸"一致。如下:

器　名	四 项 年 代 记 载		年代 (公元前)	月份 日期
廩簋	隹廿又四年八月既望丁巳	24/8/C/54	933	15
亲簋	隹廿又四年九月既望庚寅	24/9/C/27	933	19
裘卫簋	隹廿又七年三月既生霸戊戌	27/3/B/35	930	10
斷簋	隹廿又八年正月既生霸丁卯	28/1/B/04	929	15
作册吴盉	隹卅年四月既生霸壬午	30/4/B/19	927	13

这五个年代中,唯有廩簋所载年代与"既望"相差一天。然而,我们知道张表也是复原的年历,与实际年历往往相差一个月,偶尔也相差一天。因此,我们不应该排除廩簋和亲簋同属于一年。

结束之前,应该附加说明一点:因为上面的分析只是针对载有"既望"和"既生霸"月相的铜器,所以没有包括很可能是同一个年历,但是年代记载是"初吉"的虎簋盖。这件铜器的年代记载是"隹卅年四月初吉甲戌"。公元前 927 年四月朔日是庚午[07],此器的甲戌[11]是该月第 5 日,与"初吉"当然符合。

　　虎簋盖:隹卅年四月初吉甲戌　30/4/A/11　927　05

上面的分析当然只是一个实验,并且为了保证客观性也过于复杂。然而,通过这个分析我们至少可以证明这些铜器都可以属于一个年历系统,很可能也可以说明最可能的年代就是从公元前 933 年到前 927 年。

师望鼎的铸造与
文字的重要地位*

　　2005 年芝加哥艺术博物馆（The Art Institute of Chicago）从香港私人藏家手中购买了西周重器师望鼎，是该馆几十年以来第一次购买中国古代铜器。师望鼎首次著录于吴大澂（1835—1902）在 1896 年编定的《愙斋集古录》①，说明此器在清代末年已经出土。关于师望鼎的出土年代和地点，相传为左宗棠（1812—1885）征新疆时所得，亦即 1876—1878 年间。然而这种铜器不应该在新疆出土，恐怕更可能是左宗棠 1866—1876 年间做陕甘

总督时所得。按照邹安（1864—1940）《周金文存》记载，该器在左宗棠逝世后为上海程氏所得②。1943 年又为上海陈仁涛（1906—1968）所收藏，陈氏在 1946 年移居香港时，也带上了师望鼎。陈氏1952 年出版的《金匮论古初集》中首次载有师望鼎的照片③，此后该器长期藏在陈氏香港家中。

　　师望鼎（图一）是浅垂腹鼎，双立

图一　师望鼎

---

　　* 这篇文章是在"饶宗颐教授百岁华诞国际学术研讨会"上宣读的。饶宗颐先生在1982 年倡议使用"三重证据法"，即在王国维提出的"二重证据法"基础上再考察物质因素。为庆祝饶公百岁大寿，我在此试图利用"三重证据法"对西周铜器铭文作初步研究。

　　①　吴大澂：《愙斋集古录》，涵芬楼影印本，1896 年，5.7。
　　②　邹安：《周金文存》，上海广仓学宭玻璃版印艺术丛编本，1916 年，2.22。
　　③　陈仁涛：《金匮论古初集》，香港亚洲石印局，1952 年，第 57—61 页。

耳,三足呈蹄状,腹饰相背大鸟纹简化而来的窃曲纹,与师汤父鼎(图二)颇相似,器形与大克鼎、小克鼎(图三)、史颂鼎、四十二年逑鼎、四十三年逑鼎也非常相似,只是那些铜器腹部饰有波浪纹。

图二　师汤父鼎

图三　小克鼎

师望鼎器内壁载有长篇铭文(图四),共 91 个字(有 3 重文)。

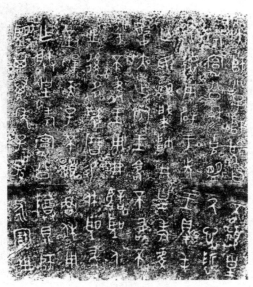

图四　师望鼎铭文

铭文可以隶定如下：

> 大师小子师望曰不显皇
>
> 考宄公穆=克盟氒心悆
>
> 氒德用辟于先王得屯
>
> 亡啟望肇帅井皇考虔
>
> 夙夜出内王命不敢不
>
> 豕不娶王用弗黡圣人
>
> 之后多蔑历易休望敢
>
> 对扬天子不显鲁休用
>
> 乍朕皇考宄公尊鼎师
>
> 望其万年子=孙=永宝用

不管是从艺术还是历史角度看，师望鼎无疑是西周重器。下面打算讨论两个问题：第一是师望鼎的断代，第二是它的铸造特征。过去学者普遍定师望鼎为西周中期器，然而，根据近十多年铜器的新发现和铜器断代研究的进展，这样的断代似乎过早。按照下面提出的对比和分析，我觉得师望鼎应该视作西周晚期铜器。关于铸造特征，芝加哥艺术博物馆购藏师望鼎的时候做了全角 X 光片，不但为研究这一件器的铸造方法提供清楚的线索，也为探讨所有西周铜器铭文的意义提供宝贵的信息。这两个问题都有再商之余地，因此，于此作简单的讨论。

铭文发表以后，郭沫若作出最早的断代，认为"师望"和望簋的"望""当是一人"。因为望簋的年代记载适合共王年代，所以两件器都被定为共王时代铜器[1]。此后，白川静和马承源都根据郭氏的观点定师望鼎为共王时器[2]。从师望鼎的器形和纹饰看，这样的断代恐怕失之过早。罗森（Jessica Rawson）夫人列出八种类似的鼎，

---

　①　郭沫若：《两周金文辞大系考释》，文求堂书店，1935 年，第 80 页。

　②　白川静：《金文通释》第 22 卷，白鹤美术馆，1968 年，第 71—80 页；马承源：《商周青铜器铭文选》第三卷，文物出版社，1988 年，第 146—147 页。

显示西周中期后半段鼎形器的演变,认为师望鼎"更像西周晚期前段"器[①]。《西周青铜器分期断代研究》尽管对师望鼎没有著录,可是认为器形和纹饰相近的师汤父鼎"应是共王前后器",认为器形相同的小克鼎"在西周中晚期之交的夷厉之世",认为史颂鼎"为西周晚期厉王前后器"[②]。王世民、陈公柔和张长寿认为这三件器形相同的铜器"应是共王前后器"到"西周晚期厉王前后器",只能算比较模糊的意见。

师望鼎的断代问题在 20 世纪 70 年代有了新的研究进展。在 1974 年 12 月于陕西扶风强家村窖藏里出土的七件铜器中,师㝬钟(也隶定为师丞钟)铭文谓:"师㝬肇乍朕剌且虢季、宫公、幽叔、朕皇考德叔大林钟。"因为"宫公"和师望鼎铭文所提"皇考宫公"是同一个谥号,所以吴镇烽和雒忠如认为师望鼎与强家村窖藏的铜器应该属于一个家族所作,"师望"应该就是师㝬的曾祖,他们因此将师望鼎的铸造时代断定在西周中期偏晚的懿王或孝王时代[③]。这个说法得到李学勤和朱凤瀚等先生的认同以后[④],几乎成为定论。因此,芝加哥艺术博物馆定师望鼎年代为公元前 9 世纪前期,亦即共王到夷王的西周中期后半段。

虽然如此,最近学术界对西周铜器断代有了新的看法,特别是四十二年逨鼎、四十三年逨鼎在 2003 年发现以后,不少学者认为与逨鼎器形、纹饰相同的小克鼎的年代很可能比过去所想象的要

---

① Jessica Rawson, *Western Zhou Ritual Bronzes from the Arthur M. Sackler Collections*, Washington, D.C.: Arthur M. Sackler Foundation, 1990, p.295.

② 王世民、陈公柔、张长寿:《西周青铜器分期断代研究》,文物出版社,1999 年,第 31—32 页。

③ 吴镇烽、雒忠如:《陕西省扶风县强家村出土的西周铜器》,《文物》1975 年第 8 期,第 57—62 页。

④ 李学勤:《西周中期青铜器的重要标尺——周原庄白、强家两处青铜器窖藏的综合研究》,《中国历史博物馆馆刊》1979 年第 1 期,第 29—36 页;朱凤瀚:《商周家族形态研究》,天津古籍出版社,1990 年,第 374 页。

晚,很可能晚到宣王时代①。同样,也有一些证据说明师望鼎的年代比较晚,至少不可能早到共王时代。

　　宋代著录已经包括两件"师望"作的铜器,即师望簋(图五)和师望盨(图六)。

图五　师望簋　　　　　　　图六　师望盨

　　虽然这两件器铭文都很简短,只言"太师小子师望作尊彝",但因为"太师小子师望"的称谓与师望鼎作器者的称谓一样,所以为同一人大概没有疑问。师望簋的器形是典型西周晚期簋形器,不太可能早到西周中期。师望盨只存宋代《博古图》的线图,显示不完全清楚,可是似乎与北京故宫博物院收藏的鬲比盨(图七)非常相似,铸造时代应该相当接近。

　　鬲比盨和鬲比鼎应该是一个人作的。鬲比鼎(图八)是典型的西周晚期球腹蹄足鼎,铭文有"卅又一年"年代记载,很可能是宣王时代铜器。因为鬲比盨无疑也是西周晚期器,所以师望盨也应该视为西周晚期器。

　　除了宋代著录的师望簋和师望盨以外,师望作的器还有英国大英博物馆收藏的师望壶(图九)。

---

　　①　譬如张懋镕:《试论西周青铜器演变的非均衡性问题》,《考古学报》2008年第3期,第340页;韩巍:《周原强家西周铜器群世系问题辨析》,《中国历史文物》2007年第3期,第70—75页;夏含夷:《由眉县单氏家族铜器再论膳夫克铜器的年代——附带再论晋侯苏编钟的年代》,《中国古代青铜器国际研讨会论文集》,上海博物馆和香港中文大学文物馆,2010年,第165—178页。

图七　鬲比盨

图八　鬲比鼎

图九　师望壶

师望壶与师望鼎相同,最早著录于吴大澂编的《愙斋集古录》①,两件器应该同时出土。师望壶是《西周青铜器分期断代研究》所谓"Ⅱ式 a"形壶,即"圆鼓腹下垂,双耳作螺角首状,并有套环,通体饰波浪纹三周"②。最相似的例子是番匊生壶。番匊生壶(图一〇)铭文有完整年代记载谓"隹廿又六年十月初吉己卯"(图一一),也几乎肯定是宣王时代铜器。

根据"太师小子师望"作的四件器的艺术特征看,师望鼎不太可能像吴镇烽和雒忠如所定的,为西周中期偏晚的懿王或孝王时代的铜器,更不可能像郭沫若、白川静和马承源所断定的那样,是共王时代铜器,而应该是西周晚期铜器,甚至很可能是宣王时代作的。这当然也只是大概的断代,还需要更确切的证据才有说服力。

---

① 吴大澂:《愙斋集古录》,涵芬楼影印本,1896 年,14.17。
② 王世民、陈公柔、张长寿:《西周青铜器分期断代研究》,文物出版社,1999 年,第 133 页。

　图一〇　番匊生壶

　图一一　番匊生壶铭文

因此,芝加哥艺术博物馆把它的年代定在"公元前 9 世纪前期",似乎至少应该打一个问号。

　　芝加哥艺术博物馆购藏师望鼎的时候,为确认真伪,拍了许多全角的 X 光片。毫无疑问,X 光片当然证明师望鼎为真器。然而,这些 X 光片还显示了一个很有意思的现象:载有铭文的一壁几乎没有铸造时产生的气孔,而铭文对面的一壁却含有很多气孔。博物馆保护部门的 Suzanne R. Schnepp 在她作的"状态报告"里提道:

　　　　X 光片显示出许多气孔。有意思的一点是载有铭文的一面是唯一几乎没有气孔的部分。这件铜器可能是从侧面浇铸,这一面比相对的一面低。因此气体在铜液中上升,使这一关键部分几乎没有缺陷。[1]

---

[1]　Suzanne R. Schnepp, "Condition Report on Arrival." 2005.12.6. 原文如下:

X-radiographs reveal extensive porosities caused by the entrapment of gas bubbles as the metal cooled. It seems significant that the inscription area is the only section of the sides that is almost free from these porosities. The vessel may have been cast at an angle, with this side lower than the rest, so that as the bubbles rose through the metal they would leave this key area free from blemish.

根据这个报告，我自己在 2012 年发表的《勿误读青铜器铭文》小文里，作了下面的论述：

> 从 X 光可以看出很有意思的现象，师望鼎是典型的西周晚期圆鼎，铭文列于圆腹的后壁，从口下往腹底。X 光显示带有铭文后壁的青铜非常纯粹，几乎没有气泡。与此不同，铜器的前壁，也就是说没有铭文的那一面，含有许多气泡。因为铸造铜器的时候，注流的青铜在合范底下最集中、最纯粹，越往上流越堆有气泡。这些气泡会留下痕迹，甚至青铜凝滞以后在青铜器上也会造出小洞。为了确保师望鼎带有铭文的一面没有气泡，铸造者显然故意地将那一面放到合范的底下，这样气泡都显现于铜器的另一面，即使另一面是铜器的正面。这和我们一般理解合范的位置有所不同。师望鼎的 X 光说明西周时代铸造青铜器的人非常重视铭文，一定要让它完全无失显现出来。这说明不但是铭文内容重要，并且它的物质形式也特别重要。①

我们知道古代铜器是将熔融的铜液注入内模外范组合的陶范铸造而成的。在铸造青铜器的过程中，铜液冷凝的时候自然产生气体，气体在陶范里上升寻找出口，但是因为铜液持续注入，上升路线受阻，气体无法排出，因此在凝固的青铜里形成油滴状空隙，甚至有时在青铜表面上留下小洞。下面图一二、一三是师望鼎带铭文一壁和对面一壁的 X 光片，黑点显现气孔（亦即气泡）现象。

Schnepp 女士认为师望鼎可能是侧立铸造的，带有铭文的一面放在范的下面。因为气体自然上升，所以这一说法表面上很合理。然而，这样的铸造方法与大多数青铜技术专家的共识迥然不同。按照专家研究，像师望鼎这样的圆鼎形器是倒立铸造的，也就是说器口朝下，器腹与三足朝上（图一四）。按照这个理解，三个

---

① 夏含夷：《勿误读青铜器铭文》，《中国社会科学报》2012 年 8 月 10 日第 4 版。

图一二　师望鼎带铭文一壁 X 光片

图一三　师望鼎带铭文对面一壁 X 光片

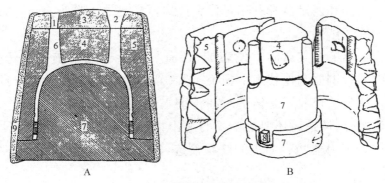

A　　　　　　　　　B

图一四　圆鼎范结构示意图①

1.气孔　2.浇口　3.浇口范　4.顶范　5.腹范　6.鼎　7.鼎腹泥芯和底范

8.鼎耳泥芯　9.草拌泥

---

① 引自朱凤瀚:《中国青铜器综论》,上海古籍出版社,2009 年,第 756 页。这个示意图所利用词汇和本文所利用词汇稍有不同:示意图所谓"气孔"相当于本文所谓"冒口";本文所谓"气孔"指铸造中,熔融的铜液冷凝的时候产生的气体在凝固的青铜里形成的油滴空隙。

足起了浇口与冒口的作用。浇口是铜液灌入合范的地方,冒口是青铜冷凝时所产生的气体的出口。

苏荣誉先生的长文《二十世纪对先秦青铜礼器铸造技术的研究》,提供了很多考古和技术证据,说明圆鼎形器肯定是倒立铸造的[①]。读了苏先生的讨论以后,Schnepp 女士提出的师望鼎是侧立铸造的意见,也是我过去发表的意见,恐怕站不住脚,需要更正。虽然如此,还有一个问题需要进一步研究。尽管圆鼎形器毫无疑问是倒立铸造的,可是技术史专家对铸造过程中浇注铜液的方法还没有共同认识。专家们把浇注铜液的通道叫作"浇口",把排出气体的出口叫作"冒口"。大家都同意在铸造过程当中,鼎足起浇口和冒口作用,但是对浇口和冒口的位置和数量没有共识。按照苏荣誉的论述,"万家保先生在分析牛方鼎时,因发现器身纹饰细致,鼎上部很少铸造缺陷而足部多缺陷,也推断鼎是倒置浇注的。可是,关于浇口的位置,他认为应设在底部正中以避免设在足部易于造成的紊流(turbulence)和吸气(aspiration)缺陷,但没有指出是否有任何遗迹可以支持他的推理"[②]。与此不同,华觉明等先生认为三足器和四足器都利用足作为浇口,"三足器一足为浇口,另两足为排气孔"[③]。

与苏荣誉文章同时发表的,还有丹羽崇史先生作《CT 解析与中国青铜器制作技术的研究》的文章。关于浇口和冒口,丹羽先生认为:"'浇口'是铸造时在铸型上预设的金属液注入口。在浇口之外,铸造时还要为空气的逸出设置'冒口'。在青铜器上,浇口表现为器物表面上的筋状痕迹,肉眼可以识别,但很难和冒

---

① 苏荣誉:《二十世纪对先秦青铜礼器铸造技术的研究》,《泉屋透赏:泉屋博古馆青铜器透射扫描解析》,科学出版社,2015 年,第 387—445 页。

② 苏荣誉:《二十世纪对先秦青铜礼器铸造技术的研究》,《泉屋透赏:泉屋博古馆青铜器透射扫描解析》,第 440 页;李济、万家保:《殷墟出土青铜鼎形器之研究》,中研院史语所,1970 年,第 30、31 页。

③ 苏荣誉:《二十世纪对先秦青铜礼器铸造技术的研究》,《泉屋透赏:泉屋博古馆青铜器透射扫描解析》,第 441 页;华觉明、冯富根、王振江等:《妇好墓青铜器群铸造技术的研究》,《考古学集刊(1)》,中国社会科学出版社,1981 年,第 270 页。

口区分开来。"①

　　为了弄清楚这个问题,我在 2015 年夏天向上海博物馆青铜器部主任周亚先生请教了铸造技术。我们在博物馆一起仔细观察了与师望鼎器形、纹饰非常相似的颂鼎和小克鼎。这两件器像师望鼎一样也都在后壁上载有长篇铭文。我们在博物馆只能利用肉眼观察,在颂鼎和小克鼎上完全看不出载有铭文一壁与对面一壁的任何不同。师望鼎用肉眼观察也看不出气孔的分布,只有在 X 光片中这个现象才显现出来。不是所有中国博物馆都有拍 X 光片的设备,据周亚先生说,连具备 X 光设备的上海博物馆,通常也不会拍全角 X 光,而只拍载有铭文的一部分。

　　五十多年以前,巴纳(Noel Barnard)先生第一次公开怀疑台北故宫博物院藏毛公鼎是伪造的,一个原因是器壁含有明显的气泡②。此后,为了维护国宝,台北故宫博物院拍了全角 X 光片,发表在 1982 年夏季的《故宫季刊》上。台北故宫博物院研究员张世贤先生对铜器铸造技术作了简明的说明:

　　　　制作一件工艺品,要做到完美无缺几乎是不可能的,尤其在需要许多技术方面的条件充分配合时,更容易造出有缺陷的产品。中国古铜器是用熔融的铜液倒进陶制的模、范之间的空隙铸造而成的,其铸件的好坏与(1)铜液的温度,(2)铜液与模范的温差,(3)熔解原料所费的时间,(4)对铸造材料及工具的预先处理等因素,固然都有关系,我认为,与铜液中是否存留熔渣亦有关系。熔渣较轻,易于浮起,有些鼎形器的足底或腹底即可见粗松的熔渣,有时在足底取样,也可能钻获黑色粗松之物,尤以大件物为然;可见当时冶熔金属的技术尚无法避免熔渣

---

　　① 丹羽崇史:《CT 解析与中国青铜器制作技术的研究》,《泉屋透赏:泉屋博古馆青铜器透射扫描解析》,第 454 页。

　　② Noel Barnard, "Chou China: A Review of the Third Volume of Cheng Te-k'un's *Archaeology in China*." *Monumenta Serica* 24 (1965), p.400.

存留于铜液中,这些熔渣就可能和铜液共同组成器物的
主体。熔渣的质地和铜锡合金相去甚远,其所在部位受
X光透视后,底片上即出现明显的差异,而由前述四种原
因所形成的"气孔",当然更会在透视底片上显现点点黑
斑,这些都是当时无法控制的主要"缺陷"。[①]

张文附有毛公鼎 11 张 X 光片,这些 X 光片不如师望鼎的 X
光片那样清晰,每一张都显现很多"点点黑斑",也就是说毛公鼎全
器都含有气孔,载有铭文的一壁不一定比对面一壁更为坚实。其
实,从文章附图"毛公鼎右后方器壁透视图"和"毛公鼎左前方器壁
透视图"的比较(图一五、一六),看起来正好相反,没有铭文的一壁

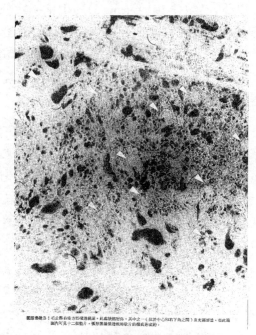

图版叁拾B:毛公鼎右後方器壁透視圖。此處缺損嚴重,其中之一《投影中心和右下角之間》且夾渣鄙迹。在此篇圖内可見十二塾片。橢形黑塊係透視照片的膠夾渣造成的

图一五　毛公鼎右后方器壁透视图
张世贤:《从商周铜器的内部特征试论毛公鼎的真
伪问题》,图版三六 B

----

①　张世贤:《从商周铜器的内部特征试论毛公鼎的真伪问题》,《故宫季刊》1982 年第
4 期,第 62 页。

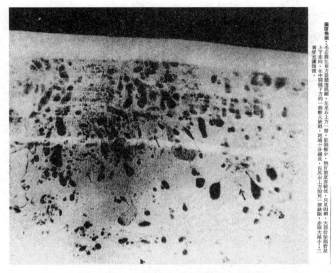

图一六　毛公鼎左前方器壁透视图

张世贤：《从商周铜器的内部特征试论毛公鼎的真伪问题》，图版三八

的气孔更少。张世贤从而得到这样的概括结论：

> 由此看来，在中国商周铜器之中，无论是早期或晚期
> 铸造的，大而厚重的铜器产生缺陷的可能较大。这种缺
> 陷如对外观有影响，则加以补缀，增益其使用及美术价
> 值；如缺陷深藏器内，则无损其外观，无须理会。这些缺
> 陷可能在普通的铜器上发生，也可能在目前看来甚为重
> 要的铜器上发生，其发生与否，端视当时铸造条件而定，
> 无法由人们主观的意志加以控制。①

我本人对张世贤所提"无法由人们主观的意志加以控制"颇有
怀疑，因此在 2015 年夏天又提供了师望鼎的 X 光片，向上海博物
馆保护部门廉海萍女士和复旦大学出土文献与古文字研究中心研
究生孙沛阳先生请教技术方法。他们两位仍然坚持传统的铸造方

---

①　张世贤：《从商周铜器的内部特征试论毛公鼎的真伪问题》，《故宫季刊》1982 年第
4 期，第 63、64 页。

法复原,即器口朝下、器腹与足朝上。他们也都说明了侧立铸造的难度。孙沛阳指出师望鼎 X 光片所显示气孔的形状也只能是倒立的合范所造出。经过他们两人的说明以后,我基本上也认为师望鼎不应为侧立铸造。他们对师望鼎 X 光片所显示气孔的分布分别提出同样的说明:载有铭文的器壁在后足上方,后足应该是铸造的浇口;铭文对面器壁在左右两足之间,此两足应是铸造的冒口。铜液从浇口进入合范以后,铜液和所产生的气体往两个冒口流动。接近浇口的一面,也就是带有铭文的一面,铜液的温度当然最高,青铜最纯、缺陷最少。铜液越往对面一壁推进的时候,温度降低,气体被冷凝的青铜包覆,无法释出,气孔自然多起来。这样可以保护带有铭文一壁的完整性。

2015 年 9 月 25 日,我与李永迪和韩巍两位同事前往芝加哥艺术博物馆,与该馆东亚部门主任汪涛博士一起观察了师望鼎,特别注意了它的铸造方法与浇口和冒口的位置。详细观察以后,我们确认了师望鼎是以倒立的合范所铸造的。三足没有留下明显的浇口和冒口的证据,可是载有铭文器壁下方的一足底部平滑,应该是浇口,而另外两足(即两个器耳下的两足)的底部都留有凸起的批缝,可能是冒口产生的痕迹,但也不一定。如果此二足确实是冒口的话,这就与廉海萍和孙沛阳对师望鼎 X 光片的理解一致,能够说明师望鼎的铸造方法。

此说如果不误,从师望鼎的铸造,我们也可以认识到铸造者特意地保护了铜器上载有铭文的部分,说明铭文对西周时代贵族与铸铜工匠的重要性。这也能说明铭文在当时的特殊地位,铸造者特别重视带有铭文的一部分。这个结论不但对研究带有铭文铜器的铸造技术很重要,对研究铜器和铜器铭文的社会作用也特别重要。我之所以对这个问题有兴趣,是因为西方学术界有相当普遍的说法,认为中国古代铜器原来是礼器,基本上是为了祭祀祖先而作,铭文的纪念性只是次要的。譬如,普林斯顿大学教授柯马丁(Martin Kern)对铜器铭文的作用有精辟的看法,与一般中国学者的看法恐怕比较抵触。柯马丁在针对美国学者陆威仪（Mark Edward Lewis）著 *Writing and Authority in Early China* 的书评里，对于铜器铭文的作用提出了很多问题，如下：

> 根据罗泰（Lothar von Falkenhausen）的观点，陆威仪指出"在周代，活人利用了木牍和竹简将文献藏存在档案里，可是铜器铭文是为了报告给祖先的"。这很可能是对的，但是这仅仅是有意思的讨论的起点而已。这些铜器铭文如何"报告"给祖先？祖先看了还是听了报告？祖先降临到文献，还是文献上升到祖先？这些仅只是书写的文献，还是口述表演的话本？我们怎样利用文化观点描述档案文献变为给祖先的报告和祷告？书写的文献是不是比口述文献更有权威？我们怎样利用这些铭文的物质特征：它的铸造方法，它的视觉布局，它的书法？这些铭文和传世文献诸如《易》《诗》和《书》有什么关系？最后，如果文字对祭祀的成功真的如此重要，我们应该怎样理解带有铭文和没有铭文铜器的不同？①

柯马丁随后自己对这些问题提供了某些答复，说铭文和它原来的口述著作必须要区分为两个不同的单元，文献与载体是完全独立的：

> 第一，在文献和载体之间没有直接联系：一个文献可以重见在几件铜器上，也可以分段列于不同的铜器上，特别是在编钟上。第二，如秦公铜器上所示，尽管祖庙已经移动，原来的铜器仍留在原地，同一铭文可以重复利用，连在一百年以后。第三，铭文的视觉布局和文献的美学特点，特别是音韵和韵律，没有关系，因此，音韵和韵律只能通过其他方式表现，大概是口述表演。值得指出，周

---

① Martin Kern, "Review of Mark Edward Lewis, *Writing and Authority in Early China.*" *China Review International* 7.2(2000)，pp.338－339.

代铜器铭文的韵文一直较为整齐,似乎说明到东周时代口述表现继续使用,继续提炼。根据这些证据,我觉得铜器铭文本来不是书写的,而基本上是铸造在铜器上的口述歌颂;铭文不是为了无声地阅读,而是为了颂唱。[1]

柯马丁第一段文字引用的"罗泰的观点"是指罗泰在 1993 年发表的题作"Issues in Western Zhou Studies"的长篇书评。在这个书评里,罗泰说:

> 因为铭文位于用在宗教活动的礼器上,所以我们知道它的主要作用不是纪念性的。从铭文内容可见,它不是为了将信息传给子孙,而是为了给祖先看的。我们大概可以说是因为铭文和铜器里头奉献的食品接触的关系,所以才能够传达给祖先。祭祀的其他活动,诸如颂唱和礼舞,对交流过程也起作用。……铭文在铜器上的位置也可以支持这样的理解,因为人不易阅读,特别是礼器在使用的时候。……铭文放置在铜器里头很可能是因为铭文和奉献的食品及礼仪颂唱的声音都融合在一起。[2]

我认为,上述对师望鼎铭文铸造的认识如果不误,铜器铸造者如果真的特别重视铭文的物质表现,那么柯马丁所说"铭文不是为了无声地阅读",罗泰所说铭文"不是为了将信息传给子孙",说"人不易阅读",恐怕有再论余地。从师望鼎的铸造看,西周时代的铸造者特别注意铭文的物质外貌,这应该是为了保护它的阅读性。当然,一个重要问题是师望鼎是不是很独特,能够在多大程度上反映西周时代铸造技术的普遍性。这点希望得到铜器专家的指教。

---

[1]　Martin Kern, "Review of Mark Edward Lewis, *Writing and Authority in Early China*." pp.342 - 343.

[2]　Lothar von Falkenhausen, "Issues in Western Zhou Studies: A Review Article." *Early China* 18 (1993), pp.147 - 148.

　　我在本文写作过程中,得到许多友人的帮助：上海博物馆青铜器部门主任周亚先生、上海博物馆保护部门廉海萍女士、复旦大学出土文献与古文字研究中心研究生孙沛阳先生、芝加哥艺术博物馆东亚部门主任汪涛博士、芝加哥艺术博物馆东亚部门官员潘思婷(Elinor Pearlstein)女士、芝加哥艺术博物馆保护部门官员Suzanne R. Schnepp 女士、芝加哥大学东亚语文系李永迪教授和北京大学历史系韩巍教授,谨此表示谢意。

起右盘的发现与中国印刷史 [*]

    2009 年夏天我有幸访问了随州市博物馆，在博物馆展览室见到起右盘(图一)。这件铜器是 1979 年在随州安居桃花坡一号墓出土的，第一次发表在《文物》1982 年第 12 期[①]，后又载于随州市博物馆编的《随州出土文物精粹》第 44 号[②]。原发掘报告说是春秋时代铜器，《随州出土文物精粹》改为西周晚期器，从同一墓葬出土的瓦纹管流匜看，西周晚期更有可能，但无论如何应该是公元前 8 世纪的铜器，大概没有疑问。

图一　随州市博物馆藏起右盘

    起右盘载有铭文 4 行 24 个字(图二)，可以隶定如下：

    唯起右自作用

    其吉金宝盘乃

    用万年子孙永

    宝永享□用之

---

  * 本文原题为《随州安居桃花坡一号墓所出起右盘及其对中国印刷史的意义》，载于《曾国考古发现与研究》，科学出版社，2018 年。
  ① 随州市博物馆：《湖北随县安居出土青铜器》，《文物》1982 年第 12 期，第 52 页。
  ② 随州市博物馆：《随州出土文物精粹》，文物出版社，2009 年，第 44 号。

铭文的内容非常常见,不会引起历史学家的注意。然而,有一点值得注意,铭文有三个字是倒过来的:第三行的"子"(通常在"子"字下面的重文号,即"⹀",也是在字的上面)和"孙"字(由于盘底破坏,不知道"孙"字是不是原来也带有重文号),还有第四行最后一字,即"止"或"之"字。这三个字的倒写会让人想起中国活字印刷术的特征。当然,我们通常说活字印刷术是到北宋时代才发明的,虽然在隋唐时代已经开始使用雕版印刷术。然而,中国上古时代也不是没有活字印刷术的某种萌芽和前例。

图二　随州市博物馆藏
起右盘铭文

我们知道秦汉时代普遍使用了陶制的封泥,早在商周时代也有玺印的物质证据。20世纪80年代末和90年代考古学家曾在香炉石遗址发掘出商末周初陶印章,都呈现了类似活字的样子。台北故宫博物院也收藏了几件青铜做的玺印,据说是在安阳殷墟出土的①。最近中国考古学家又有重要发现,陕西省渭南市文物工作者清理西周时代墓葬的时候出土了现在为止最早的龙钮玉玺,刻有四个字②。

铜器铭文的制造方法有一点像玺印和雕版印刷术。因为铜器铭文多为阴文,所以在铸造过程中需要在芯上先准备阳文反文的铭文版。根据石璋如、巴纳(Noel Barnard)和林巴奈夫等的研究,学术界对这个工艺有相当公认的认识。石璋如先生在说

---

①　李英:《中国早期的活字印迹》,芝加哥大学 Texting China 会议论文,2012.5.11所引。

②　《渭南发现西周玉玺》,三秦网 2016.07.01:http://mt.sohu.com/20160701/n457360826.shtml.

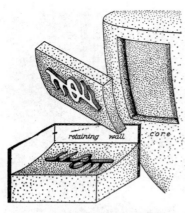

图三　铭文版之制造及
镶在内胎之上

明制范过程时说:"另刻有范,为正的阴文,涂泥范中变成反的阳文,把此反的阳文镶在内胎之上,故铸出的器,其内部便成正的阴文"①。巴纳作了左图说明这个过程(图三)②。

如果带有反文阳文的泥版只有一个字,那么这个工艺和活字印刷术基本上一样。然而,铜器铭文往往不只是一个字。一般来说,多字铭文的技术是一样的,在范上刻多少正文阴文字,这个范就变成有多少反文阳文字的泥版,把这个泥版镶在内胎上。这个技术基本上像雕版印刷术一样。然而,问题是活字印刷术和雕版印刷术之间有没有过渡阶段?

比起右盘稍微晚一点的铜器中有著名的秦公簋,据说是 1919 年在甘肃礼县红河乡王家东台出土的,现藏中国国家博物馆(图四)。此器器和盖都带有铭文,一共 120 字,在器和盖上铭文每一个字的外头都呈现出单独的范的印迹,盖上的铭文尤为明显(图五),有的字还稍微歪了一点。因此,马衡先生说,秦公簋的铭文"真是活字的创作了"③。

秦公簋铭文的制造法似乎把活字印刷术和雕版印刷术融合在了一起。有了这样的例证,我们是不是可以设想起右盘铭文也利用了同样的制造方法制造?这恐怕不行,因为至少有三个有力的反证:第一,该铭 24 个字的外头没有明显的印迹;第二,字也相当

---

①　石璋如:《殷代的铸铜工艺》,《史语所集刊(26)》,1955 年。

②　Noel Barnard 和 Wan Jiabao, "The Casting of Inscriptions in Chinese Bronzes—With Particular Reference to Those with Relievo Grid-Lines."《东吴大学中国艺术史集刊(6)》,1976 年,第 60 页图 5。

③　范文澜:《中国通史简编》(修订本第二编),人民出版社,1949 年,第 20 页引马衡说。此处引文由友人蒋文博士找出,谨此表示感谢。

图四　中国国家博物馆藏秦公簋

图五　中国国家博物馆藏
秦公簋铭文

整齐；第三，三个"用"字的写法都明显不同，不可能是同一个活字的印迹。虽然如此，我们对"子=""孙""之"三个字倒置的现象也很难想出更好的解释。因为我本人既不是考古学家，也对青铜器铸造法没有专门研究，所以只能提出这样的问题，希望引起专家的注意。

中编

出土文献与古文字研究

《穆天子传》辑校举例[*]

更重要的是,通过整理、研究出土佚籍,能够进一步了解古书在历史上是怎样形成的。我们还体会到,汉晋时期的学者整理、传流先秦古书,会碰到怎样复杂的问题,作出多么艰辛的努力,后人所不满意的种种缺点和失误又是如何造成的。[①]

西晋武帝咸宁五年(279)十月,汲郡(今河南卫辉市以西五公里的汲城村)盗墓贼盗掘该地古墓,一共发现了玉律、钟、磬、铜剑(长三尺五寸,约60.25厘米)以及“数十车”的竹简。“发冢者不以为意,往往散乱”[②],寻宝时点燃了一些竹简用作火把[③],这似乎说明墓内保存情况相当良好,同时也说明因为盗墓者对竹简的低估,竹简未能保存完整。此后,竹简被运回晋朝首都洛阳。太康元年(280)或太康二年(281),皇帝命令中书监(相当于现在的国家图书馆馆长)荀勖(289年卒)[④]及其属下几位官员整理竹简上的“漆字科斗之文”,“以隶字写之”。根据荀勖所作《穆天子传序》旧抄本结衔,整理小组有以下成员[⑤]:

* 本文原载于《朱希祖史学选集》,中西书局,2019年。

① 李学勤:《谈“信古、疑古、释古”》,《走出疑古时代》,辽宁大学出版社,1997年,第336页。

② 杜预:《春秋左传集解后序》,《春秋左传正义》,《四部备要》本,第1页。

③ 房玄龄等:《晋书·束皙传》,中华书局,1974年,第1433页。

④ 《晋书·荀勖传》未载荀勖的生年,只载“有十子,其达者辑、藩、组”(第1157页),因为藩生年可推算为245年,所以荀勖生年应该在220年前后。

⑤ 《穆天子传》传本没有记载这个结衔。据朱希祖《汲冢书考》(中华书局,1960年,第38页),冯己苍得见瞿氏《铁琴铜剑楼藏书目录》的旧抄本,有此结衔。陈肖杉《穆天子传研究》(山东大学2016年硕士论文)第39页说他在俄罗斯列宁图书馆东方文献中心得见顾抱冲校影宋本,该本也载有同样的结衔。

　　侍中中书监光禄大夫济北侯臣勖

　　领中书会议郎蔡伯臣峤言部

　　祕书主书令史谵、勋、给

　　祕书校书中郎张宙

　　郎中傅瓒

　　整理小组在很短时间内完成了工作,将"古书十余万言"分成十几种文献。最详细的报告载于《晋书·束皙传》,包括下列十五种文献,还有四篇"杂书"以及其他"折坏不识名题"之书①:

　　《纪年》十三篇,记夏以来至周幽王为犬戎所灭,以事接之,三家分,仍述魏事至安釐王之二十年。

　　《易经》二篇,与《周易》上下经同。

　　《易繇阴阳卦》二篇,与《周易》略同,《繇辞》则异。

　　《卦下易经》一篇,似《说卦》而异。

　　《公孙段》二篇,公孙段与邵陟论《易》。

　　《国语》三篇,言楚晋事。

　　《名》三篇,似《礼记》,又似《尔雅》《论语》。

　　《师春》一篇,书《左传》诸卜筮,"师春"似是造书者姓名也。

　　《琐语》(或作《璅语》)十一篇,诸国卜梦妖怪相书也。

　　《梁丘藏》一篇,先叙魏之世数,次言丘藏金玉事。

　　《缴书》二篇,论弋射法。

　　《生封》一篇,帝王所封。

　　《大历》二篇,邹子(即邹衍)谈天类也。

　　《穆天子传》五篇,言周穆王游行四海,见帝台、西王母。

　　《图诗》一篇,画赞之属也。

　　《周食田法》。

---

　　① 《晋书·束皙传》,第1432—1433页。

《周书》。

《论楚事》。

《周穆王美人盛姬死事》。

有关汲冢竹书最为详细、最有系统的研究是朱希祖（1879—1944）的《汲冢书考》。在该书"出版说明"中，朱希祖说"汲冢书的出土，对于我国古史的研究是有重要意义的，它的主要作用约有下列的三个方面"：

一、订正了史书的记载：《汲冢纪年》和《穆天子传》等书丰富了古史的内容。

二、发现了古代文化交流方面的重要书籍：《穆天子传》的发现，不但提供了古代亚洲的地理资料，而且使我们了解到远在公元前四世纪时亚、欧各国文化交流的情形。

三、为整理战国时代古文字提供了良好条件：晋代古文字学家卫恒、续咸等对于汲冢古文经过仔细的研究，卫恒写成《古文官书》一卷，续咸写成《汲冢古文释》十卷，卫恒并分析了同字异形的文字好几百条，证明秦未统一文字以前，战国古文是因时因地而异的。[1]

与朱希祖先生同时的伟大学者陈梦家先生也曾经说，"汲冢竹简的发现，和安阳甲骨的发现，就古史的材料而说，有着几乎同等的重要性"，说明了汲冢竹书在中国历史上与学术史上的重要地位。然而，正如殷墟卜辞刚刚发现的时候学术界曾经有过种种误解一样，汲冢竹书出土以后当时的学者也不能完全了解这种从来未见的材料，就造成了李学勤先生所谓的"种种缺点和失误"。朱希祖先生也意识到这一点，说："晋人从事汲冢书的研究整理……肯定有成绩，但也有缺点。"[2]因为这些缺点对我们现在了解汲冢竹

---

[1]　朱希祖：《汲冢书考》，第1页。

[2]　朱希祖：《汲冢书考》，第2页。

书有着无法抹去的影响,所以我们需要作简略的考察,讨论"墓葬的性质"和"整理的失误"。

1. 对墓葬性质的误解

汲郡位于古代魏国境内。因为陪葬器物和文献足够丰富,所以当时的学者认为这座古墓应该属于魏国国王,但是不同的人有不同的说法:荀勖根据"所得纪年"认为是"魏惠成王子令王之冢";当时刚完成《春秋左氏经传集解》的大儒杜预(222—285)考定《纪年》"下至魏哀王之二十年",且这一年相当于公元前 299 年,故说"哀王于《史记》,襄王之子、惠王之孙也";晋惠帝在位期间(290—307),在祕书任佐著作郎的束皙(261—300)说是"魏襄王墓,或言安釐王冢"①。

这些说法都是根据汲冢竹书的《竹书纪年》。现传《竹书纪年》(即所谓"今本"《竹书纪年》)止于"今王"二十年,荀勖所谓"令王"显然是"今王"的误读或错抄。现在学术界几乎已有定论,这一年是魏襄哀王二十年(前 318—前 296 在位,即前 299)。因为司马迁《史记》对襄哀王及其父亲惠成王(前 369—前 319 在位)的谥号和在位年代有根本性误解,所以晋代学者也感到棘手,经过了相当长的时间才达成学术共识。

晋代学者不但对"今王"的身份感到困惑,而且对墓葬的性质可能也有误解。从现在的考古学知识来看,这座墓原本不是王级墓,而只是战国时代的大夫墓。汲郡位于魏国首都大梁以北 75 公里,大梁在黄河以南,汲郡在黄河以北。1935 年汲城村一带曾发现一座大墓和七座小墓(即山彪镇魏国墓葬群),1950 年汲城村以西十几公里的辉县固围村又发现了三座大墓,都不是王级墓葬。在西晋时代人的眼里,汲冢这座古墓肯定很了不起,当时人以为是王墓一点不奇怪。可是,从现在的考古知识来看,它的陪葬器物等级不是特别高,竹书也往往在大夫一级的墓葬里发现,恐怕汲冢并

_____

① 《晋书·束皙传》,第 1432 页。《春秋左传正义》所载《春秋左传集解后序》下引晋王隐《束皙传》,谓"汲郡民盗发魏安釐王冢"。

不是王墓,而可能是魏国某一大夫的墓。

2. 对墓本整理的失误

汲冢竹书中最先整理的似乎是《穆天子传》,于太康三年(282)已经完成,也就是竹书运回洛阳之后两三年。在《穆天子传序》里,荀勖指出"汲郡收书不谨,多毁落残缺"。当时的大儒杜预由于军事活动没有参加整理工作,一年以后终于得见竹书。根据他的《春秋左传集解后序》,杜预好像对汲冢竹书的整理工作不太满意,谓"科斗书久废,推寻不能尽通"。尽管荀勖及其属下众人"不能尽通"墓本,可是他们在很短几年内完成了整理工作。大约在太康八年之前,汲冢竹书的内容已经用隶书写定,抄进荀勖于泰始年间(265—274)开始编撰的《中经新簿》里,作为丁部的附录①。从现在上海博物馆和清华大学藏竹书的整理经验来看,这样快的工作有一点不可思议。

不幸的是,《中经新簿》不久即亡佚。武帝既殁,武帝之子晋惠帝继位。惠帝年间兵燹不断,黄河流域沦为一片战场。最终,在晋怀帝在位期间(307—311),京城洛阳被洗劫一空,祕书所藏大多遭毁。当东晋李充编纂《晋元帝四部书目》时,《中经新簿》29 945 卷书仅余 3 014 卷,汲冢竹书几乎全部失传。

289 年荀勖去世,290 年晋武帝也崩了。在惠帝年间,朝廷重新组织了祕书,年轻的束皙被任命为佐著作郎。有一种普遍的观点认为束皙也参加了最初荀勖组织的整理工作,这是一种误解,朱希祖已经有论证②。束皙被任命为佐著作郎以后才得见竹书,对原来的整理工作提出尖锐批评,说:

> 初发冢者烧策照取宝物,及官收之,多烬简断札,文既残缺,不复诠次。武帝以其书付祕书校缀次第,寻考指归,而以今文写之。皙在著作,得观竹书,随疑分释,皆有义证。③

---

① 魏征等:《隋书·经籍志》,中华书局,1973 年,第 906 页。
② 朱希祖:《汲冢书考》,第 60—62 页。
③ 《晋书·束皙传》,第 1433 页。

这是唐代房玄龄(579—648)所撰《束皙传》中的文字。早在东晋初年的时候,王隐(284—354)已作《晋书》,也载有《束皙传》,在某些方面更为详细,谓:

> 大凡七十五卷,《晋书》有其目录。其六十八卷皆有名题,其七卷折简碎杂,不可名题。有《周易》上下经二卷;《纪年》十二卷;《琐语》十一卷;《周王游行》五卷,说周穆王游行天下之事,今谓之《穆天子传》。此四部差为整顿。汲郡初得此书,表藏秘府,诏荀勖、和峤以隶字写之。勖等于时即已不能尽识。其书今复阙落,又转写益误。《穆天子传》世间偏多。①

由此可知,在惠帝和束皙这个时候,《穆天子传》已经保存得不好了,再往后整理问题似乎变得更为严重。在《水经注》里,郦道元(527 年卒)谈到昆仑山的时候曾提到《穆天子传》的问题:

> 释云复书曰:按《穆天子传》,穆王于昆仑侧瑶池上,觞西王母,云去宗周瀍涧,万有一千一百里,何得不如调言?子今见泰《传》,非为前人不知也。而今以后,乃知昆仑山为无热丘,何云乃胡国外呼?余考释氏之言,未为佳证,《穆天子》《竹书》及《山海经》皆埋缊岁久,编韦稀绝,书策落次,难以绎缀,后人假合,多差远意。②

这样看起来,汲冢竹书不但多有失传,而且在初次问世的时候,不是只有束皙一个人对整理工作提出批评,还有其他的读者也不满意。在怀帝年间秘书所藏书籍大多遭毁以后,恐怕汲冢竹书原件就完全被摧毁了。从此以后,学术界就再也无法参考原件,也无法再做整理工作了。

幸亏在此之前,束皙任佐著作郎时得见原件,有机会重新整理

---

① 《春秋左传正义》所载《春秋左传集解后序》下引晋王隐《束皙传》,第 2—3 页。
② 郦道元著,陈桥驿校证:《水经注校证》,中华书局,2007 年,第 11 页。

隶定。朱希祖一个非常大的贡献是指出荀勖和束皙的整理工作是在不同的时代进行的。朱先生指出有证据说明至少《竹书纪年》和《穆天子传》这两部重要文献都经过两次整理，一次在武帝太康年间（280—289）荀勖做初步整理工作的时候，一次在惠帝元康年间（291—299）束皙"得观竹书，随疑分释，皆有义证"。可惜朱希祖的《汲冢书考》对这个问题所作的讨论非常简短，没有提出充分的证据。在朱希祖的基础上，方诗铭和王修龄作了《古本竹书纪年辑证》，据该书"序例"，他们的目的之一是证实朱希祖的观点：

> 三家［含夷按：指朱右曾（19世纪）《汲冢纪年存真》、王国维（1877—1927）《古本竹书纪年辑校》和范祥雍（1913—1993）《古本竹书纪年辑校订补》］所辑多据诸书引文，以文义并为一条，且间有改易。今从观古堂［含夷按：即叶德辉（1864—1927）］辑佚书之例，直抄原书。各条归各条，独立户头，不相合并。庶可见各书所引之原貌。于异同之中尚可略寻荀、和本及束皙本之痕迹，所引书名亦冠于前。①

我自己研究《竹书纪年》的时候，以方诗铭和王修龄的书为参考，来证明朱希祖的观点实在很有见地。至少关于《竹书纪年》，有充分的证据说明郦道元《水经注》引用了荀勖本，而唐司马贞（8世纪初年）《史记索隐》引用了束皙本，因此两本书的引文往往有出入，可以参看拙作《重写中国古代文献》，于此不再赘述②。

方诗铭和王修龄的辑佚方法也可以用来证明《穆天子传》至少到北宋时也曾有两种整理本流传于世，本文将略说其要。下面的讨论分成两部分，第一部分论证在宋代以前曾有两个不同的整理本流传于世，第二部分根据第一点再证明传世本《穆天子传》的内容很混乱，不能通读。这两部分使用了两种不同的研究方法。

---

① 方诗铭、王修龄：《古本竹书纪年辑证》，上海古籍出版社，2005年，第2页。
② 夏含夷著，周博群译：《重写中国古代文献》，上海古籍出版社，2012年。

一、《穆天子传》两个不同的整理本

1.《穆天子传》与古书《穆天子传》引文之对比

本节主要采用朱渊清《〈穆天子传〉的古本旧注》中的内容来证明到唐宋为止曾流传过两种《穆天子传》整理本[①]。朱教授利用了方诗铭和王修龄所使用的"观古堂辑佚书"的方法将传世本《穆天子传》与古代类书引文作对校,从这样的对校中我们可以看出传世本的某些特点。譬如,朱教授提出的第一个例子说明传世本含有某些注解:

例1

　　赤乌之人丌好献女于天子(郭璞注:所以结恩好也)女听女列为嬖人(郭璞注:一名听名失一女名下文)曰赤乌氏美人之地也。(今本《穆天子传》卷二)

　　赤乌之人甚好献二女于天子以为嬖人赤乌美人之地。(《艺文类聚》卷一八)

　　赤乌之人甚好献二女于天子以为嬖人赤乌美人之地。(《海录碎事》卷一二)

　　赤乌之人丌献好女于天子女听女列为嬖人曰赤乌氏美人之地也宝玉之所在也。(《北堂书钞》卷三一)

从《艺文类聚》的引文看,在唐初的时候,其中一个《穆天子传》整理本没有点明"赤乌之人"这两个女人的名字。传世本的"女听女"恐怕原来是注解,后来被抄进原文,这是古籍整理中常见的问题[②]。此外,虽然传世本和《艺文类聚》所引都有"曰赤乌氏美人之

　　① 朱渊清:《〈穆天子传〉的古本旧注》,《传统中国研究集刊(第三辑)》,上海人民出版社,2007年。朱渊清教授在此文中指出:"2004年春,夏含夷教授(Prof. Ed. Shaughnessy)在芝加哥大学开设题为'What is Sinology'的古文献学研究课程,命讲《穆天子传》的整理。是文初稿即为准备课程而做。敬将是文献给夏含夷教授。"后承朱渊清教授惠寄电子版文档,本节相关引用皆出自该文档,在此向朱教授表示感谢。
　　② 《艺文类聚》成书于唐高祖武德七年(624)。

地也"一句(《艺文类聚》无"曰"字),但是我怀疑这句与《北堂书钞》所引"宝玉之所在也"一样,都不是墓本的文字,而应该是后人的注解,后窜入正文。

同样的现象还见于另一例。《初学记》两条引文里没有传世本"天子使孔牙受之"之后的"曰雷水之平寒寡人具犬马羊牛",恐怕"曰"后的 12 个字也都是注释。《玉海》所引不但没有"爰有黑牛白角爰有黑羊白血"一句,而且更重要的是,下面所接"己巳天子东征食马于漯水之上"与传世本"癸亥天子南征升于髭之隥"的时、地都不同。

例 2

　　孟冬壬戌至于雷首犬戎胡觞天子于雷首之阿乃献食马四六天子使孔牙受之曰雷水之平寒寡人具犬马羊牛爰有黑牛白角爰有黑羊白血。(今本《穆天子传》卷四)

　　犬戎觞穆王于雷首之阿乃献良马四匹天子使孔牙受之曰雷水之平爰有黑牛白角爰有黑羊白血。(《初学记》卷二九《羊第八》)

　　犬戎朝天子于雷首之河乃献良马四驷天子使孔牙受之曰雷水之中爰有黑牛面角黑羊白血也。(《白孔六帖》卷九六)

　　犬戎觞天子于雷首之阿乃献良马四匹天子使孔牙受之爰有黑牛白角也。(《初学记》卷二九《牛第五》)

　　犬戎觞天子于雷首之阿乃献食马四匹天子使孔牙受之。(《北堂书钞》卷八二)

　　壬戌天子至于雷首犬戎觞天子雷首之阿乃献良马四六天子使孔牙受之(水经注引云受之于雷水)己巳天子东征食马于漯水之上(水经注引之)。(《玉海》卷一四八)

在传世本《穆天子传》里,见于《玉海》的"己巳天子东征食马于漯水之上"载于卷六(亦即《晋书·束皙传》所谓《周穆王美人盛姬死事》),是不是暗示了曾经存在两个完全不同的整理本?

例 3

　　壬申天子西征甲戌至于赤乌之人其献酒千斛于天子
食马九百羊牛三千稷麦百载天子使祭父受之曰赤乌氏先
出自周宗大王亶父之始作西土封其兄子吴太伯于东吴诏
以金刃之刑贿用周室之璧封丌璧臣长季绰于春山之虱妻
以元女诏以玉石之刑以为周室主天子乃赐赤乌之人其墨
乘四黄金四十镒贝带五十朱三百裹丌乃膜拜而受。（今
本《穆天子传》卷二）

　　天子征至赤乌之人赤乌氏先出自宗周乃赐贝带五十
具。（《艺文类聚》卷六七）

　　天子北征舍于珠泽献白玉酒食天子赐黄金之环三十
朱带贝饰三十西征至赤乌氏先出自周宗乃赐赤乌之人贝
带五十。（《太平御览》卷六九六）

　　天子征至赤乌之人赤乌氏先出自宗周乃赐贝带五十
具。（《玉海》卷八六）

朱渊清先生指出“大王亶父之始作西土封其兄子吴太伯于东
吴诏以金刃之刑贿用周室之璧封丌璧臣长季绰于春山之虱妻以元
女诏以玉石之刑以为周室主”，这很长一段文字是“与‘赤乌氏’主
题全然不相关联的内容，清除出此句之后本段文字就很通顺，也好
理解”。朱教授还指出，“大王亶父”这句话虽然和《穆天子传》其他
内容不相似，但是从某一个角度来看可以视为“周宗”的一个注解。
他另外提出一个可能，《晋书·束皙传》所载汲冢竹书中有“《生封》
一篇记‘帝王所封’”，这似乎和本句的内容一致。这个见解非常有
见地，很可能可以说明这一段文字前一半的来源。但是，恐怕还可
以作再进一步的分析。朱教授指出这一段文字一共 58 个字，比荀
勖在《穆天子传序》里所说“其简长二尺四寸，以墨书，一简四十字”
多 18 个字，不太可能是一条竹简上的文字。这个见解虽然不错，
但不够透彻。这 58 个字显然应该分成两段，“大王亶父之始作西

土封其兄子吴太伯于东吴"为一段，"诏以金刃之刑赇用周室之璧封亓璧臣长季绰于舂山之虱妻以元女诏以玉石之刑以为周室主"为一段，两段之间似乎没有明显的关系。像朱教授所说的那样，"大王亶父之始作西土封其兄子吴太伯于东吴"一段与《穆天子传》其他内容不太类似，但与《生封》内容可能一致。与之不同的是，剩下的"诏以金刃之刑赇用周室之璧封亓璧臣长季绰于舂山之虱妻以元女诏以玉石之刑以为周室主"则和《穆天子传》其他内容颇为相似，所提到的"舂山"还在第一和第四卷出现。朱教授也指出李学勤先生认为"舂山之虱"之"虱"字应该就是战国时代无左边之"阜"旁的"陰"字①。有意思的是，这一段有 39 个字，荀勖说《穆天子传》"一简四十字"，所以这很可能是一条竹简上的文字。如果这个推测不误的话，那么多余的字反映出两个不同的来源，一个是汲冢竹书之外的另一种文献，一个是《穆天子传》墓本的另外一条竹简。无论上述看法可信程度如何，我们至少知道传世本《穆天子传》这一段比《艺文类聚》和《太平御览》的引文多了一段，应该是由于荀勖错置了竹简，大概束皙重新整理原简的时候就将简文重新排序了。

例 4

　　庚寅北风雨雪天子以寒之故命王属休。（今本《穆天子传》卷一）

　　丙辰天子南游于黄室之丘以观夏后启之所居乃□于启室天子筮猎苹泽……天子乃休日中大寒北风雨雪有冻人天子作诗三章以哀民。（今本《穆天子传》卷五）

　　丙辰天子游黄台之丘猎于苹泽有降雨天子乃休日中大寒北风雨雪有冻人天子作黄竹诗三章以哀之。（《初学记》卷二）

　　丙辰南游于黄室之丘天子乃休日中大寒北风雨雪有

---

　　①　朱渊清：《李学勤先生在"新出土文献与古代文明研究"会议闭幕式上的演讲》，《新出土文献与古代文明研究》，上海大学出版社，2004 年。

冻人天子作诗三章以哀民。(《太平御览》卷五九二)

　　庚寅北风雪天子寒日中大寒有冻人天子作黄竹诗。
(《艺文类聚》卷五)

　　庚寅北风雨雪天子以寒之故命王属休天子筮猎苹泽
云云日中天寒北风雨雪有冻人天子作诗三章以哀民。
(《玉海》卷一九五)

《玉海》将分见于传世本《穆天子传》两卷的段落拼合成一条,
《艺文类聚》这条中的干支(即"庚寅")也许表明它和《玉海》中的那
条引自同一个文本。当然,也可能仅仅是这两部类书引错了,因为
传世本《穆天子传》中的两条都提到了"寒"的天气,所以抄录进类
书时被联系了起来。但是还有另外一个可能,即《玉海》所引用的
是另一个整理本,这个整理本的次序与传世本的次序不一样。在
下面一节,我们还会提到其他证据来说明这种可能性。

　　2.《穆天子传》与《列子》之对比

　　传世本《列子》有一章题作《周穆王》(卷三),以"西极之国有化
人来"开头。虽然"穆王敬之若神,事之若君",可是"化人犹不舍
然"。之后化人和穆王"同游,王执化人之袪,腾而上者,中天乃
止",化人"与王神游也"。穆王既寤以后,"不恤国事,不乐臣妾",
就决定"肆意远游"。之后是穆王远游昆仑之丘的故事,如下:

　　　　命驾八骏之乘,右服骅骝而左绿耳,右骖赤骥而左白
　　𬊤。主车则造父为御,泰丙为右。次车之乘,右服渠黄而
　　左踰轮,左骖盗骊而右山子。柏夭主车,参百为御,奔戎
　　为右。驰驱千里,至于巨蒐氏之国。巨蒐氏乃献白鹄之
　　血以饮王,具牛马之湩以洗王之足。及二乘之人已饮而
　　行,遂宿于昆仑之阿,赤水之阳。别日升于昆仑之丘,以
　　观黄帝之宫,而封之以诒后世。遂宾于西王母,觞于瑶池
　　之上。西王母为王谣,王和之,其辞哀焉。乃观日之所
　　入。一日行万里。王乃叹曰:"于乎! 予一人不盈于德而

谐于乐,后世其追数吾过乎!"

这个故事与《穆天子传》非常相似,几乎全部见于《穆天子传》,如表一所示:

表一　《列子·周穆王》与《穆天子传》之对比

《列子·周穆王》	《穆天子传》
命驾八骏之乘,右服骅骝而左绿耳,右骖赤骥而左白𣾰。主车则造父为御,离离为右。次车之乘,右服渠黄而左踰轮,左骖盗骊而右山子。柏夭主车,参百为御,奔戎为右。驰驱千里,至于巨蒐氏之国。巨蒐氏乃献白鹄之血以饮王,具牛马之湩以洗王之足。及二乘之人	天子命驾八骏之乘,右服骅骝而左绿耳,右骖赤骥而左白义。天子主车,造父为御,离固为右。次车之乘,右服渠黄而左踰轮,右盗骊而左山子。柏夭主车,参百为御,奔戎为右。天子乃遂东南翔行,驰驱千里,至于巨蒐之人𤺥奴乃献白鹄之血以饮天子,因具牛羊之湩以洗天子之足及二乘之人。(4.2b—3a)
已饮而行,遂宿于昆仑之阿,赤水之阳。别日升于昆仑之丘,以观黄帝之宫,而封之以诒后世。	天子已饮而行,遂宿于昆仑之阿,赤水之阳。爰有鹐鸟之山。天子三日舍于鹐鸟之山。□吉日辛酉,天子升于昆仑之丘,以观黄帝之宫,而丰□隆之葬以诏后世。(2.1a—b)
遂宾于西王母,觞于瑶池之上。西王母为王谣,王和之,其辞哀焉。乃观日之所入。	吉日甲子,天子宾于西王母。乃执白圭玄璧以见西王母。好献锦组百纯,□组三百纯。西王母再拜受之。□乙丑,天子觞西王母于瑶池之上。西王母为天子谣曰:"白云在天,山陵自出。道里悠远,山川间之。将子无死,尚能复来?"天子答之曰:"予归东土,和治诸夏。万民平均,吾顾见汝。比及三年,将复而野。"(3.1a—b)
王乃叹曰:"于乎! 予一人不盈于德而谐于乐,后世其追数吾过乎!"	天子曰:"于乎! 予一人不盈于德而辨于乐,后世亦追数吾过乎!"(1.8a)

通过对校可以看出,两个文本只有个别字不同,如《列子》称穆王为"王",而《穆天子传》称之为"天子";《列子》称一匹马为"白𣾰",而《穆天子传》称之为"白义";《列子》谓王"谐于乐",而《穆天子传》谓天子"辨于乐";等等,这些只是古籍流传中常见的异文,两个文本肯定有一个相同的来源。在 20 世纪 30 年代,马叙伦

(1885—1970)在《古史辨》上发表文章提出《列子》是伪书,在 1939 年出版的《伪书通考》里提供了更多证据来论证《列子》甚受佛教的影响,应该是南北朝时代的作品①。尽管《古史辨》和《伪书通考》中的许多论点现在来看站不住脚,但是《列子》是伪书的说法恐怕已为大多数学者所接受,几乎是一个定论。我们知道《穆天子传》是出土文献,在公元前 299 年入墓以后到公元 279 年出土以前没有流传于世,既不可能受到其他文献的影响,也不可以作为其他文献的来源。然而,汲冢竹书出土以后,这个情况马上发生了改变。我们知道张华(232—300)虽然没有参加汲冢竹书的整理工作,但是他所撰的《博物志》多处引用汲冢竹书,包括《穆天子传》。因此,我们知道《穆天子传》一经出土整理,立刻有了一定的影响,完全可能成为《列子》的文本来源之一。

　　如上所示,《列子》与《穆天子传》相关的段落可以依次分成四段,四个段落在《穆天子传》里却乱序散落于诸卷:第一段是《穆天子传》卷四的文字,第二段是卷二的文字,第三段是卷三的文字,第四段是卷一的文字。如果是《列子》引用《穆天子传》,会不会出现这样乱的引法? 我觉得这有一点不可思议。

　　此外还有更重要的一点,我们来详细考察一下第一段和第二段之间的关系。在《列子》中,这两段有直接的语法联系,第一段最后一句话和第二段开头合起来是一个连贯的句子:

　　　　巨蒐氏乃献白鹄之血以饮王,具牛马之湩以洗王之足。及二乘之人已饮而行,遂宿于昆仑之阿,赤水之阳。

　　然而,在传世本《穆天子传》里,这两段完全隔开,没有语法联系:

　　　　至于巨蒐之人䍃奴乃献白鹄之血以饮天子,因具牛羊之湩以洗天子之足及二乘之人。(4.2b—3a)

─────────

① 马叙伦:《列子伪书考》,《古史辨(第四册)》,朴社,1933 年,第 520—528 页;张心澂:《伪书通考》,商务印书馆,1939 年,第 818—833 页。

　　天子已饮而行,遂宿于昆仑之阿,赤水之阳。(2.1a—b)

　　两个读法都有道理,它们的关键差别是"及"字的用法。在《列子》中"及"是一个动词,表示到了某一个时候;在《穆天子传》中"及"是一个连接词,把"天子之足"和"二乘之人"连接起来作为"洗"的宾语。在传世本《穆天子传》中,这两个用法都有出现,如下:

　　　　自西夏至于珠余氏及河首,千又五百里。(卷四)

　　　　及暮,天子遣许男归。(卷五)

　　　　丧主伊扈哭出造舍,父兄宗姓及在位者从之。佐者
　　哭,且彻馈及壶鼎俎豆。(卷六)

　　在我们考察的段落里头,两个读法都有问题。《列子》的"及二乘之人已饮而行",主语是"二乘之人",与《穆天子传》的"天子"不一样。传世本《穆天子传》的"巨蒐之人奴乃献白鹄之血以饮天子,因具牛羊之湩以洗天子之足及二乘之人",即使"天子之足"可以作"洗"的宾语,可是"二乘之人"怎么也能作"洗"的宾语? 无论如何,这两段似乎反映出存在两个不同的整理本,传世本《穆天子传》不太可能是《列子》的来源。因此,我们只能设想另外还有一个《穆天子传》整理本,与传世本的顺序也不一样。

二、传世本《穆天子传》的内容混乱

1.《穆天子传》内容的时间混乱

　　《穆天子传》头四卷是一种面貌,第五卷是一种面貌,第六卷又是另一种面貌,这一卷应该就是《束皙传》所谓的《周穆王美人盛姬死事》。第五卷由各种段落组成,不一定是连续的故事。根据第五卷中的上下文关系,也许我们可以寻找到一条错简的证据。《穆天子传》卷五开头谓:

　　　　瑶处。曰天子四日休于濩泽。于是射鸟猎兽。丁
　　丑,天子□雨乃至。祭父自圃郑来谒。留昆归玉百枚。

陵翟致赂：良马百驷，归毕之珤，以诘其成。

同卷后面相隔近一千字的地方有这样一段：

季秋□，乃宿于房。毕人告戎，曰陵翟来侵。天子使孟念如毕讨戎。

"陵翟"是周人的敌国，"毕"是周人的属国。从本卷末我们得知陵翟侵略了毕国，毕人来报告，然后天子派"孟念"助毕反攻。而同卷开端却说陵翟来和平谈判，并且"归毕之珤"，郭璞（276—324）说："毕，国名。言翟前取此珤也。"问题是，在这个时候，翟还没有侵略毕，当然没有"取""毕之珤"，即"毕之宝"。还有一个证据也许也可以说明这里的文本顺序有问题。今本《竹书纪年》周穆王十四年、十五年有大事记如下：

穆王十四年：王帅楚子伐徐戎，克之。夏四月，王畋于军丘。五月，作范宫。秋九月，翟人侵毕。冬，搜于萍泽。作虎牢。

穆王十五年：春正月，留昆氏来宾。作重璧台。冬，王观于盐泽。

按照《竹书纪年》的记载，"留昆氏来宾"是在"翟人侵毕"之后，不像《穆天子传》那样置之于前。当然，中国现代史学家一般认为今本《竹书纪年》是伪造品，没有历史价值。但是，《竹书纪年》和《穆天子传》都是汲冢竹书，这些记载有着明显的关系。难道《竹书纪年》的伪造者没有参考传世本《穆天子传》，没有注意"留昆氏来宾"是在"翟人侵毕"之前？我觉得这很难想象。这一方面说明在《穆天子传》里"留昆氏来宾"之记载被错置了，另一方面也说明今本《竹书纪年》不一定像一般所说的那样是后人伪造的。今本《竹书纪年》应该有一定的史学价值。

2.《穆天子传》内容的地理混乱

《穆天子传》第一卷开端叙述天子"北征"，经过不同的地方，终于到了"𨺗人"之国：

> 饮天子蠲山之上。戊寅，天子北征，乃绝漳水。庚
> 辰，至于□，觞天子于盘石之上。天子乃奏广乐。载立不
> 舍，至于钘山之下。癸未，雨雪，天子猎于钘山之西阿。
> 于是得绝钘山之队，北循虖沱之阳。乙酉，天子北升于
> □。天子北征于犬戎。犬戎□胡觞天子于当水之阳。天
> 子乃乐，□赐七萃之士戋。庚寅，北风雨雪。天子以寒之
> 故，命王属休。甲午，天子西征，乃绝隃之关隥。己亥，至
> 于焉居禺知之平。辛丑，天子西征，至于𨺗人。

这段文字提到下列地名：蠲山、漳水、盘石、钘山、虖沱之阳、当水、隃之关隥、禺知之平、𨺗人。这些地名之中，至少漳水、虖沱水、隃之关的地理位置是清楚的，位于现在河南、河北、山西的交界处[①]。

漳水：郭璞注简单地谓"漳水，今在邺县"。邺县是古地名，在西晋时代改名为临漳县，现在河南安阳县北部，邻接河北临漳县。因为这个地区有漳河，临漳县由此得名。《水经注》卷十《浊漳水、清漳水》有详细说明。

虖沱水：郭璞注谓"虖沱河今在雁门卤城县阳水北"。虖沱水出于今山西省繁峙县东北的泰戏山。繁峙县位于山西北部恒山和五台山之间，邻接河北省。著名关口平型关位于泰戏山中。《山海经·北山经》和《汉书·地理志》都有记载。

隃之关：郭璞注谓"疑此谓北陵西隃。西隃，雁门山也。音俞"。顾实《穆天子传西征讲疏》有详细说明："隃之关，当在今山西代州雁门县之雁门山上。今雁门关乃明初移筑，非古也。《尔雅·释地》曰：'北陵西隃。'《说文》曰：'隃，北陵西隃，雁门是也。'郭注《尔雅》及《山海经·北山经》并同。"[②]"代州"即今山西东北部的代

---

①　参见谭其骧主编：《中国历史地图集：原始社会、夏、商、西周、春秋、战国时期》，地图出版社，1982年，第22—23幅地图；顾实：《穆天子传西征讲疏》，台湾商务印书馆，1976年，卷一地图。

②　顾实：《穆天子传西征讲疏》，卷一第13页。

县,县内有万里长城的雁门关,应该就是古代的"陉之关"。

通过考察这些地名,可以很清楚地看出此次征行从周东都洛阳开始,向东北往安阳,在安阳以北过漳河,又往北行沿着太行山东坡,过今石家庄以后西转,沿着虖沱河通过平型关及雁门关过太行山以西。按照传世本《穆天子传》,过了陉之关八天以后,天子就"至于邽人"之国。顾实说:"邽国当在今绥远之归化以西地。南跨图尔根河,而西际博托河。"[1]根据其他地名,顾实所考定的邽国的地理位置似乎很合理。然而,有一些传统文献证据说明邽国应该位于山西南部的河东地区。宋代的邓名世撰《古今姓氏书辨证》和罗泌撰《路史》都说邽出伯絷,在虞芮间[2]。《史记·周本纪》集解引用《地理志》说"虞在河东大阳县,芮在冯翊临晋县"[3]。河东大阳县相当于今山西省平陆县,冯翊临晋就是现在的陕西大荔县。

虽然有关虞和芮的地理位置也有不同的说法,但是现在已有一些考古证据说明邽国很可能就位于河东地区。从 2004 年开始,考古学家在山西绛县横北村发掘了一个规模庞大的墓地[4],其中 M1 和 M2 墓葬里出土了几件铜器,铭文都提到一位"倗伯":

> 倗伯作毕姬鼎:
> 倗伯作毕姬尊鼎其万年宝
>
> 倗伯鼎:
> 隹五月初吉倗
> 伯肇作宝鼎其
> 用享考于朕文

---

① 顾实:《穆天子传西征讲疏》,卷一第 15 页。

② 邓名世:《古今姓氏书辨证》卷二八,《四库全书》本,第 1 页;罗泌:《路史》卷二九,《四库全书》本,第 48 页。冯时在《倗国考(简稿)》[《中国社会科学院古代文明研究中心通讯(第 15 期)》,2008 年,第 39 页]中说这个说法早已经见于唐代林宝撰《元和姓纂》卷三,可是我见到的《元和姓纂》似乎没有这个信息。

③ 司马迁:《史记·周本纪》,中华书局,1963 年,第 117 页注 1。

④ 山西省考古研究所、运城市文物工作站、绛县文化局:《山西绛县横水西周墓发掘简报》,《文物》2006 年第 8 期,第 4—18 页。

考其万年永用

佣伯佣簋：
隹廿又三年初吉戊戌
益公蔑佣伯佣历右告
令金车旗佣拜手稽首
对扬公休用作朕考宝
尊佣其万年永宝用享

最初考古报告说这个"佣"从来没有出现在传统文献里，可是李学勤先生立即指出它和《穆天子传》的"鄌"应该是一个地方①。如果绛县出土铜器的"佣"就是《穆天子传》的"鄌"国，那么鄌就不可能像顾实所说那样位于山西北部，也不可能与"隃之关"邻近②。这个地理分析如果不误，那么《穆天子传》第一卷开头一段也一定存在混乱，即"甲午，天子西征，乃绝隃之关隥。己亥，至于焉居禺知之平。辛丑，天子西征，至于鄌人"的两个句子之间恐怕没有联系，那么"辛丑，天子西征，至于鄌人"应该视作另一则错简证据。

三、结　　论

本文开头引用了李学勤先生的一句话："通过整理、研究出土佚籍，能够进一步了解古书在历史上是怎样形成的。我们还体会到，汉晋时期的学者整理、传流先秦古书，会碰到怎样复杂的问题，作出多么艰辛的努力，后人所不满意的种种缺点和失误又是如何造成的。"这个说法非常有见地。然而，通过经验，我们应该也可以

---

　　① 李学勤：《绛县横北村大墓与鄌国》，《中国文物报》2005年12月30日第7版。
　　② 在拙作《〈穆天子传〉与穆王铜器》中我说：这一段落直接接着前面'天子北征乃绝漳水''至于钘山之下''天子西征乃绝隃之关隥'几个记录。从上下文看，这些地方都位于今山西省之南部，与绛县正好接近。结论大概不误，但是至少有关隃之关地理位置的判断有明显的错误。

体会到后人所不知道的"种种缺点和失误"是"如何造成的"。许多学者认为汲冢竹书中唯有《穆天子传》的整理和流传相当顺利,现在能够阅读的本子接近于西晋时代的整理本。顾颉刚曾说:"到现在,完全留存的只有一部《穆天子传》,想来是它讲的故事太有趣味,当文学的资料看,因而没有散失。"①通过各种分析,包括将《穆天子传》与中古类书中的相关引文进行对比,将《穆天子传》与《列子》进行对比,揭示《穆天子传》内容的时间混乱以及地理混乱,我觉得《穆天子传》确实很有趣味,可是也发现其中有"种种缺点和失误"。不管是把《穆天子传》看作历史史料还是文学作品,我们都应该先"通过整理、研究出土佚籍"的经验去恢复《穆天子传》的墓本。窥见《穆天子传》墓本的原貌以后,我们才能体会到它真实的历史价值。

我在写作本文的过程中曾受到蒋文博士的许多帮助,谨此表示谢意。

后按:《穆天子传》所载历日记载的史实性质:兼论《穆天子传》与《竹书纪年》的关系

《穆天子传》第五卷载有一段文字,其中一个明显的特点是不但记干支日名,而且频繁地出现"孟仲季"和"春夏秋冬"相配的记月:

> 仲夏甲申天子□所。庚寅,天子西游,乃宿于祭。壬辰,祭公饮天子酒,乃歌《昊天》之诗。天子命歌《南山有□》。乃绍宴乐。丁酉,天子作台,以为西居。壬寅,天子东至于雀梁。甲辰,浮于荥水,乃奏广乐。季夏庚□,休

---

①　顾颉刚:《〈穆天子传〉与〈竹书纪年〉中的昆仑》,《古史辨自序》,河北教育出版社,2000 年,第 808 页。

于范宫。仲秋丁巳，天子射鹿于林中，乃饮于孟氏，爰舞白鹤二八，还宿于雀梁。季秋辛巳，天子司戎于□来虞人次御。孟冬鸟至，王臣□弋。仲冬丁酉，天子射兽，休于深□，得麋麇豕鹿四百有二十，得二虎九狼，乃祭于先王，命庖人熟之。戊戌，天子西游，射于中□方落草木鲜。命虞人掠林除薮，以为百姓材。是日也，天子北入于邴，与井公博，三日而决。辛丑塞。至于台，乃大暑除。天子居于台，以听天下之。远方□之数而众从之，是以选扐。乃载之神人□之能数也。乃左右望之。天子乐之。命为□而时□焉□其名曰□公去乘人□犹□有虎在乎葭中。天子将至，七萃之士[曰]高奔戎请生捕虎，必全之。乃生捕虎而献之天子。天子命[之]为柙，而畜之东虞，是为虎牢。天子赐奔戎畋马十驷，归之太牢。奔戎再拜稽首。丙辰，天子北游于林中，乃大受命而归。仲秋甲戌，天子东游，次于雀梁。□蠹书于羽陵。季秋□，乃宿于房。毕人告戎，曰陵翟来侵。天子使孟念如毕讨戎。

这段两次提到天子在"雀梁"的事情：

> 仲秋丁巳，天子射鹿于林中，乃饮于孟氏，爰舞白鹤二八，还宿于雀梁。

> 仲秋甲戌，天子东游，次于雀梁。

"宿于雀梁"和"次于雀梁"是一件事还是两件事？这两条记载都属于"仲秋"之月，第一次是在"仲秋丁巳"以后，第二次是在"仲秋甲戌"。甲戌[六十甲子第 11，下同]是丁巳[54]以后第十八天，两个日子可以属于同一个月。另外，第一次记载谓"丁巳，天子射鹿于林中"，第二次"雀梁"记载之前就谓"丙辰，天子北游于林中"。"丙辰"[53]正好是"丁巳"的前一天。然而，按照下面这一段的叙述，在两个"雀梁"记载之间有一年的时间差：

> 仲秋丁巳，天子射鹿于林中，乃饮于孟氏，爰舞白鹤

二八,还宿于雀梁。

　　季秋辛巳,天子司戎于□来虞人次御。

　　孟冬鸟至,王臣□弋。

　　仲冬丁酉,天子射兽,休于深□。

　　……

　　至于台,乃大暑除。

　　……

　　丙辰,天子北游于林中,乃大受命而归。

　　仲秋甲戌,天子东游,次于雀梁。

从"仲秋"(八月)到"季秋"(九月),到"孟冬"(十月),再到"仲冬"(十一月)是明显的顺序。然后到"大暑",这是中国传统的节气,指公历七月 22、23 或 24 日,一年中最热的时期。最后又回到"仲秋"。因此,第二次"雀梁"记载应该属于第一次记载的次年。

我们也可以利用相关历日记载来验证这一点。这一段文字中第一个具备月份和干支的记载是"仲夏甲申"。从这个记载我们知道"甲申"[21]是"仲夏"也就是五月的一天。古代历法属于阴阳历,因为每个月的平均长度是 29.53 天,所以历法通常轮流地设有 30 天的"大月"和 29 天的"小月"。因此我们也可以根据"仲夏甲申"记载推定五月的朔日(也就是当月的第一天)不可能早于乙卯[52],即甲申之前 30 天,也不可能晚于甲申当天。我们可以将这个范围表示为:5：52—21。因为大月和小月加起来是 59 天,我们也可以根据这一点推定该年元月朔日的范围为 1：54—23(因为 59 天比干支周期的 60 天少一天,所以每两个月朔日范围的两个日期都会增加一天)。这一点之所以重要是因为我们可以通过比较这一年间的四个记载来更细致地推定这一年元月的范围:

5/21	5：52—21	1：54—23
8/54	8：25—54(也等于 9：55—24)	1：59—28
9/18	9：49—18	1：53—22
11/34	11：5—34	1：10—39

1：10—22

事实上,因为这段的"仲夏甲申"和"季夏庚□"之间还有几天,按照常理季夏之前的日子应该属于仲夏月,所以这个范围还可以缩小几天:

> 仲夏甲申……庚寅,天子西游,乃宿于祭。壬辰,祭公饮天子酒,乃歌《昊天》之诗。天子命歌《南山有□》。乃绍宴乐。丁酉,天子作台,以为西居。壬寅,天子东至于雀梁。甲辰,浮于荥水,乃奏广乐。季夏庚□,休于范宫……

"甲辰"[41]在季夏之前,因此也应该是仲夏的一天。根据同样的方法,可得知此年的元月朔日范围是 5：12—41→1：14—43。与上面的 1：10—22 对比,可以得出 1：14—22 的交集。当然,这样八九天的元月元旦范围还是相当宽,不一定能够发挥多少历史学和文献学的作用,然而,因为通过"仲夏甲申"[21]和"季秋辛巳"[18]得出的分析结果相当相似,也许所载日子就是该月朔日或接近于朔日。

> 5/21　　5：52—21　　1：54—23
> 9/18　　9：49—18　　1：53—22

这也就是说,也许该年元月元旦是乙酉[22]或接近于乙酉。这当然仅仅是一种推测,但是也不是完全没有根据的推测。我们再考察第六卷所载历日记录,也许还可以完善这个分析。

第六卷是《晋书·束皙传》所谓的《周穆王美人盛姬死事》,专门叙述穆王嬖人盛姬的死亡和埋葬。尽管该卷对埋葬活动的叙述很详细,但是只有两处出现了具备月份和干支的记载:

> 孟冬辛亥,邢侯、曹侯来吊。
> 仲冬甲戌,天子西征,至于因氏。

孟冬是十月,辛亥是六十甲子第 48 日;仲冬是十一月,甲戌是六十甲子第 11 日。不过在两个记载之间还有一系列只有干支的记载：

> 乙丑[2]，天子[自五鹿]东征，舍于五鹿。
> 丁卯[4]，天子东征，钓于漯水，以祭淑人，是曰祭丘。
> 己巳[6]，天子东征，食马于漯水之上。
> 癸酉[10]，天子南征，至于菹台。

　　按照一般的理解，这些日子应该属于仲冬之前的孟冬月。如果这种理解不误的话，那么因为甲戌[11]是癸酉[10]的次日，所以甲戌应该是仲冬的朔日。按照上面提出的分析方法，我们可以利用这一点得出此年元月元旦的干支为：11：10→1：16[己卯]。这个结论的推测成分不高，应该算比较坚实。

　　之所以对第五卷和第六卷中具备历日信息的记载作如此复杂的分析，是因为这两卷所叙述的史事也载于《竹书纪年》。《穆天子传》第五卷中的几件史事都可以在《竹书纪年》穆王十四年中找到相应的记载：

> 天子次于军丘，以畋于薮□。
> 甲寅，天子作居范宫。
> ……
> 季秋□，乃宿于房。毕人告戎，曰陵翟来侵。天子使孟念如毕讨戎。
> ……
> 天子命[之]为柙，而畜之东虞，是为虎牢。
> ……
> 天子筮猎苹泽。

今本《竹书纪年》谓：

> 穆王十四年：王帅楚子伐徐戎，克之。夏四月，王畋于军丘。五月，作范宫。秋九月，翟人侵毕。冬，搜于萍泽。作虎牢。

　　《穆天子传》第六卷所载史事在《竹书纪年》里也有相应的记载：

　　　　天子乃为之台，是曰重璧之台。（《穆天子传》卷六）
　　　　穆王十五年：春正月，留昆氏来宾。作重璧台。冬，王观于盐泽。（《竹书纪年》）

　　上面所作的历日分析推测《穆天子传》第五卷的那一年的元月元旦很可能是1∶22，第六卷所载史事发生的那一年的元月元旦可以确定为1∶16。这点似乎颇有意思。相连的两年元旦刚好相差六十甲子中的六天，也就是说1∶16就会是1∶22的次年。这和《竹书纪年》的记载正好相合。

　　我们可以不去管这些记载的史学价值，更不用考虑这种年历和实际年历之间的关系。虽然如此，我觉得既然《穆天子传》和《竹书纪年》都是汲冢文献，无论是《穆天子传》的作者参考了《竹书纪年》，还是《竹书纪年》的作者参考了《穆天子传》，两个文献之间很可能互相有关系。在《竹书纪年》里，这些史事载于相连的两年，在《穆天子传》里也应该是相连的两年。

　　这样的结论应该相当合理，但是我必须要指出《穆天子传》第五卷所载史事并不是这样清楚。有两个地方还值得进一步分析。

　　第一，卷文开头记载："留昆归玉百枚。陵翟致赂：良马百驷，归毕之珤，以诘其成。"上面已经说了这段文字很可能是错误地被放到了这里。卷文后头又载："季秋□，乃宿于房。毕人告戎，曰陵翟来侵。天子使孟悆如毕讨戎。""陵翟来侵"当然应该在"陵翟致赂：良马百驷，归毕之珤，以诘其成"之前。《竹书纪年》也说明这两段文字之中至少有一个是错置的。《穆天子传》将这个事件列于十四年史事之前，也应该属于十四年史事。然而，按照内容分析，这件史事应该在十四年季秋史事的后头，很可能到了十五年才发生。这一点可以由《竹书纪年》得到印证，《竹书纪年》穆王十五年有"春正月，留昆氏来宾"。《竹书纪年》的年代记录与我们通过对

《穆天子传》内容的分析得出的结论一致,《竹书纪年》将这件史事列于穆王十五年是比较合理的。

第二,按照《竹书纪年》,穆王十四年"秋九月,翟人侵毕",这个年份与上面分析的第一点一致,也比较合理。然而,按照传世本《穆天子传》的内容,这个记载肯定属于上面所分析的十四年的次年:

> 仲夏甲申天子□所。庚寅,天子西游,乃宿于祭。壬辰,祭公饮天子酒,乃歌《昊天》之诗。天子命歌《南山有□》。乃绍宴乐。丁酉,天子作台,以为西居。壬寅,天子东至于雀梁。甲辰,浮于荥水,乃奏广乐。季夏庚□,休于范宫。仲秋丁巳,天子射鹿于林中,乃饮于孟氏,爰舞白鹤二八,还宿于雀梁。季秋辛巳,天子司戎于□来虞人次御。孟冬乌至,王臣□弋。仲冬丁酉,天子射兽,休于深□,得麋麇豕鹿四百有二十,得二虎九狼,乃祭于先王,命庖人熟之。戊戌,天子西游,射于中□方落草木鲜。命虞人掠林除薮,以为百姓材。是日也,天子北入于邴,与井公博,三日而决。辛丑塞。至于台,乃大暑除。天子居于台,以听天下之。远方□之数而众从之,是以选扐。乃载之神人□之能数也。乃左右望之。天子乐之。命为□而时□焉□其名曰□公去乘人□犹□有虎在乎葭中。天子将至,七萃之士[曰]高奔戎请生捕虎,必全之。乃生捕虎而献之天子。天子命[之]为柙,而畜之东虞,是为虎牢。天子赐奔戎畋马十驷,归之太牢。奔戎再拜稽首。丙辰,天子北游于林中,乃大受命而归。仲秋甲戌,天子东游,次于雀梁。□蠹书于羽陵。季秋□,乃宿于房。毕人告戎,曰陵翟来侵。天子使孟悆如毕讨戎。

上文对这一段里头具备月份和干支的四条记载作了历日分析。这四条记载中最后一条是"仲冬丁酉",也就是冬天十一月。

之后这段接着说"辛丑塞。至于台,乃大暑除",无论"大暑"是不是指中国传统二十四节气的"大暑",它肯定是夏天,也就是"仲冬丁酉"的次年。然后这段又接着说:"仲秋甲戌,天子东游,次于雀梁。□蠹书于羽陵。季秋□,乃宿于房。毕人告戎,曰陵翟来侵。天子使孟悆如毕讨戎。"按照上下文次序,这两条记载所记的年份也肯定是前面具备月份和干支的那四条记载的次年,也就是说相当于穆王十五年。然而,我们已经指出"毕人告戎,曰陵翟来侵"应该是前一年的史事,也就是说相当于穆王十四年。"仲秋甲戌,天子东游,次于雀梁"是不是也应该相当于前一年?前一年载有"仲秋丁巳,天子射鹿于林中,乃饮于孟氏,爰舞白鹤二八,还宿于雀梁。季秋辛巳,天子司戎于□来虞人次御",天子也在仲秋丁巳"宿于雀梁",丁巳是六十甲子第 54 天,甲戌是第 11 天,相隔 17 天。我觉得天子在"雀梁"附近畋猎,在 17 天以内回到雀梁,比较合理,这再一次说明这个记载的位置存在错误。

《穆天子传》与穆王铜器[*]

  《穆天子传》是中国最赫赫有名的重要出土文献之一，记载周穆王（约前956—前918在位）西行，尤其是面见西王母之事。《穆天子传》与无数竹书文献在公元前3世纪初年埋藏于战国时代魏国境内（今河南省汲县）一处墓冢内，此墓相传为魏襄王（一作魏哀王，前318—前296在位）之墓，其说可商。要之，该墓于晋武帝咸宁五年（279）被盗，墓里的竹简受到严重破坏，不过相当一部分经过抢救后，送抵西晋首都洛阳。晋武帝（265—290在位）下令祕书监荀勖（？—289）率领文官整理竹书。《穆天子传》似乎是第一部整理出来的竹书文献，传世本附有荀勖作于泰康三年（282）的序，记了相关的文本整理工作。

  《穆天子传》随即为当时学者所闻知，如张华（232—300）视之为周穆王时期史料，在所著《博物志》中引及。隋唐正史的《艺文志》《经籍志》均把此书归入"起居注"，视之为穆王统治时期的实录。然而，随着清朝乾隆时期开始出现疑古思潮，学者逐渐质疑此书的史实性，《四库全书》便将《穆天子传》收入"小说家类"。《四库全书简明目录》云：

   所记周穆王西行之事，为经典所不载，而与《列子·周穆王》篇互相出入，知当时委巷流传有此杂记。旧史以其编纪日月，皆列起居注中，今改隶小说以从其实。①

  《钦定四库全书总目》亦大同小异，其提要云：

---

 * 本文原载于《饶宗颐国学院院刊·创刊号》，中华书局（香港）有限公司，2014年。
① 永瑢等：《四库全书简明目录》（下册），上海古籍出版社，1985年，第552页。

文字既古，讹脱又甚，学者多不究心。"封膜昼于河水之阳"见第二卷，"膜昼"自是人名，"封"者锡以爵邑。张彦远《历代名画记》误以"昼"字为"画"字，遂误以"封膜"为画家之祖。[①]

自从《四库全书》纂修者予以负面评价后，一般认为《穆天子传》不具备史学价值，最多对战国时代的文学和神话研究提供一点材料。然而20世纪地不爱宝，不少真正的周穆王时期青铜器出土，器上铭文往往提到穆王一朝的大臣。历史学家对比铭文与《穆天子传》的内容，发现有些人名相符。最早注意《穆天子传》和金文所载人名关系的大概是于省吾（1896—1984），他在1937年发表的《〈穆天子传〉新证》中特别提到《穆天子传》里的"井利"，说"井利即邢利，金文邢国之邢均作井"[②]。关于《穆天子传》的"命毛班、逢固先至于周"的记载，于省吾引用了几则西周班簋（字亦作"殷"）的铭文，指出《穆天子传》的"毛班"就是班簋的作器者："毛伯名班，乃穆王时人。而郭沫若、吴其昌均考定班簋为成王时器，失之。"[③]其后，杨树达（1885—1956）与唐兰（1901—1979）先后对班簋作了更翔实的考证，并由此论及《穆天子传》的真伪问题。杨树达说：

> 《穆天子传》一书，前人视为小说家言，谓其记载荒诞不可信，今观其所记人名见于彝器铭文，然则其书固亦有所据依，不尽为子虚乌有虚构之说也。[④]

唐兰补充道：

> 此书（《穆天子传》）虽多夸张之语，写成时代较晚，但除盛姬一卷外，大体上是有历史根据的，得此簋正可

---

① 纪昀等：《钦定四库全书总目》卷一四二，第5b页，《景印文渊阁四库全书》，台湾商务印书馆，1985年，第993页。
② 于省吾：《〈穆天子传〉新证》，《考古学社社刊》1937年第6期，第277页。
③ 于省吾：《〈穆天子传〉新证》，《考古学社社刊》1937年第6期，第283页。
④ 杨树达：《毛伯班簋跋》，《积微居金文说（增订本）》，中华书局，1997年，第104页。

互证。①

从以上论断可见,《穆天子传》实为史学界一大谜团:一方面成书时代"较晚","记载荒诞不可信",而且"多夸张之语";但另一方面所载内容并非没有历史根据。若确信为出土文献,《穆天子传》的抄写时代大概不成问题,即早于竹书被收入墓中,约在公元前 300 年或稍早。然而,其原来撰作的时代和性质尚有待厘清,我希望日后能就这些问题作一全面综合的研究。由于本文志不在此,只是在于、杨、唐诸先生和其他学者的研究之上,进一步探讨《穆天子传》所见人名与周穆王时期铜器铭文所载名字的关系。

将《穆天子传》的毛班和班簋的毛公班定为一人,大抵为目前研究西周金文的学者接受,似乎毋庸辞费。然而最近有新的史料浮现,可以结合起来考证此一人名。除了《穆天子传》,毛班或毛公班亦见于别的传世文献,但由于文字讹舛和其他因素而无法清楚释读。在 2010 年底,清华大学出土文献研究与保护中心出版了第一辑清华简,其中收有《祭公之顾命》一文,相当于传世文献中的《逸周书·祭公》。文中不但提供了更多有关毛班的资料,还提到了周穆王的另外两名臣子。《清华大学藏战国竹简(壹)》的整理者对《祭公之顾命》和《祭公》作了如下比较:

> 本篇是今传世《逸周书》所收《祭公》的祖本,以简文与今本相互对照,今本的大量讹误衍脱,都涣然冰释。至于今本中将邦字除去,或改为国字,显然是汉人避高祖讳的结果。最重要的是在简文中发现了当时三公毕𣄴、井利、毛班的名号,后两人见于西周金文,这不仅澄清了今本的讹误,对西周制度的研究也具有很重要的意义。②

---

① 唐兰:《西周青铜器铭文分代史征》,中华书局,1986 年,第 355 页。
② 清华大学出土文献研究与保护中心编:《清华大学藏战国竹简(壹)》,中西书局,2010 年,第 173 页。

整理者所举的"三公"的例子非常重要。该文简 9—10 有如下记载：

> 公苾拜=稽=曰允孶之 乃諝羅鉅之 丼利毛班曰三公
> 懃父䓊疾隹不瘳……①

《逸周书·祭公》相应的文字谓：

> 祭公拜手稽首曰允乃诏毕桓于黎民般公曰天子谋父
> 疾维不瘳……②

历来读《逸周书·祭公》的人都无法读懂"毕桓于黎民般"六字，如最早为《逸周书》作注的晋人孔晁（265 年在世）这样释读这句话：

> 般，乐也。言信如王告，尽治民乐政也。

孔晁似乎以为句中的"毕"是状语，意思是"尽"；"黎"作动词解，意为"治"；"般"亦解作动词"乐"。这只能算是凭空臆测，但按照传世本的字句实也难以作出更合理的破读。自从《清华大学藏战国竹简》公布后，我们终于知道这六个字本应写作"羅鉅丼利毛班"，只是在抄写流传过程中鲁鱼亥豕，尤其是后四字根本无法看出原文的影子："丼"恐怕是先简写为"井"，然后又讹为"于"；"利"被繁化为"黎"；"毛"误抄成字形相近的"民"；而"班"则假借为"般"。竹简上"丼利毛班"四个字就比较容易理解为两个人名，正如清华简整理者所指出，"井利"和"毛班"都是穆王时期的重臣，名字都出现在同一时期的青铜器铭文上。倘若细加阅读简本文字，我们会看到"羅鉅"（相当于今本《祭公》的"毕桓"）后面有一标点（ ⌒ ），指明这两个字和后面四字应该分开读。此外，简本下一句话又提到"三公"，足证"羅鉅"就是穆王的另一位大臣毕桓。这三个名字很可能都出现在穆王时期金文中，以下我将作更详细的

---

① 清华大学出土文献研究与保护中心编：《清华大学藏战国竹简（壹）》，第 174 页。
② 清华大学出土文献研究与保护中心编：《清华大学藏战国竹简（壹）》，第 179 页。

考证。

　　由于《逸周书·祭公》在流传过程中鲁鱼亥豕，穆王时代的大臣毛班的名字从此在历史舞台上消失，直至于省吾把《穆天子传》和班簋联系起来才让他见之于后世；现在又一次在《祭公之顾命》中看到这个名字。同一文本中"毛班"与"牵利"连称，正如清华简整理者所指出，二人同样"见于西周金文"。其实早已有学者揭示"井利"与《穆天子传》的关联，第一位当数陈梦家（1911—1966）。在新编《西周铜器断代》里关于利鼎的部分（第107号铜器），陈氏说："作器者利或以为即《穆天子传》之井利，尚待考证。"①利鼎（《集成》2804）现藏于首都师范大学历史博物馆，铭文曰：

　　　　唯王九月丁亥，王客于般宫。井白内右利，立中廷北乡。王乎乍命内史册命利，曰："易女赤 ⊘ 市、纚旗，用事。"利拜稽首，对扬天子不显皇休，用作朕文考泲白尊鼎，利其万年子孙永宝用。

　　铭文提到井白为"右者"，因西周中期朝廷有一位显要大臣也名为"井伯"，所以学者多认为此器作于其时。然而，利鼎的器形属于西周晚期典型形制（图一），因此作器年代不太可能早到穆王一朝②。

　　李学勤其后发表了专文《穆公簋盖在青铜器分期上的意义》，对这个问题有更为肯定的认识。他在文中首先把穆公簋盖（《集成》4191）铭文中原本不确定的一个字隶定为"利"（全句谓"王乎宰利易穆公贝廿朋"，图二），接着作出以下详尽的讨论：

---

　　① 陈梦家：《西周铜器断代》，中华书局，2004年，第149页。
　　② 图片下载自历史的星空，检视日期：2017年6月1日，网址：http://gao57527.blog.163.com/blog/static/857968200711371438943.图片比较晚近才公布，此前的青铜器专著大都将此器定为西周中期器物，如中国社会科学院考古研究所：《殷周金文集成释文》，香港中文大学中国文化研究所，2001年，2804号定为"西周中期"；马承源主编：《商周青铜器铭文选（一）》，文物出版社，1986年，200号定为"恭王铜器"。

图一　利鼎　　　　　　图二　穆公簋盖铭文拓本

　　西晋时发现的汲冢竹书,传本有《穆天子传》(包括
《晋书·束皙传》所言《周穆王美人盛姬死事》)。《穆传》
内人物有毛班、井利、逢固、高奔戎等多人。毛班是历史
实有的人,已为穆王时青铜器班簋证实,可见《穆传》虽有
神话色彩,并不是纯属子虚。井利也是穆王朝中重臣。
据《穆天子传》,穆王游行,曾命他和梁固"𦎥将六师"。

　　以《穆天子传》卷六与《周礼》对照,可知井利的官职
是宰。《周礼》有大宰、小宰、宰夫,在其他文献里均可单
称为宰。《宰夫》职云:"凡邦之吊事,掌其戒令与其币器
材用,凡所共者。大丧、小丧,掌小官之戒令,帅执事而治
之。三公六卿之丧,与职丧帅官有司而治之。"郑玄注:
"大丧,王、后、世子也。小丧,夫人以下。小官,士也,其
大官则冢宰掌其戒令。"《穆传》卷六所记,是周穆王的妃
嫔,随穆王出狩,遇风寒而死,举行丧祭时,由王子伊扈
(后来的恭王)为丧主,王女叔㛐为女主。毕哭后,"丧主
伊扈哭出造舍,父兄宗姓及在位者从之。佐者哭,且彻馈
及壶鼎俎豆。众宫人各□其职,皆哭而出。井利□事,后

出而收"。郭璞注:"井利所以独后出者,典丧祭器物,收敛之也。或曰,井利稽慢出不及辈,故收缚之。"下葬时,穆王命"视皇后之葬法","曰丧之先后及哭踊者之间,毕有钟、旗、□百物丧器,井利典之"。穆王以下都有所赠,"井利乃藏",即将赠器藏入墓所。这些记载说明,在丧礼中井利职司戒令,率领有司,并掌管器物材用,正同宰夫的职责符合。因此,穆公簋铭里的宰利,很可能便是文献中的井利。[①]

李学勤教授的讨论非常有见地。穆公簋盖是周穆王时代器物无疑,假如铭文确实提到井利为"宰"的话,将会是非常重要的史料。不过这一说法未必确凿无疑,铭文不但未曾给出这位宰的族名(如"井"),而且隶定为"利"字也不无可疑之处[②]。因此立论尽管非常有见地,却未能令人完全信服。然而他在文中提到的师遽方彝(《集成》9897)铭文确实载有"宰利"二字,字形也没有任何问题。铭文谓:

> 隹正月既生霸丁酉,王在周康寝,乡醴。师遽蔑厤,寈。王乎宰利易师遽瑂圭一、环章四,师遽拜稽首,敢对扬天子不显休,用乍文祖它公宝尊彝,用匂万年无疆,百世孙子永宝。

"利"尽管仍旧是名字,亦无法确定他属于哪一宗族,但因为此器肯定铸造于穆王时期,且应该是他在位初年之器,所以一如李学勤教授所主张,"宰利"大有可能就是《穆天子传》的"井利"。

因此《祭公之顾命》提到的三个人名当中,至少"斞利"和"毛班"就像清华简整理者所说"见于西周金文"。虽然《祭公之顾命》中写成"羉䢔"的第一个名字无法在西周金文中得到印证,但他很

---

① 李学勤:《穆公簋盖在青铜器分期上的意义》,《文博》1984年第2期,第7页;经修订后收入氏著《新出青铜器研究》,文物出版社,1990年,第70—71页。

② 虽然不无疑义,《殷周金文集成释文》也将该字隶定为"利",见4191号铭文释文。

可能也见于《穆天子传》。该书卷四载有下列一段文字：

> 己巳，至于文山，西膜之所谓□，觞天子于文山。西
> 膜之人乃献食马三百、牛羊二千、穄米千车，天子使毕矩
> 受之，曰：□天子三日游于文山。于是取采石。①

清华简《祭公之顾命》文本中的"䍑䰄"同此处的"毕矩"可能指同一个人。可见整理者的案语称"《穆传》又有毕矩，不知是否与此毕䰄有关"，是相当谨慎的②。"䍑"右下部分是"毕"，应该是这个字的核心字符，而其他部件仅仅有繁化或装饰功用。"毕"是西周时期重要的氏族，常见于同代的金文。仅以西周中期青铜器为例，毕氏见于倗仲鼎（《集成》2462："毕媿"）、毕鲜簋（《集成》4061："毕鲜"）、段簋（《集成》4208："毕中"）、望簋（《集成》4272："毕王家"）和永盂（《集成》10322："毕人师同"）。显然毕氏和周王朝有相当亲密的关系。此外，"䰄"和"矩"也可能是同一个古字的不同写法。尽管"䰄"字之"鸟"旁和"矩"字之"矢"旁似乎大相径庭，但此字在今本《祭公》中作"桓"，从"木"和从"矢"的分别便不那么大了③。至于"亘"旁和"巨"旁，它们本身就十分相似，以至于二字不是同一个古文字的不同写法，就是后人传抄之误④。

除了上述三个名字外，《祭公》篇还为《穆天子传》所载穆王重臣提供了一点极为重要的信息，尤其有助于了解他们与穆王时期铜器的关系。然而由于文本流传和铭文释读的问题，注疏家长久以来忽视了这一信息，即《祭公之顾命》的主人公祭公谋父。其实祭公谋父亦数见于《穆天子传》，尽管他的氏被写成"郘"而非"祭"，

① 郭璞注，洪颐煊校：《穆天子传》卷四，第 2a 页。收入宋志英、晁岳佩选编：《〈穆天子传〉研究文献辑刊》，国家图书馆出版社，2014 年，据清嘉庆间兰陵孙氏刻《平津馆丛书》本影印，第 1 册，第 69 页（以下只引原书卷数及页面）。
② 清华大学出土文献研究与保护中心编：《清华大学藏战国竹简（壹）》，第 177 页注 23。
③ 例子见何琳仪：《战国古文字典——战国文字声系》，中华书局，1998 年，第 1217 页。
④ 何琳仪：《战国古文字典——战国文字声系》，第 1051、1459 页。

也没有提及他的名字，可是最早为《穆天子传》作注的郭璞已指出"邠父，邠公谋父，作《祈招》之诗者"①。祭公谋父一名亦见于《左传》和《国语》等文献，如《左传·昭公十二年》云："昔穆王欲肆其心，周行天下，将皆必有车辙马迹焉，祭公谋父作《祈招》之诗以止王心。"《左传·僖公二十四年》又言："祭，周公之胤也。"而《春秋·隐公元年》"祭伯来"下杜预注云："祭伯，诸侯为王卿士者。祭国，伯爵也。"清人雷学淇注释《竹书纪年》时引用此条杜注后云："《(后)汉书·郡国志》'中牟'有'蔡亭'，即祭伯国，在今郑州东北十五里，盖圻内之国也。"再者，与《穆天子传》一同出土的《竹书纪年》不但有祭公谋父的记载，还提及一位周昭王时期的前朝大臣"祭公辛伯"。《竹书纪年》昭王十九年春下记有"祭公辛伯从王伐楚"，雷学淇注云："此祭公即伯禽之弟，故公与王俱没于汉（引者按：指二人俱于汉水溺毙）。其子谋父，穆王呼之为祖蔡公。"②

这些史料都说明祭公是穆王朝中重臣无疑，然而长久以来祭氏一直未见于西周时代的青铜器铭文。直至 1998 年郭店楚简公布后，才得见简本《缁衣》引用了《祭公之顾命》（即《逸周书·祭公》）的文句：

🔲公之專（顾）命员："毋以少悔败大惝，毋以卑御息妆句，毋以卑士息大夫、卿事。"③

郭店楚简《缁衣》公布后，李学勤随即发表了《释郭店简祭公之顾命》一文，提出简文的"🔲"字应该就是"祭"字④。不但如此，李先生还把这个字和西周铜器铭文的"🔲"字联系起来。该字见于

---

①　《穆天子传》卷一，第 2b 页。按《祈招》为逸《诗》。

②　雷学淇：《竹书纪年义证》卷二十，第 53b 页。又见艺文印书馆，1971 年，据清嘉庆十五年(1810)序刊本影印，第 308 页。

③　荆门市博物馆：《郭店楚墓竹简》，文物出版社，1998 年，第 18（图版）、130（释文）页，简 22。

④　李学勤：《释郭店简祭公之顾命》，《文物》1998 年第 7 期，第 44—45 页；又载《郭店楚简研究》，辽宁教育出版社，1999 年，第 335—338 页。

厚趠方鼎(《集成》2730)和𡭗鼎(《集成》2740)铭文,过去多隶定为"𤅫",但是李先生的新释应更为准确。二鼎的铭文如下:

> 厚趠方鼎:隹王来各于成周年,厚趠又馈于 公。趠用乍厥文考父辛宝尊齍,其子子孙永宝。束。

> 𡭗鼎:隹王伐东尸, 公令𡭗眔史旟曰:吕师氏眔有嗣、后或戜伐貊。𡭗孚贝,𡭗用乍寋公宝尊鼎。

这两件铜器似应定为康、昭时期之物,从𡭗鼎铭文看" 公"是周军将帅,和《竹书纪年》称祭公辛伯为周昭王征楚时的副帅一致,可见" 公"很可能就是祭公辛伯。这两段金文当然不能算作祭公谋父属于穆王时期的直接证据,但既然祭公谋父与此只相差一代,至少可以引为旁证,证明《穆天子传》所载之名确为穆王朝中举足轻重的人物。

上文讨论《穆天子传》所记人物都可在西周青铜器铭文上看到,这点大概没有多少疑问。除了这些王公大臣之外,"逢固"一名也在《穆天子传》里出现了数次,有时或作"逢公"。李学勤教授在上引《穆公簋盖在青铜器分期上的意义》一文中已提到此人。以下是《穆天子传》的相关记载:

> 辛巳,入于曹奴之人戏,觞天子于洋水之上,乃献食马九百、牛羊七千、穄米百车。天子使逢固受之。①

> 丙寅,天子至于钘山之隊,东升于三道之隥,乃宿于二边,命毛班、逢固先至于周,以待天之命。②

> 天子筮猎苹泽,其卦遇讼䷅。逢公占之,曰:讼之繇,薮泽苍苍,其中□,宜其正公。戎事则从,祭祀则憙,畋猎则获。□饮逢公酒,赐之骏马十六,缔纻三十箧。逢

① 《穆天子传》卷二,第4a—b页。
② 《穆天子传》卷四,第4b页。

公再拜稽首。①

　　尽管证据未算确凿无疑,但这位"逄固"可能也见于穆王时期金文。上海博物馆藏有一件铜器,陈佩芬将器名定作夆莫父卣(《集成》5245),并断代为"西周中期"②。这件器物最明显的特点是"盖面和腹部满饰回顾式大凤纹"(图三)。她指出"这类凤纹图案,主要属于西周穆王和恭王时期,此卣也当属于这一时期,约在西周中期之初",所说大致不差,但我不认同这种纹饰"主要属于西周穆王和恭王时期",反而认为是穆王时期独有的特征,甚至可以详细断代为穆王初年(这点跟陈女士所说"约在西周中期之初"相符)。

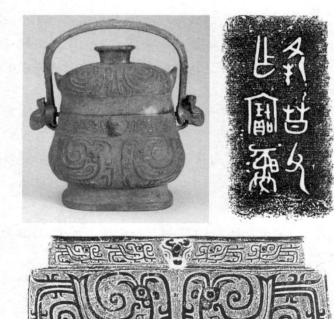

图三　夆莫父卣

---

　　①　《穆天子传》卷五,第5a—b页。
　　②　陈佩芬:《夏商周青铜器研究(西周篇)》,上海古籍出版社,2004年,第370—371页。

这件夆莫父卣至少可以说明有一个"夆"氏（亦即"逢"之初文）贵族活跃于穆王时期。再进一步推测（或许只是猜想）：《穆天子传》中"逢固"的"固"是否是此器的作器者"告"之误？"告"和"固"的字形固然差很远，但"固"有可能是"古"字的繁化，而"古"和"告"不无相似之处。假如"告"和"固"不是同一个古字的两种写法，也有可能是在《穆天子传》的辗转传抄过程中抄错。

这当然仅限于猜想。不过在本文结束前，我想再拿出一些新出土的确凿证据。2004—2005 年，考古学家在山西绛县横北村发掘了一个大型墓地①。在其中两座编号为 M1 和 M2 的墓葬里出土了几件带铭文的倗伯作器，其中下列三件青铜器的铭文较有代表性：

倗伯作毕姬鼎（M2：57）：倗伯作毕姬尊鼎，其万年宝。

倗伯鼎（M2：103）：隹五月初吉，倗伯肇作宝鼎，其用享考于朕文考，其万年永用。

倗伯偁簋（M1：205）：隹廿又三年初吉戊戌，益公蔑倗伯偁历。右告令金车旗。偁拜手稽首，对扬公休，用作朕考宝尊。偁其万年永宝用享。

虽然最初的考古报告说这个"倗"未见于传世文献，但李学勤教授指出这个名字应与《穆天子传》的地名"䣙"对应②。《穆天子传》卷一即曰：

辛丑，天子西征至于䣙人。河宗之子孙䣙柏絮且逆天子于智之□，先豹皮十、良马二六。天子使井利受之。癸酉，天子舍于漆泽，乃西钓于河，以观□智之□。……

---

① 山西省考古研究所、运城市文物工作站、绛县文化局：《山西绛县横水西周墓发掘简报》，《文物》2006 年第 8 期，第 4—18 页。

② 李学勤：《绛县横北村大墓与䣙国》，《中国文物报》2005 年 12 月 30 日第 7 版。

天子饮于河水之阿。天子属六师之人于鄩邦之南、渗泽
之上。①

这段文字紧接在"天子北征乃绝漳水""至于钘山之下""天子
西征乃绝隃之关隥"等几条记录之后。李教授据此认为《穆天子
传》的"鄩",应该就是绛县出土铜器铭文提到的倗国。从倗伯作毕
姬鼎的铭文可知,倗伯和姬姓的毕氏联姻,而通过倗伯偁簋,我们
知道倗伯偁受到了周朝重臣益公的赏赐,这与《穆天子传》中有关
倗的叙述一致,由此看来《穆天子传》不太可能完全出自杜撰。

本文开头曾说《穆天子传》是一大史学之谜:一方面"荒诞不
可信","多夸张之语",像作于战国时代的"传奇"体文学作品;但另
一方面,它所载的内容并非完全没有史实根据。通过对《穆天子
传》所出现的几个人名和周穆王时期金文中朝廷重臣的名字作比
较,我们发现不仅毛班的名字出现于传世和出土文献,至少有三四
个名字也并见于两者。一个大臣的传说能够流传六七个世纪,固
然没有什么不可能,但在这样漫长的时间里人们能同时记住这样
四五个臣名,实在有点匪夷所思。这似乎只能引出一个结论,即
《穆天子传》的核心文本可以追溯到西周文献。至于这个核心文本
原来究竟是什么模样,以及如何流传到战国时代,这些大问题都有
待进一步研究。

① 《穆天子传》卷一,第 2a—b 页。

说柲:《程寤》与最早的中国梦[*]

《清华大学藏战国竹简(壹)》载有《逸周书》的佚书《程寤》篇,为出土文献与传世文献的关系提供了宝贵信息,引起了中国国内极大的关注①。《程寤》篇叙述了周文王夫人太姒的一个梦。因为太姒对这个梦感到很惊讶,所以让文王为她占梦。文王自己也不敢占梦,经过不少驱魔手续才确定这是个吉梦,然后与太子发(即以后的周武王)"并拜吉梦,受商命于皇上帝"。此后,文王给太子发说明梦的政治含义,劝他"后戒"。因为"日不足",所以要抓住机会治理国家。

太姒的梦和周文王占梦的故事是清华简《程寤》篇的开头,约占全文的三分之一,原文可以隶定如下②:

佳王元祀贞月既生朙大姒梦见商廷佳棘廼孚₌
璺取周廷柲桓于毕閟爲₌松柏棫柞

惟王元祀正月既生魄,太姒梦见商廷惟棘,廼小子发取周

---

* 本文原题为《说柲:清华简〈程寤〉篇与最早的中国梦》,载于《出土文献(第十三辑)》,中西书局,2018年。

① 清华大学出土文献研究与保护中心编:《清华大学藏战国竹简(壹)》,中西书局,2010年,第6—7页原大图版、第47—51页扩大图版、第135—141页释文。

② 释文包括三组,第一组为原文的原来字形,第二组为直接隶定,第三组为破读,颇觉这种释文可以作为以后简帛学的典范。于此非常感谢清华大学贾连翔博士提供原文的字形。

廷梓树于厥间,化为松柏棫柞。【一】

宠敬告王＝弗敢占瞽大子发皁需名莧敂祝忎敂
王晋衙敂大姒宗丁敂大子发敚告

窋惊,告王。王弗敢占,诏太子发,俾灵名凶祓、祝祈祓王、
巫率祓太姒、宗丁祓太子发,币告 【二】

宗方杢禩忎于六末山川攻于商神腄承占于明堂
王及大子发并拜吉梦受商命

宗祊社稷,祈于六末山川,攻于商神。望烝,占于明堂。王
及太子发并拜吉梦,受商命 【三】

于皇帝＝

于皇上帝【四】。

这个梦的内容相当简单,梦的核心部分为"太姒梦见商廷惟
棘,廼小子发取周廷梓树于厥间,化为松柏棫柞",关键是六种树木
的象征意义,即棘、杍("梓"字的古文字形)、松、柏、棫、柞。《逸周
书·程寤》篇早佚,可是中国中古时代文献多有引录其片段者,最
早的引文见于西晋张华著《博物志》,梦的核心部分引录为"太姒梦
见商之庭产棘,乃小子发取周庭梓树,树之于阙间,梓化为松柏棫
柞",文字和清华简《程寤》篇非常相似,当是引自《程寤》流传的版

本。然而,我们也应该注意到,张华所引版本与清华简《程寤》的内容有两三处微妙的不同,这些差异可能非常重要。尽管如此,清华简《程寤》篇发表以后所引起的许多讨论都拘泥于中国中古类书的引文而曲解了《程寤》的原意。下文将先回顾现代学者的解释,然后对中古时代的引文作综合分析,并根据这个分析利用传统文献学原则来构拟《程寤》的原文,最后再重新说明树木的象征意义。

《清华大学藏战国竹简(壹)》的考释者刘国忠,在"廼小子发取周廷梓树于厥间"这句话的注解里指出《博物志》引作"乃小子发",又谓《艺文类聚》《太平御览》等引作'阙'",对"化为松柏棫柞"一句仅仅指出"化为"是一个合文,对四个树名没有附加任何解释。此后关于简四"朋棘藃梓,松柏副,棫柞覆,化为腾"所列的树名,则指出"仍系以棘比喻奸佞朋党,以松柏比喻贤良善人",直接说明松和柏有一个象征意义,这可能暗示棫和柞有另外一个象征意义①。黄怀信对《逸周书》作了深入研究,他对《程寤》的解释也相当有影响,但是他对这句话的解释依然语焉不详:"厥,读为'阙',诸书所引皆作'阙'。阙,城门两侧之楼观,此指商阙。阙间,即双阙之间当道处。松、柏、棫、柞,皆可为栋梁之材,质地较梓坚硬。"②

其他早期的文章对《程寤》的梦有比较清楚的说明,下列是有代表性的解释:

　　袁莹:该篇简文中有六种木名:"棘""梓""松""柏""棫""柞"……这六种木名,实际可分为两类,"棘"与"棫""柞"为一类,都是低矮的灌木,可用作薪火之材,是树木中低劣的品种;"梓"与"松""柏"为一类,都是高大的乔木,是树木中尊贵的品种。③

　　① 清华大学出土文献研究与保护中心编:《清华大学藏战国竹简(壹)》,第 136 页注 2,137 页注 3、注 17。
　　② 黄怀信:《清华简〈程寤〉解读》,《鲁东大学学报(哲学社会科学版)》2011 年第 4 期,第 53 页。
　　③ 袁莹:《清华简〈程寤〉校读》,复旦大学出土文献与古文字研究中心网站,2011 年 1 月 11 日。

李锐也引用袁莹对于树木的分类,并进一步引申,认为棫柞乃商棘所化,而松柏乃周梓所化①。

> 王宁:柏梦,有关柏树的梦,实际上就是指太姒之梦。太姒的梦境有梓树化为松柏棫柞之事,松柏是良材,棫柞恶木。②

> 沈宝春:问题是,依简文来看,"柣(棘)"与"杍(梓)"的对立是明显可据的,但"杍(梓)"既化为"松柏棫柞",那么,要将"松柏"和"棫柞"拆解二分以对立的概念去看待,似乎有些勉强。③

> 张为:从这句话的意思来看,"小子发"将周廷的"梓"种到了商廷之中,"梓"苗茁壮成长,并且繁衍出了"松""柏""棫""柞"等树木。这些树木与梓树互为依靠,互相帮衬,共同对抗商廷之"棘"。虽然这样的描写充满了浪漫主义色彩,并非真正存在于现实世界中,但在这个语境中,"松""柏""棫""柞"显然是作为与"梓"同一类别的存在。④

这些解释虽然对"松柏棫柞"的象征意义看法有所不同,但是多认为四种树木是从梓树变化出来的,这个解释几乎是对《程寤》篇的共识。虽然如此,这个解释却基本是一个误解,只要我们纵览中国中古时代对《程寤》的引文就可以说明这个问题。

现传《逸周书》仅载有《程寤》的篇题,缺乏原文。然而有证据说明北宋初年《程寤》不但尚未失传,而且也许至少有两种不同的版本一直在流传。因为古人对梦都比较感兴趣,所以中国传统类书多含有"梦"的章节,引用古书所载关于梦的故事。因此从西晋张华(232—300)所著的《博物志》到宋李昉(925—996)等所编的

---

① 李锐:《〈程寤〉试读》,confucius2000 网站,2011 年 3 月 31 日。

② 王宁:《读清华简〈程寤〉偶记一则》,复旦大学出土文献与古文字研究中心网站,2011 年 1 月 28 日。

③ 沈宝春:《论清华简〈程寤〉篇太姒梦占五木的象征意涵》,《东海中文学报》2011 年第 23 期,第 145 页。

④ 张为:《清华简〈程寤〉再读》,《集美大学学报(哲社版)》2016 年第 2 期,第 88 页。

《太平御览》，中古时代的类书多引用《程寤》的文字①。按照引文年代早晚，可以分成两个大类型，姑且称作"A型"和"B型"。为说明两个类型的不同，列表（表一）如下：

表一　类书所引《程寤》文字的两大类型

A　型	B　型
《博物志》卷八（约289年）："太姒梦见商之庭产棘，乃小子发取周庭梓树，树之于阙间，梓化为松柏棫柞。觉，惊以告文王。文王曰：'慎勿言。冬日之阳、夏日之阴，不召而万物自来。天道尚左，日月西移；地道尚右，水潦东流。天不享于殷，自发之生于今十年，夷羊在牧，水潦东流，天下飞蝗满野，命之在周，其信然乎。'"	《宋书·符瑞志上》（493年）："文王之妃曰太姒，梦商庭生棘，太子发植梓树于阙间，化为松柏棫柞。以告文王，文王币告群臣，与发并拜告梦。"
《艺文类聚》卷七十九（624年）："《周书》曰：太姒梦见商之庭产棘，太子发取周庭之梓树于阙，梓化为松柏棫柞。寐觉，以告文王。文王乃召太子发，占之于明堂。王及太子发并拜吉梦，受商之大命于皇天上帝。"	《艺文类聚》卷八十九引《周书·程寤》（624年）："文王在翟，梦南庭生棘，小子发取周庭之梓于阙间，化松柏栻柞。惊以告文王，文王召发于明堂。拜吉梦，受商大命，秋朝士。"
《太平御览》卷八十四（983年）："十年正月，文王自商至程。太姒梦见商庭生棘，太子发取周庭之梓，树之于阙间，梓化为松柏柞棫。觉而惊，以告文王。文王不敢占，召太子发，命祝以币告于宗庙群神，然后占之于明堂，及发并拜吉梦，遂作《程寤》。"	《文选·石阙铭》注引《周书》（658年）："文王至自商，至程，太姒梦见商之庭生棘，太子发取周庭之梓，树之于阙间，化为松柏。"
《太平御览》卷三百九十七引《周书》（983年）："文王去商在程。正月既生魄，太姒梦见商之庭产棘。小子发取周庭之梓树乎阙间，梓化为松柏棫柞。寤惊，以告文王。王及太子发并拜，告梦，受商之大命于皇天上帝。"	《太平御览》卷五百三十三（983年）："又《程寤》曰：文王在翟，太姒梦见商之庭产棘，小子发取周庭之梓树于阙间，化为松柏棫柞，惊以告文王。文王曰：'召发。'于明堂拜，告梦，受商之大命。"

　　这些引文分为两个类型，很可能反映了两个不同的版本。这两

---

① 在《太平御览》以后，王钦若（962—1025）和杨亿（974—1020）编的《册府元龟》（1013年）以及罗愿（1136—1184）作的《尔雅翼》（1184年之前）也都载有《程寤》引文，可是这些引文显然是引自《太平御览》和《博物志》，似乎不能说明在该书编辑的时候《程寤》仍然在流传。

个不同的版本最清楚地表现在《太平御览》第八十四卷和第五百三十三卷的引文。这两段引文都明确地提到《程寤》，但是因为所引内容含有各种冲突，所以不可能是引自同一个版本。《太平御览》卷八十四载有年月信息"十年正月"，而卷五百三十三却没有年月记载。这当然可能只是后者没有引全而已，可是卷八十四谓"文王自商至程"，而卷五百三十三谓"文王在翟"，地名迥然不同，绝不可能是引者的遗漏或错误，肯定是引自两个不同的版本。更重要的是，这两段引文对梦的叙述也含有重要的不同。现在将这两段引文作详细比较：

卷八十四：太姒梦见商庭生棘，太子发取周庭之梓，树之于阙间，梓化为松柏柞棫。

卷五百三十三：太姒梦见商之庭产棘，小子发取周庭之梓树于阙间，化为松柏棫柞。

卷八十四谓"商庭生棘"而卷五百三十三谓"商之庭产棘"，卷八十四谓"太子发"而卷五百三十三谓"小子发"都是细小不同，不一定重要。然而，卷八十四最后一句谓"梓化为松柏柞棫"而卷五百三十三仅谓"化为松柏棫柞"却差别很大，是两个版本的关键不同，也是现代读者误解《程寤》篇所载树木的象征意义的原因。卷八十四说"梓"（亦即"杍"）"化为松柏柞棫"，而卷五百三十三的引文里头"化为松柏棫柞"没有明确主语。此句中"化为"的主语应该是第一句话的"棘"，然而由于另外一个讹误，这个主语的关系不易见。卷八十四和卷五百三十三都谓太子发或小子发将"梓""树（之）于阙间"，"阙"是门阙，意思是将梓树种于两个门阙之间。这当然不是不可能，但是相当违背常理。我们可以不去管商代末年的围墙有没有门阙。《程寤》大概是春秋时代的作品，当时确实已经有门阙。然而，像梓树这样的乔木怎么会种在两个门阙之间？幸亏现在有了清华简《程寤》，我们可以知道此句原文是"树于厥间"，正如刘国忠所解释的那样，"厥"是古代汉语第三人称所属代词，相当于"其"字，"厥间"只能指明前句"商廷惟棘"的"棘"之间。棘是多根连接的灌木，从简四谓"朋棘鼗梓"，也可见"棘"本来是复数的，因此太子发将梓树于"厥间"，就是在众棘之间。因为棘象征商朝，梓象征周朝，所以太子发将梓树于棘之间当然预告武王之克商。

　　如此，A 型和 B 型引文最重要的分别是"化为松柏棫柞"一句是否带有"梓"字作主语，A 型有，B 型没有。清华简《程寤》篇发表以后，相应的一句话虽然读作"化为松柏棫柞"，与 B 型一样，但是大多数学者引用《博物志》和《太平御览》卷八十四"梓化为松柏棫柞（柞棫）"的 A 型引文，说《程寤》原文应该带有"杼"或"梓"。我们利用西方文献学分析方法可以知道这是一个误解。从 19 世纪前半叶德国文献学家乐克曼（Karl Lachmann, 1793—1851）开始，西方文献学发展出了严格的校勘学原则，其中最有名的原则叫作"文献树"（德文 stammbaum）。简而论之，"文献树"原则是将文献的不同版本描绘成一个树状结构，各个独立的版本分成一支，每一支又可以分成多支。分支的多寡不会影响分析，只有独立的大支才能说明文献的流传。按照上面的分析，中古时代《程寤》的引文可以分成两个大支，即 A 和 B，代表两个独立的版本。按照乐克曼的分析方法，这两支可以划在文献树主干的右边。清华简《程寤》又是一个大支，因为和传世本绝无关系（在中古时代，这个写本一直都在墓葬里头，因此不可能对当时的传世本产生任何影响），所以应该放在文献树主干的左边。图一中每一支代表一个异文，本例中的异文是"化为松柏棫柞"一句是否带有"梓"字作主语，可以用"＋梓"和"－梓"来表示。

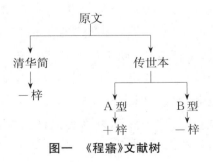

图一　《程寤》文献树

　　按照乐克曼的原则,无论每一大支有多少分支,我们只需要参考两边的大支就可以了。这个逻辑很简单:分支之间有互引关系,不是独立证据,因此不能说明大支是怎样产生的。另一个原则是如果两个大支之间有同一个异文,那这个异文应该就是原文。这个原则的逻辑也很简单:一个文献在流传过程当中总会发生各种改变,但是很难想象同一个改变会独立地发生两次。如果两个完全独立的大支一样,这应该说明其没有经过改变。因为《程寤》的文献树左边的大支是“一梓”(无论是写作“梓”还是“杍”),而右边也有一个大支是“一梓”,所以《程寤》的原文应该是“一梓”,也就是说这句话原来应该只读作“化为松柏棫柞”。根据这个原则,我们可以确定中古时代引文的“梓化为松柏棫柞”是之后产生的异文。

　　如果再进一步思考这个异文是怎样产生的,答案也并不难。如上面所示,在《程寤》的流传中,某一个编者或抄手(其实,在写本文化中,编者和抄手没有绝对分别)将前一句的“小子发取周廷梓树于厥间”的“厥”隶定为“阙”。“厥”和“阙”是古今字,按照中国传统编辑原则,这样隶定完全合理。然而,如上面所说的那样,这也是一个误解,此处的“厥”应该理解为上古汉语的代词,相当于“其”。“厥间”不但是这一句话的宾语,同时也是后一句话——“化为松柏棫柞”的主语,意思是商庭的棘化为松柏棫柞,也就是说商庭的恶臣化为周庭的善臣。这样应该很好理解。然而,传世本的编者一旦变“厥”为“阙”,后面一句话就缺了主语,因此这个编者(或抄手)或者之后的另外一个编者想要改正这个缺欠,补充了“梓”作为“化为”的主语。这样“改正”毫无道理,梓树象征周王朝的王权,松柏棫柞象征善臣,周王怎会化为臣僚? 因此,太姒的这个梦本来很好理解,它肯定是一个吉梦,象征周朝即将克服商朝,而且商朝恶臣也会服从于周王。

　　我们当然也会问,这个梦如果确实这样简单,确实这样吉祥,太姒为什么会“寤惊”,文王为什么也“弗敢占”? 这个回答也不难,与梓树的象征意义有关系。如上面所说,清华简《程寤》将"梓"写作"柠"。"柠"是"梓"的古文字形,意思完全一样。按照《本草纲目》,"梓为百木长,故呼梓为木王"。这个象征意义是《程寤》的读者都应该注意的。然而,"柠"的写法也暗指此树的另外一个象征意义。按照《尚书·大传》,"桥木"和"梓树"有相反的意义:"桥者,父道也。梓者,子道也。"梓象征"子道"当然是因为此树的名称含有"子"字。如果要理解《程寤》的梦,这个象征意义恐怕非常重要。"柠"不但象征周朝,也象征周王的"子",亦即周武王太子发。因此,《程寤》谓"小子发取周廷梓树于厥间",而不说文王取周庭梓树于厥间,这样的象征意义一定会惊动太姒。她一定会将这个梦的含义理解为预言文王即将去世。所以,太姒告诉文王的时候,文王也会感到恐惧而"弗敢占"。虽然如此,人毕竟是人,都要死掉,圣王也不例外。因此,到最后文王也只好承认这是一个吉梦。

《命训》简传本异文考 [*]

　　清华大学出土文献研究与保护中心编的《清华大学藏战国竹简(伍)》载有六篇文献,皆与《尚书》和《逸周书》有关,其中关系最密切的大概是《命训》,相当于传世本《逸周书》第二章《命训解》。两篇文献非常相似,无疑是一篇文献的两个版本。虽然如此,两个版本也有不少异文。正如清华简编者刘国忠所说:"《逸周书》在历史上曾长期湮没不彰,久无善本,故文字的讹脱现象十分严重。已公布的清华简《皇门》《祭公》诸篇,已经对有关各篇的文本校勘发挥了重要的作用。《命训》篇的情况同样如此,对照简文,可知传世的文本存在诸多文字错讹之处。因此,本篇简文可在很大程度上帮助我们复原《命训》篇的原貌。"^①这样的评估一点也不错。简文非常系统地阐述了明王要利用"度"——也就是后来常说的"中庸之道"——来控制人民的基本意义,其行文方式清晰而简洁。与此不同,传世本《命训》相当啰嗦,尽管全篇的基本意义仍可看出,但是很多细节并不十分清楚。虽然如此,刘国忠说简本往往比传世本好可能低估了传世本的价值,至少有一两个地方传世本的读法比简本更为可靠。不但如此,简本和传世本异文的对照可以帮助我们了解古书流传过程。

　　《命训》篇的简本和传世本之间当然有很多普通的异文,诸如简本的"才"和传世本的"在",简本的"若"和传世本的"如",简本的

　　* 本文原题为《清华五〈命训〉简传本异文考》,载于《古文字研究(第三十一辑)》,中华书局,2016 年。

　　① 清华大学出土文献研究与保护中心编:《清华大学藏战国竹简(伍)》,中西书局,2015 年,第 124 页。

"亡"和传世本的"无"等等。这些异文尽管对战国秦汉时代的语法演变不无意义,但是它们在战国出土文献上非常频繁地出现,已经引起了不少讨论,并且对简文的意义也没有多少影响。因此,于此我们可以不去管它们。下面我打算举出十个异文的例子,可以分成五种类型,即写错或抄错的异文、不同部首的异文、音同或音近假借的异文、形近字讹的异文和增减文字的异文。最后还要提出一种同文的异文,似乎更可以说明传授和编辑的理论。每一例都分成三行。第一行是简文的直接释文,包括简文里所见的标点符号,但是不加其他诠释性的信息。第二行是简文的破读,基本上是刘国忠加在括号中的释文,像他的释文一样也包括现代标点符号。第三行是传世本,基本上以《四部丛刊》本为底本,但是也加上现代标点符号。要讨论的异文用下划线标明。

一、第一种类型:写错或抄错的异文

第一个例子似乎是简文抄手直接抄错了,刘国忠的释文已经改过来。第二个例子是抄手看错了行,多抄了旁边一行或上下文的一段文字,这个异文见于传世本。

例 1

簡 1:天古卲命以命力日　　　　　　　【一〇】

簡 2:天故昭命以命力日

传：　明王是故昭命以命之日：

"命力"毫无意义,因此刘国忠把"力"改为"之",与传世本的读法一样。这样改正无疑是正确的,简文的抄手大概直接抄错了。至于为什么会这样抄错,刘国忠没有说明。在简文里,"力"字写作"𠂆"。同一简载有"之"字,写作"𡳿"。两个字的笔画完全不一样,但是字形有一点相近。要么清华简《命训》的抄手把这个字写错了(刘国忠好像是这个意思),要么在他之前的某《命训》抄手把

"之"字写得有点模糊,而之后的流传过程中另一个抄手(或许正是清华简《命训》的抄手)看错了,以为是"力"字。关于第二种可能,没有具体证据,只能是一个推测。无论如何,有关这一异文,传世本的读法比简本的读法合理,毫无疑问。

例 2

> 简 1:福录才人=能居女不居而圣义则尾至于巫
>
> 【二】
>
> 简 2:福禄在人,人能居? 如不居而重义,则度至
> 于极。
>
> 传: 福禄在人。能无惩乎? 若惩而悔过,则度至
> 于极。

在简本和传世本的《命训》里,下一句话是:

> 简 1:或司不义而隉之祸=怘才人=□母谨唐女谨而
> 悬怘则尾至于巫 ▄【二至三】
>
> 简 2:或司不义而降之祸。祸过在人。人□母惩乎?
> 如惩而悔过,则度至于极。
>
> 传: 夫或司不义而降之祸,在人。能无惩乎? 若惩
> 而悔过,则度至于极。

很明显,传世本前一个段落的"能无惩乎? 若惩而悔过"与简本的"人能居? 如不居而重义"完全不同,并且与这个段落的"福禄在人"也毫无关系。然而,这九个字和下一段的"能无惩乎? 若惩而悔过"重复。看起来,在传世本的流传过程中某一编者在此处重写了下一段的"能无惩乎? 若惩而悔过"这九个字。如果问他为什么这样重写,我们可以推测他很可能是看错了行。在传世本里,从前一段的"能无惩乎? 若惩而悔过"到下一段的"能无惩乎? 若惩而悔过"是 25 个字,很可能是一支竹简或某一版本一行的文字。如果此说不误,两处"能无惩乎? 若惩而悔过"会正好处于竹简或行款的同一位置,抄手抄写时直接错抄了左边一行的文字。

与传世本的读法不同,简本的读法很合理:别人受到福禄以后,能不能满意(即"人能居"的意思)。虽然如此,简本的读法似乎也有一点问题。在《命训》的这一部分里,这些句子都是问句,如下一段的"人□毋惩乎?"(简本)或"能无惩乎?"(传世本)以及下下句的"能亡耻乎?"(简本)或"能无丑乎?"(传世本)等。简本在这个句子里似乎漏了一个句末的"乎"字。《命训》的姊妹篇《度训》正好含有相同的句子:"民能居乎?"也说明《命训》简本漏了"乎"字。

二、第二种类型:不同部首的异文

部首不同是出土文献与传世文献中最常见的异文类型,一般来说没有必要多举例。然而,在《命训》的两个本子里,有两处"中"和"忠"字的异文很可能影响读者的理解,值得一提。

例 3

简 1:霝之以中　　　　【一二】

简 2:临之以中

传：临之以忠

例 4

简 1:中不忠　　　　【一二】

简 2:中不忠

传：忠不忠

例 3 中,简本和传世本的两个读法都讲得通,其实传世本的"临之以忠"可能比"临之以中"更为常见。然而,有两个原因说明简本的读法更为合理:第一,《命训》这一部分是告诉明王怎样管理人民,"临之"是明王的做法("临"就是从上看下)。"忠"当然有好几种意思(多与"忠诚"有关系),但是一般来说是人民或臣下的德行。《书·伊训》将这个含义讲得很清楚:"居上克明,为下克忠。"一般来说,明王不会临老百姓"以忠"。第二个原因更重要,从上下文看,《命训》的主要观点是明王要利用"中庸"之道为政。前一部分谓"极命则民堕乏,乃旷命以代其上,殆于乱矣。""极福则民禄,民禄迁善,迁善则不行。"①"极祸则民畏,民畏则淫祭,淫祭罢家。"等等,都强调政策不要执行到极点。在所有的情况下,无论是好是坏,如果执行到极点就会有不好的结果。简本的"临之以中"的意思是明王对老百姓要采取中等不偏的政策,与这样的政治思想是一致的。

例 4 更是如此。传世本的"忠不忠"似乎不成话。其实,这样的读法完全失去原文的本意。简本的"中不忠"相当有意思,上下文载有并行的"尚不法""正不成""艺不淫"和"均不一"等,皆说明即使是最好的政策也不要太过分、太死板。譬如,"均不一"的意思可以翻译为"平等不等于同一",是中国传统思想中的重要观点,与《论语·子路》中"君子和而不同,小人同而不和"的思想相同。其实,《命训》下面就说"均一不和",与《论语》的意思完全一样。"中不忠"与此也一致,意思是说"中和的政策并不忠诚",没有左派,也没有右派,对谁都没有一定的忠诚。

《逸周书》传世本的诸多版本之间似乎在"临之以忠"和"忠不忠"上都没有异文。然而,清唐大沛在《逸周书分编句释》中"临之以忠"的注解里已经指出了不合理之处:"忠、中古字通,下文'忠不忠',并当作中,观末段'从中'及'不必中'句可知。上文事皆临民之道,而立法必以中为准。用中之道非执一也,必权而得中乃可行之。"可以说唐大沛完全阐明了原文的意义。

三、第三种类型:音同或音近假借的异文

音同或音近的假借字也是中国古书上非常常见的异文类型,

---

① 于此简本读作"迁善韦则不行","韦"应该是衍文,按照传世本改正。下面在例 9 的讨论中有详细论证。

毋庸赘言。然而，为了求备，在此举出《命训》里的两个例子。第一个例子，即例5，和上面两个例子一样也载于简本第12条竹简上，属于同一个段落。

例 5

　　简 1：正之以政　　　　　　【一二】
　　简 2：正之以政
　　传：　震之以政

众所周知，"正"和"政"像"中"和"忠"一样是同源字，只是"政"和"忠"多加了一个偏旁而已。"正之以政"很好懂，与中国古代政治思想也很一致。"政"作为手段是一个名词，"正"是动词，即"改正"的意思。传世本此句中的动词为与"正"音近的"震"，"震"作为动词意思是"震动"，在语法上完全可以讲通，但和中国古代政治思想不一定完全一致。在中国古代政治思想中，政治的基本作用是为了"改正"人民，而不一定是为了"震动"他们。传世本的各种本子都作"震"，历来注疏家对这个读法似乎没有任何怀疑。唯有唐大沛《逸周书分编句释》谓"政以正民，震恐之，使不玩法"，似乎暗指简本的读法。然而，限于文献上的证据，连唐大沛也不能完全脱离传世本的误解，这也可以说明出土文献的重要性。

例 6

　　简 1：遥祭皮豪　　　　　　【九】
　　简 2：淫祭皮家
　　传：　淫祭则罢家

这句话的上下文和上面讨论的几个例子一样，意思也是不要太极端。事情如果做得过分就会有不好的结果。整句谓：

　　简 1：巫禑则民=彔=则遥=祭=皮豪　▱　　【八至九】
　　简 2：极祸则民畏，民畏则淫祭，淫祭皮家。
　　传：　极祸则民鬼，民鬼则淫祭，淫祭则罢家。

简本的"皮家"在所有的传世本中都作"罢家"。"皮"和"罢"声音相近,当然可以通用。"罢"有好几个意思,读作 bà 最基本的意思是"停止、取消、免去",还有其他的读音,如:bǐ,意思是"分散";pí,意思是"疲劳、疲敝"。"罢家"的意思似乎只能是"疲敝"家财,就如孔晁注曰:"罢弊其财,且无祸也。"这个解释完全讲得通,因此刘国忠的释文将简文的"皮"破读为"罢"。这样破读当然也讲得通,然而,我觉得"罢家"不一定最顺。简文的"皮"与"破坏"的"破"和"披靡"的"披"是古今字,不但可以讲得通,而且比传世本的"罢家"更为好懂。

四、第四种类型：形近字讹的异文

第四种异文类型是形近字讹,这里再举出两个例子。这两个例子与上面的例子稍微不一样。上面的例子无论是简本还是传世本,基本上都讲得通,只是理解不同而已。而这两例只有简文才读得通,传世本对原文有严重误解。

例 7

简 1：夫民生而佴不明垒以明之能亡佴虞　　【三】

简 2：夫民生而耻不明,上以明之,能亡耻乎?

传：　夫民生而丑不明,无以明之,能无丑乎?

这句话有三处异文:简本的"耻"与传世本的"丑",简本的"上"与传世本的"无"和简本的"亡"与传世本的"无"。我要讨论的是第二个异文,即"上"和"无"。《命训》的简本就像《命训》传世本以及《逸周书》中的姊妹篇《度训》和《常训》一样,主要叙述政府可以通过哪些手段管制人民。在简本里,"上"经常是政治领导的意思(譬如第四、八、九简),在这里也完全可以理解为领导要教化("明")人民。与此不同,传世本一点也反映不出这个意思,不但与原文的政治思想不一致,而且其政治思想根本没有多少意思。人民如果生下来已经"丑不明"(也就是说,对他们所缺乏的智慧感到惭愧),可是真的没有办法教化他们("无以明之"),那么他们怎么能不惭愧!

虽然传世本的所有版本都读作"无以明之",可是从孔晁的注解看,他所利用的文本很可能和简本一样读作"上以明之":"不谓丑者,若道上为君。"孔晁提到"上为君"显然只能说明"上"的意思。因为"上"和"无"的字形很不一样,所以这个异文似乎不可能是由于形近而讹。然而,我们知道传世本的"无"字在简本都作"亡",在这个句子里也有例子。在战国时代的写本中"亡"写作"止",此处"上以明之"的"上"写作"走"(清华简编者隶定为"走",在他处简文通常写作"上",不知道两种不同的写法是否暗指不同的意思),在其他战国写本里也经常写作"上"①。止、上、上本来就很相似,在文本抄写过程中,抄手一不小心很可能将"上"或"上"抄错为"止",然后另外一个抄手或编者将"止",亦即"亡",破读为"无"。虽然这个读法根本讲不通,可是在所有的注本里只有陈逢衡和唐大沛将"无"读作"上",而连这两个注家也都没有解说。

例 8

简 1:亟命则民陵乏乃宰命以弋亓上剹于齟矣 【八】

简 2:极命则民堕乏,乃旷命以弋其上,殆于乱矣。

传: 极命则民堕,民堕则旷命,旷命以诚其上,则殆于乱。

上述这句话在简本和传世本之间也有几处异文,于此我只想谈谈简本的"以弋其上"和传世本的"以诚其上"。简文"弋"字作"弋",清华简编者破读为"代",这样破读当然很合理,可是编者

---

① 见高明、涂白奎:《古文字类编(增订本)》,上海古籍出版社,2008 年,第 367 页。

没有说明"代"和"诚"之间的关系。"诚"的本字是"戒",战国文字字形通常为"㦻",就是两手上举一戈。简文的"弋"和战国文字"戈"字,即"弋",字形非常相似,读者或抄手很容易把"弋"误读为"戈",然后把"戈"读作"戒","戒"再破读为"诚"。然而,这样读这句话没有多少意思。我们完全可以理解《命训》作者为什么会认为人民"代其上"会造成混乱的结果,可是很难理解他为什么会认为人民"诚其上"会造成这样的结果。弋 和 弋 之间的差别极小,可是非常重要,可真是差之毫厘,失之千里的很好的例子。

五、第五种类型：增减文字的异文

第五种异文类型是增减文字。虽然我们无法确知产生这些异文的原因,可是有的时候上下文会提示一些信息。此处仅举两例。

例 9

简 1：女又俋而互行则尾至于巫　　　【三】
简 2：如有耻而恒行,则度至于极。
传：　若有丑而竞行不丑,则度至于极。

简 1：福莫大于行　　　　　【一〇】
简 2：福莫大于行
传：　福莫大于行义

这两句话都以"行"作为句子的动词。因为简文中有不少相同的例子,所以我们可以知道《命训》的作者特意用了这个句法。"行"一般用为动词,既可以是及物动词也可以是不及物动词。不及物动词用法最简单的是"走路"之类的意思,及物动词最基本的是"进行"或"做出"之类的意思。在上述两句话里,简文的"行"是句子最后一个字,肯定是不及物动词,但是意思肯定不仅仅是"走路",而应该是"做出合适的行为"。"如有耻而恒行"的意思是"如果有惭愧的感觉而能够长久做出合适的行为";"福莫大于行"的意思是"没有比做出合适的行为更大的福禄"。这种用法在古书上相当罕见,但是不能说完全没有。与此不同,传世本加上宾语,把不及物动词"行"改为及物动词。看起来传世本的某一个编者认为原本的用法不够清楚,因此给它加上了宾语。其实,"行义"和第十简的"行"完全是同一个意思,只是传世本比简本稍微清楚一点。从一个角度来看,传世本改善了原文;可是,从另外一个角度看,这样"改善"失去了原文的一个相当有意思的用法。

《命训》作者好像频繁利用了"行"作为不及物动词的意思,这个用法还出现在另外两个地方。对应的传世本对这两个用法有完全不同的处理方法:一个基本上没有改变,一个则完全改变了原文,如下:

　　简 1:正人亡亟则不₌哹₌则不行　　　【六】
　　简 2:正人无极则不哹,不哹则不行。
　　传: 正人无极则不信,不信则不行。

　　简 1:弗智则不行　　【八】
　　简 2:弗知则不<u>行</u>
　　传: 不知则不<u>存</u>

第六简的"不哹则不行"与传世本的"不信则不行"几乎一模一样,就是"信"字的写法不一样而已。然而,第八简上与传世本相应的句子异文很明显,即"不行"对照"不存",两者意思大概比较相近。第八简上还有一个很不一样的例子,其简文加上了一个宾语,完全改变了意思,而传世本似乎保存了原文。

　　简 1:亟福则民₌录₌迁₌善₌韦则不行　　　【八】
　　简 2:极福则民禄,民禄干善,干善韦则不行。
　　传: 极福则民禄,民禄则干善,干善则不行。

在"干善韦则不行"和"干善则不行"之间,简文加上了先置的

"韦"字作动词"行"的宾语,把"行"改为及物动词。"韦"即"违法"的"违"的本字,"不行""韦"的意思是不进行违法的行为。在相应的传世本里却没有宾语,"行"的用法就与《命训》里普遍用的不及物动词的用法一样,因此,"不行"已经含有"不做出合适的行为"的意思。如果只有简本和传世本的这一句话,我们大概会觉得简本比传世本好,意思是说人民受到福禄以后,他们就会改善自己,改善自己的结果就是不会做违法的行为,这似乎很合理。然而,这个意思与《命训》上下文不一致,上下文提出了几个带有反面结果的情况。这句话的上下两句在上面已经讨论了,可是因为与本句并行,所以值得再看一遍:

简1:亟命则民陵乏乃窒命以弋丌上匂于龖矣　　【八】

简2:极命则民堕乏,乃旷命以代其上,殆于乱矣。

传:　极命则民堕,民堕则旷命,旷命以诚其上,则殆于乱。

简1:亟褶则民=檕=则迻=祭=皮豪┗　　【八至九】

简2:极祸则民畏,民畏则淫祭,淫祭罢家。

传:　极祸则民鬼,民鬼则淫祭,淫祭则罢家。

　　无论是"殆于乱矣"还是"淫祭罢家",结果都不好。"极福则民禄,民禄干善,干善韦则不行"的结果应该像上下文一样也不好,然而"韦则不行"的意思肯定是上述的"不做违法的行为"。与此不同,传世本的"则不行"的意思是"不做出合适的行为",与上下文消极的结果一致。很奇怪,这里的简文误解了《命训》的这个特殊用法,看起来肯定是一个错误;传世本则保留了正确的内容。

　　例10

简1:赏莫大于壤　　【一一】

简2:赏莫大于让

传：　赏莫大于信义，让莫大于贾上

《命训》的基本内容是由六个题目组成的，即"命""福""祸"
"耻"（传世本作"丑"）"赏""罚"，《命训》也反复强调"凡厥六者""此
六者"等话语。含有例 10 的完整段落可以按照简文分句读如下：

极命则民堕乏，乃旷命以代其上，殆于乱矣。
极福则民禄，民禄干善，干善韦则不行。
极祸【八】则民畏，民畏则淫祭，淫祭罢家。
极耻则民枳，民枳则伤人，伤人则不义。
极赏则民贾其上，贾其上则无让，无让则不顺。
极罚则民多诈，多诈则【九】不忠，不忠则无复。
凡厥六者，政之所殆。天故昭命以命之曰：
"大命世罚，小命罚身。"①
福莫大于行。
祸莫大于淫祭。
耻莫大于【一〇】伤人。
赏莫大于让。
罚莫大于多诈。
是故明王奉此六者以牧万民，民用不失。【一一】

例 10 这句话的上下文都采用"X 莫大于 Y"的形式。然而，在
简文里只有五个句子含有这个形式。与此不同，传世本有六个"X
莫大于 Y"的句子。我们可以推测传世本的某一个编者看了结论
的"此六者"和上面五个"X 莫大于 Y"的句子，以为《命训》文本遗
漏了一句话，想给它补充一个"X 莫大于 Y"的句子。我们还可以
推测他还没有理解原文"赏莫大于让"的意思。其实，这句话好像

① "大命世罚，小命罚身"本文原文释作"大命世罚，小命命身"，现在看来是一个误
读。详细讨论可见 Edward L. Shaughnessy, "To Punish the Person: A Reading Note
Regarding a Punctuation Mark in the Tsinghua Manuscript *Ming Xun*," *Early China* 40
(2017), pp.303–310.

正好是一个矛盾，因为"赏"和"让"近乎反义词。因此，为了"改正"这两个问题，传世本的某一个编者就把"赏莫大于让"改为"赏莫大于信义，让莫大于贾上"。然而，这样的改变不但误解了这个段落的基本构成，而且也误解了"赏莫大于让"的意思。上一段有一个句子说明了"赏"和"让"的关系：

简1：亟赏则民贾=亓=上=则亡=壤=则不川【九】

简2：极赏则民贾其上，贾其上则无让，无让则不顺。

传：　极赏则民贾其上，贾其上则民无让，无让则不顺。

这句话的意思是"'赏'如果过分，那么人民就会想办法'贾'（即贿赂）他们的领导，人民如果贿赂他们的领导，他们就没有'让'这个德行，如果没有'让'这个德行那么社会就不顺利"，也就是说，如果"赏"用得过分，"让"就是它的反面后果。因此，"赏莫大于让"与上下文的"福莫大于行""祸莫大于淫祭""耻莫大于伤人"和"罚莫大于多诈"并行，完全没有必要"改正"为"赏莫大于信义"。

传世本的编者还创造了上述六个题目之外的另一个题目，即"让"，发明了"让莫大于贾上"的句子。如上面所说，《命训》的六个题目是"命""福""祸""耻"（传世本作"丑"）"赏""罚"，肯定不包括"让"。然而，如上面所指出的那样，在简文里，这一段落只有五个"X莫大于Y"的句子。其第一句话是"大命世罚，小命罚身"，对六个题目中的第一个题目"命"作总结。形式虽然与另外五句话不一样，但可能是因为"命"正好是《命训》最重要的题目。那么，传世本的编者增加了"让莫大于贾上"，即"没有比贿赂领导更大的让"，不但弄乱了段落的组织，而且意思与《命训》的本义完全相反。不知道这种"改正"什么时候窜入传世本，可是窜入以后传世本就失去了《命训》的内在逻辑，难怪历来读者都没有太关心《命训》的政治思想。

六、第六种类型：同文的异文

最后我还想谈一下一个可能是同文的异文。"同文的异文"似乎是无意义的矛盾，可是我觉得这个例子更能说明编辑过程中的某些问题。在上文所述的"极命""极福""极祸""极耻"（传世本作"极丑"）"极赏"和"极罚"中，"极"的意思是"用得过分"，此六者皆言及政府的极端手段所带来的恶果，其结论是"凡牵六者，正之所卣"。刘国忠把"正"破读为"政"，把"卣"隶定为"殆"，似乎很合理：因为六者所述皆为政府极端手段之恶果，所以结论当然会强调说这是"政"（政府）之"殆"（危险）。虽然如此，传世本谓"凡此六者，政之始也"，也不无道理。

例 11

简 1：凡牵六者正之所卣　　　　【一〇】

简 2：凡厥六者，<u>政</u>之所<u>殆</u>。

传：　凡此六者，<u>政之始也</u>。

此六者是政府的"始"难以理解，因此，早在清乾隆时代，卢文弨已经将传世本的"始"订正为"殆"，此后几乎所有编本都采用这个读法。刘国忠也采用卢文弨的这个订正，并加了一个注解："今本作'凡此六者，政之始也'。卢文弨改'始'为'殆'，各家从之。核以简本，卢改为是，简文'卣'字亦当读为'殆'。"①这样隶定简文虽然很合理，可是简文内在的证据并不很清楚。在清华简的其他文本里，"卣"普遍用为"始"字的意思，据现有的证据来看，从来都没有当作"殆"字读。不但如此，在《命训》简本第八简上，正好有肯定应该读作"殆"字的例子：

简 1：亟命则民陵乏乃宝命以弋亓上卣于嚻矣【八】

---

①　清华大学出土文献研究与保护中心编：《清华大学藏战国竹简（伍）》，第 130 页注 25。

简 2：极命则民堕乏，乃旷命以代其上，殆于乱矣。

传：　极命则民堕，民堕则旷命，旷命以诚其上，则殆

于乱。

　　我们应该注意，这一"殆"字的写法与上面的"怠"字不一样，带有心旁：![心旁字形]，可以隶定为"怠"。这并不是说第十简上的"怠"字不可以也读作"殆"，但是一个编者应该说明为什么要这样破读而不要那样破读，不应该仅仅说"核以简本，卢改为是，简文'怠'字亦当读为'殆'"。"政之所殆"当然讲得通，可是传世本的"政之始也"同样也讲得通，意思虽然稍微难懂一点，可是也许更合乎《命训》的本义。如上面所讨论的那样，很多编者的订正不一定都正确，似乎每一个异文都需要详细思考。

《郑文公问太伯》与中国
古代文献的抄写*

　　《清华大学藏战国竹简(陆)》公布了清华大学出土文献研究与
保护中心所藏战国竹书中的又一批文献。这一辑的文献多与春秋
时代的郑国有关,一共包括五种文献。其中,《郑文公问太伯》与清
华收藏的其他文献相比,相当独特,存在两种抄本,称作《郑文公问
太伯(甲)》《郑文公问太伯(乙)》,下面简称《甲》《乙》两本。正如清
华简编者马楠所指出的,两个抄本"系同一书手根据两个不同底本
进行抄写,为目前战国简中仅见的情况"①。这种仅见的证据为了
解中国古代文献的抄写过程提供了极其难得的信息,下面对这个
问题作初步讨论。

　　《甲》本与《乙》本的形式与内容都非常相似,但是也存有个别
明显的不同。两种写本的竹简都长 45 厘米,宽 0.6 厘米,原来都由
三道编线编联。清华简编者虽然没有记载编线确切的位置,但是
从图录可知两个写本也都相同,上面的编线离简首约 3.5 厘米,中
间的编线离简首约 22.5 厘米,下面的编线离简尾约 3.5 厘米。
《甲》本保存相当完整,一共包括 14 支简,唯有简三中断,只存有下
面一部分。《乙》本相对而言保存稍差,原来应该包括 12 支简,但
是现在只存有 11 支简,原第三简不存。另外,简二和简四都中断,
只存有下面一部分。简一、九、一二的简首都残缺,简一失去了一

---

　　* 本文原题为《〈郑文公问太伯〉与中国古代文献抄写的问题》,载于《简帛(第十四
辑)》,上海古籍出版社,2017 年。
　　① 清华大学出土文献研究与保护中心:《清华大学藏战国竹简(陆)》,中西书局,2016
年,第 118 页。

个字,简九和简一二都失去了两三个字。两个写本背后都没有标题。从《清华大学藏战国竹简(陆)》的照片看,《乙》本多数简简背存有划痕,《甲》本不见划痕。

上面已经指出,清华简编者马楠认为两个写本"系同一书手根据两个不同底本进行抄写"。尽管没有科学方法证明这一点,可是无论从宏观还是从微观看,都很容易看出两个写本是一个人抄写的。两个写本的形式非常相似,每一个字占的位置都一样,字跟字之间空格的比例也差不多,书法的笔势也非常相似,大多数的字几乎一模一样,显然是一个人写的。虽然如此,也有少数文字写法不一样。有的仅仅是一个写本较之另一个写本或多或少了一个部件,如《甲》本作"亯",《乙》本作"敦"(即"穀(谷)"字);《甲》本作"嚳",《乙》本作"幽";《甲》本作"肰",《乙》本作"然";《甲》本作"庚",《乙》本作"康";《甲》本作"霾",《乙》本作"衛(卫)";《甲》本作"俑",《乙》本作"蔵"(即"宠"字)等。也有个别例子,两个写本用不同的字,如《甲》本作"争",《乙》本作"请";《甲》本作"徲",《乙》本作"遗";《甲》本作"宷"(即"次"字),《乙》本作"事"。《甲》《乙》本也各有个别漏字,譬如《甲》本第九简漏一个"其"字,第一四简漏一个"曰"字;《乙》本第九简漏"及虖"(即"及吾")两个字,第一一简漏一个"也"字,第一二简漏"戒之哉"三个字等,都可以根据相应的抄本补充。两本也似乎含有个别错字,诸如《甲》本第一○简作"色",应该以《乙》本第九简之"孚"为正;《乙》本第一二简之"鄸"应该以《甲》本第一四简之"殹"(即"殷"字)为正。除了这些少数不同之外,两个文本还有一种系统性的不同。文本的内容往往牵涉地名,地名的名字多半都含有"邑"旁,可是两个抄本的写法迥然不同。《甲》本一律将"邑"旁置于字的左边;与此不同的是,《乙》本将"邑"旁置于字的右边,如下:

	郔	鄝	郘
《甲》			
《乙》			

　　从"邑"旁的位置,我们大概可以确定两个抄本是根据两个不同的底本抄写的,两个底本反映了两个不同的书写传统。楚国的书写习惯是一律将"邑"旁置于字的左边,正像《甲》本那样。与此不同的是,秦国的习惯是将"邑"旁置于字的右边,正如《乙》本那样。我们当然不能确定《乙》本的底本就是从秦国(抑或秦国系统)来的,也有可能中国早期其他的书写习惯,诸如三晋或是齐鲁系统,也将"邑"旁置于字的右边。我们也不能排除这仅仅是两个抄手自己的习惯。然而,《郑文公问太伯》的两个文本如果像马楠所说的那样是"同一书手根据两个不同底本进行抄写"的,我们很难想象这样好的书手会随意地改变他的习惯。我们只能同意马楠所说,他很细心地抄了两个不同的底本,每一个抄本都如实地反映了底本的原来面貌。

　　《郑文公问太伯》的两个写本为了解中国古代文献的抄写过程提供了极其难得的信息。中国古文字学家对这个问题向来注意得不多,西方学者相对来说非常关心这个问题,早已经发表了各种详细的讨论。在西方汉学界最有影响的讨论应该算是柯马丁(Martin Kern)在 2002 年发表的"Methodological Reflections on the Analysis of Textual Variants and the Modes of Manuscript Production in Early China"[①]。在这篇文章里,柯氏对战国秦汉写本引用《诗经》的情况作了概述,将引文和传世本《毛诗》作比较,发现三分之一的字都不同,尽管它们原来表示的词应该相同。根据这一点认识,他说古代抄写文献可能会有三种不同的抄写模式:

　　　　抄手复制他面前的底本,因此可以对照底本和抄本。

　　　　有一人拿底本,给抄手念,抄手一边听一边写。

---

　　① Martin Kern, "Methodological Reflections on the Analysis of Textual Variants and the Modes of Manuscript Production in Early China." *Journal of East Asian Archaeology* 4. 1‐4 (2002), pp.143‐181.中文版见柯马丁:《方法论反思:早期中国文本异文之分析和写本文献之产生模式》,《当代西方汉学研究集萃·上古史卷》,上海古籍出版社,2012 年,第 349—385 页。

　　　　抄手按照记忆，抑或按照他人唱诵来写，没有底本。

　　柯马丁认为按照他的分析，第三种抄写模式（即抄手按照他自己的记忆，抑或按照他人唱诵来写）更有可能。因此，他强调文献的抄写通常没有底本：

　　　　假如承认在早期中国既存在一定程度的文字规范又有大量的同音词，一个抄本和与之对应的传世文献有三分之二的字相同，同时有三分之一的字（通常是比较难写的字）不同，我们大概应该考虑这符合没有底本的文本制造模式。[1]

　　柯马丁的结论是根据详细的统计学分析得出的，对西方学者相当有影响。譬如，麦迪（Dirk Meyer）经常根据柯马丁的研究提出同样的看法，在他 2012 年出版的 *Philosophy on Bamboo: Text and the Production of Meaning in Early China* 一书里，他甚至说：

　　　　制造一个文本的新抄本，抄手是按照他所听到的，不是按照他所看到的文字。[2]

　　为了支持这种推论，麦迪还提出"与欧洲文本制造进行对比"。中国古文字学家和文献学家虽然对这个问题没有给予多少关注，过去也没有具体证据可供讨论，但是我的印象是大多数中国学者大概默认的是柯马丁所提出的第一种抄写模式，即有一个抄手复制他面前的底本。第二种模式也很有可能，不但有文字学证据可以证明，即"雠"字及其用法，而且也或多或少有一点物质证据，即 1958 年在湖南长沙金盆岭九号墓所出的两个俑，一个拿书念诵，一个执笔抄写。这两个模式虽然不一样，可是都假设有一个底本。

---

　　① Martin Kern, "Methodological Reflections." p.171.
　　② Dirk Meyer, *Philosophy on Bamboo: Text and the Production of Meaning in Early China*, Leiden: Brill, 2012, p.150.

　　幸运的是,在 2002 年柯马丁发表文章和 2012 年麦迪出版书之间,中国就发现了一些文献证据说明古代文献的抄写确实是从一个底本到一个抄本。《上海博物馆藏战国楚竹书(六)》①载有《天子建州》的两个文本(编者称作《甲》本和《乙》本),很明显是两个不同的抄手分别书写的,而且有证据说明《乙》本很可能是《甲》本的底本。李孟涛(Matthias Richter)对这两个文本作了详细比较,说:

　　　　对比两个文本的时候,第一个特点是"也"字的特殊写法。在整个文本里,这个字共出现四次,后三次都是战国文字常见的"也"字,然而两个文本里第一次出现的"也"字的写法从来没有见过。如果仅有一个文本含有这种特殊写法,我们很容易理解。然而,两个文本都同样有特殊写法只能说明一个文本是另一个文本的底本,第二个文本的抄手应该是模仿第一个文本的字形。仅仅从这一个例子,我们仍然无法判断哪一个文本是底本,哪一个是抄本,但是我们可以肯定一个受到了另一个的影响。②

　　李孟涛还作了相当大胆的推论,说《天子建州(乙)》应该是底本,《天子建州(甲)》是抄本。他说:

　　　　《乙》本抄手的笔墨虽然很不整齐,并且在整篇文本里也不能保持统一的书法,可是也不能说他是完全没有经验的。字形的构造和笔势都正确。有的时候,他似乎不知道怎么写一个字。我们大概可以看出他不是一个常常写作文本的人,但是他仍然明了所写的内容。根据《乙》本的书法,我们大概可以判断他写得很快,也没有太用心。

　　　　《甲》本明显是《乙》本的抄本。《甲》本的形式很整齐,

---

　　①　马承源主编:《上海博物馆藏战国楚竹书(六)》,上海古籍出版社,2007 年。

　　②　Matthias L. Richter, "Faithful Transmission or Creative Change: Tracing Modes of Manuscript Production from the Material Evidence." *Asiatische Studien/Etudes Asiatiques* 63.4 (2009), p.897.

文字的构造都写得很正确,很容易看懂。虽然如此,这个抄手不是很识字,不能判断哪一个特殊文字正确,也不知道《乙》本的内容都是什么意思。这不是说他不是一个好抄手。《甲》本的美观比内容更为重要。无论是《甲》本还是《乙》本,文字的正确性并不重要。同样的现象也可以见于中国古代许多写本上。读者如果知道一个文本,他不需要统一文字,因为他并不仅仅依靠所写的文字知道文本的意味。文本只是为了提醒读者的记忆。因为文本并不是为了公布新的内容,并不在乎它的可读性,而是在乎它的象征价值。①

无论李孟涛的这种看法有多少说服力,我们可以肯定的是《天子建州》两个文本之间的相互关系,也可以肯定一个是底本,一个是抄本,抄写过程是按照视觉来抄写②。

《天子建州》两个文本的关系与《郑文公问太伯》两个文本的关系虽然不一样(《天子建州》的两个抄本是由两个抄手制造的,《郑文公问太伯》的两个抄本是由一个抄手制造的),但抄写过程应该相同:无论是一个抄手还是两个抄手,抄手都是一边看底本,一边抄写。这不一定说明柯马丁所提出的第三个抄写模式,即"抄手按照记忆,抑或按照他人唱诵来写,没有底本"完全不可能,但是至少到现在为止,较多的证据说明,在战国时代,文本的制造方法通常是从一个底本到一个抄本抄写的。当然,我们还需要更多的证据才可以得出更广泛的结论。不过,除非有新的反证出现,我觉得一个底本一个抄本应该算是中国古代最可能的文本制造方法。

---

① Matthias L. Richter, "Faithful Transmission or Creative Change." pp.904－905.
② 墨子涵(Daniel Morgan)在未发表的文章里指出,这两个文本中多处使用同样的特殊写法,不但文字如此,而且两个文本的非文字部分,如标点符号和文字的饰笔也相同。他得出结论:"根据这些相同点,我们可以肯定两个文本的关系只能是根据不断的视觉的抄写而产生的。"见 Daniel Morgan, "A Positive Case for the Visuality of Text in Warring States Manuscript Culture." paper presented at the Creel-Luce Paleography Forum, University of Chicago, April 24－25, 2010.

纪年形式与史书之起源[*]

2011 年《文物》杂志上载有李学勤先生作的《清华简〈系年〉及有关古史问题》[①]，如题目所述对清华大学收藏的战国楚简之一《系年》作了详细介绍。据李先生报告，《系年》写于 138 枚简上，含有 23 章，对西周早期至战国中期史事进行了综合性的阐述。《系年》将于 2011 年年底之前正式发表于《清华大学藏战国竹简(贰)》，《系年》之发表一定会引起中国国内外学术界的关注[②]。

《系年》的消息再次说明编年史书在中国古代文献上占的重要地位，促使我们重新思考纪年对研究早期史学的概念所起的重大作用[③]。中国古代文献中最有名的编年史书当然是《春秋》。不晚于公元前 4 世纪末年，《春秋》已被视为孔子所作，因此也被视为六经之一。除了《春秋》以外，传世文献中还提到(或者至少暗示)了好几种其他的编年史书，出土文献中也有不少例子，可以列举如下：

周《春秋》

---

[*] 本文原载于《简帛·经典·古史》，上海古籍出版社，2013 年。

[①] 李学勤：《清华简〈系年〉及有关古史问题》，《文物》2011 年第 3 期，第 70—74 页。

[②] 本文是为香港浸会大学召开的"简帛·经典·古史"国际论坛所作，在 2011 年 11 月 30 日宣读。此后才有机会看到《清华大学藏战国竹简(贰)》所载《系年》，然而，为了保护论坛的本子，只作了某些字面上的修改。希望以后还有机会对《系年》本身作深入研究。

[③] 本文仅仅是对纪年形式和作用的初步讨论，我不打算对"史"这个字和这个概念作更深入的研究。对"史"最有名的论述是王国维的《释史》，载于王国维《观堂集林》(中华书局，1984 年)卷六，第 1—6 页；以及白川静的《释史》，载于白川静《甲骨金文学论集》(朋友书店，1979 年)第 1—68 页。

　　　　　燕《春秋》

　　　　　宋《春秋》

　　　　　齐《春秋》①

　　　　　晋《乘》

　　　　　楚《梼杌》②

　　　　　《秦纪》③

　　　　　西晋时代(公元 279 年)汲郡出土的《竹书纪年》④

　　　　　1975 年湖北云梦睡虎地出土的《编年记》⑤

　　　　　1978 年安徽阜阳双古堆出土的《大事记》和《年表》⑥

　　虽然这些纪年相当一部分失传,但是有足够的证据说明它们可以分成两个大类型:一种是单国的编年纪,《春秋》、《竹书纪年》的魏国纪年、《史记》提及的《秦纪》和云梦睡虎地的《编年记》都属于这个类型;一种是诸国或数国综合性的纪年,阜阳的《年表》即其例,汲冢竹书似乎也有同样的年表。按照李学勤的介绍,清华简《系年》似乎也属于后一种类型。《系年》尽管是用楚国文字书写的,大概也是从一个楚墓盗出的,但是文献里所记载的史实牵涉春秋、战国时代的所有国家,楚国似乎只是诸国之一。《系年》正式发表以后这种形式的纪年一定会引起学术界的更多注意。

――――――――――

① 　周、燕、宋和齐《春秋》都见于《墨子·明鬼》。

② 　晋《乘》和楚《梼杌》都见于《孟子·离娄下》。

③ 　在《史记·秦始皇本纪》里,司马迁谓"吾读《秦纪》",见《史记》(中华书局,1959 年)卷六,第 293 页。

④ 　在拙作《〈竹书纪年〉的整理和整理本――兼论汲冢竹书的不同整理本》里,我论证了《竹书纪年》反映了两个不同的基本,一个是夏、商、周、晋和魏的单国编年史书,另外一个是"记诸国世次及十二公岁星所在"的列表式史书,见拙作《古史异观》(上海古籍出版社,2005 年),第 423 页。除了内在的证据以外,刘知几《史通》还提到汲冢竹书中的《夏殷春秋》和晋春秋》,见《史通通释》(上海商务印书馆,1935 年)卷一,第 3―4 页。

⑤ 　睡虎地秦墓竹简整理小组:《睡虎地秦墓竹简》,文物出版社,1990 年,第 3―7 页(图版)、第 3―10 页(释文)。

⑥ 　据我所知,对这两种文献最详细的介绍是 Hu Pingsheng, "Some Notes on the Organization of the Han Dynasty Bamboo 'Annals' Found at Fuyang." *Early China* 14 (1989), pp.1 - 25.

学术界对第一种类型,即单国编年史书,已经很熟悉,鲁国的《春秋》即其最显著的例证。《春秋》几乎每一年的年纪都能够反映这个类型的形式。譬如,鲁昭公元年(公元前 541 年)有这样的记载:

> 元年春,王正月,公即位。叔孙豹会晋赵武、楚公子围、齐国弱、宋向戌、卫齐恶、陈公子招、蔡公孙归生、郑罕虎、许人、曹人于虢。
>
> 三月,取郓。
>
> 夏,秦伯之弟鍼出奔晋。
>
> 六月丁巳,邾子华卒。晋荀吴帅师败狄于大卤。
>
> 秋,莒去疾自齐入于莒。莒展舆出奔吴。叔弓帅师疆郓田。葬邾悼公。
>
> 冬十有一月己酉,楚子麇卒。楚公子比出奔晋。

这些记载包括很多信息,诸如公之"即位"、诸侯之"会"、战争(特别是鲁国的战争,但是偶尔也涉及他国之战)、君主之"奔"(即流到国外)以及君主之死亡和埋葬。在《春秋》经里,每一年都可以有许多记载。记载都有时间的记录,先分春、夏、秋、冬的季节,后分正、二、三、四等月(根据鲁国的历表),偶尔也涉及某一日,如上引昭公元年"冬十有一月己酉,楚子麇卒"等。

中国古代编年史书不都像《春秋》这样提供详细的历史记载,可能更有代表性的是睡虎地的《编年记》。该文出于当地官员喜(公元前 262—前 217 年)的墓葬里,写于 53 枚竹简上,载有秦昭王(公元前 306—前 251 年在位)元年(亦即公元前 306 年)至"今"(即秦王政,亦即秦始皇帝)二十八年(即公元前 219 年)的史实,二十九年和三十年有年份记载但没有史实记载。大多数的记载都是关于秦国的大事,特别是战役,少数提及喜自己生活上的重要事情,诸如他出生的日子(即秦昭王四十五年十二月甲午,亦即公元前 262 年 11 月 10 日,更确切地在鸡鸣之时)、他受命作官以及他的孩子们的出生。秦昭王在位最后十年(公元前 260—前 251 年)的纪年可以代表全文的大概面貌：

> 卅七年,攻长平。十一月,敢产。
>
> 卅八年,攻武安。
>
> 卅九年,□□□。
>
> 五十年,攻邯单。
>
> 五十一年,攻阳城。
>
> 五十二年,王稽、张禄死。
>
> 五十三年,吏谁从军。
>
> 五十四年
>
> 五十五年
>
> 五十六年,后九月,昭死。正月,遨产。

从写本的形式和书法可知,原文是在公元前 231 年或稍后抄写的,原文或者底本很可能是一种官方纪年。从书法的差别来看,此年后的记载以及关于喜自己家事的记载应该是另一个抄手添上去的。如果这样推测不误的话,连离秦国首都很远的湖北地区的地方性官员都能够抄写官方纪年,那么应该说明全国的同等官员大概也都会知道这个纪年及其所有记载。如此,某一年的记载也就等于那一年的标志。譬如,大家都会知道"王稽、张禄死"之年就是秦昭王五十二年。

战国时代其他出土文献上也有这样的大事年代记载。比方说,包山楚简是在战国中期偏晚楚国地方性官员邵𥄎(死于公元前 316 年)的墓里发现的,包括三种文献：邵𥄎判断的文书、给邵𥄎贞卜的记录以及遣册。文书和贞卜记录都以楚国的大事来记载年代：

> 大司马邵阳败晋师于襄陵之岁夏层之月庚午之日命
> 尹子士大师子繻命𡎐陵公邜𪊧为鄂娜賫陙异之鋖金一百
> 益二益四两(包山简 115)

　　东周之客醬緙归胙于藏郢之岁爨月己酉之日郑羞以
少宝为左尹邵旎贞既又疠＝心疾少气不内飤爨月期中尚
毋又永（包山简 221）①

　　应该指出的是大事年代记载和文书或贞卜记录的内容没有必
然的关系，这种记载仅仅是用来表示年代而已。包山楚简一共含
有七个不同的大事年代记载，有的是传统文献上也有的，如上引包
山简 115 的"大司马邵阳败晋师于襄陵"（此事于公元前 323 年发
生）；有的从来都没有见过，如上引包山简 221 的"东周之客醬緙归
胙于藏郢"。根据包山楚简的内容，可以将这七个大事记载列出一
个次序，是公元前 323—前 316 年：

　　　　大司马邵阳败晋师于襄陵之岁
　　　　齐客陈豫贺王之岁
　　　　鲁阳公以楚师后城郑之岁
　　　　□客监固遣楚之岁
　　　　宋客盛公鷇聘于楚之岁
　　　　东周之客醬緙归胙于藏郢之岁
　　　　大司马悼愲将楚邦之师以救郙之岁

　　同样的大事纪年记录也见于铜器铭文上。譬如，鄂君启节是
楚怀王（公元前 328—前 299 年在位）给楚国封君鄂君启做的行
货之符节，一共有 4 枚，即舟节 1 枚、车节 3 枚。在叙述鄂君启被
允许跟随的旅途之前，铭文开头记录了楚王发命令的年月及
处所：

　　　　大司马邵阳败晋师于襄陵之岁夏尿之月乙亥之日，
　　　　王处于蒇郢之游宫。大攻尹脽台王命，命集尹悆赭、裁尹
　　　　逆、裁敹朕为鄂君启之賡造铸金节。（《集成》12110）

　　很巧，这些符节的铸造年代与包山楚简一部分记录的年代正

---

① 　湖北省荆沙铁路考古队：《包山楚简》，文物出版社，1991 年。

好是同一年份，即"大司马卲阳败晋师于襄陵之岁"，亦即公元前
323 年。应该再指出，"大司马卲阳败晋师于襄陵"这一记录与楚
怀王给鄂君启发的命令及符节的内容没有必然的关系，它仅仅标
志命令和符节的年代而已。不但如此，鄂君启节所用的记录和那
一年包山楚简所用的记录完全一样，一字不差①。这似乎说明楚国
像秦国政府一样使用了一种标准纪年，全国的地区性行政机关都
会存有一份，所有官僚文件的年代记载都应该按照这一标准纪年。
我们可以设想，这样的纪年不仅仅起标志时间的作用，还会被当作
国家的正式史书。

尽管《春秋》的记录都以鲁国诸公在位之年来标志年份，但是
《左传》里的某些段落暗示在春秋时代各个国家也使用了大事记录
的纪年。下面所引两个例子不但含有大事记录的形式，而且也清
清楚楚地说明这些大事起着标志时间的作用②：

> 公送晋侯，晋侯以公宴于河上，问公年。季武子对
> 曰："会于沙随之岁，寡君以生。"晋侯曰："十二年矣，是谓
> 一终，一星终也。"（襄公九年，即公元前 564 年）

> 二月癸未，晋悼夫人食舆人之城杞者。绛县人或年长
> 矣，无子，而往与于食。有与疑年，使之年。曰："臣，小人
> 也，不知纪年。臣生之岁，正月甲子朔，四百有四十五甲子
> 矣。其季于今，三之一也。"吏走问诸朝。师旷曰："鲁叔仲
> 惠伯会郤成子于承匡之岁也。是岁也，狄伐鲁，叔孙庄叔
> 于是乎败狄于咸，获长狄侨如及虺也、豹也，而皆以名其
> 子。七十三年矣。"（襄公三十年，即公元前 543 年）

在第一个例子里，晋悼公（公元前 573—前 558 年在位）和鲁襄
公（公元前 572—前 542 年在位）相见之时，晋公问年轻的鲁公有多

---

① 其实，每一个字的写法也都一样，可以比较包山简 103 与鄂君启节的舟节和车节。
② 相同的例子还可以见于襄公二十五年"会于夷仪之岁"，襄公二十六年"齐人城郏
之岁"，昭公二年"晋韩宣子为政聘于诸侯之岁"，昭公六年"铸刑书之岁"以及昭公十一年
"蔡侯般弑其君之岁"。

少岁。鲁国大臣季武子利用大事记录来回答，说他生于"会于沙随之岁"。沙随之会载于《春秋·成公十六年》，即公元前575年，是晋和楚打仗的时候，晋国与其盟友齐、卫、宋和邾召开的会盟。襄公的父亲鲁成公（公元前590—前573年在位）没有出席，注疏家认为他当时犹豫不定，不知应该和晋还是和楚联盟，因此受到晋厉公（公元前580—前573年在位）的严厉责备。十几年以后，两国的继承君主晋悼公和鲁襄公一定会记住这件大事，晋侯也许不用参考史书记载，就可以算出"会于沙随之岁"距当年有12年的时间。

　　第二个例子好像并不那么容易推算出来。这个例子也关系着某某人的出生年份。晋悼公的夫人给工人吃饭，工人中有一位年纪很大的老人，官员问他有多少岁。他说不知道有多少岁，但是从他出生到该天有445个干支循环。官员推算不出有多少岁，只好向朝廷的名师师旷打听，师旷以大事记录来指定他的出生年份，即"鲁叔仲惠伯会郤成子于承匡之岁"。这个记录也见于《春秋》经："（文公）十有一年（公元前616年）……夏叔彭生会晋郤缺于承匡。"像师旷这样聪明的大师应该能够从"四百有四十五甲子"推算出老人有73岁（即 $445 \times 60 = 26\,700$ 日，亦即73岁多），但是恐怕连他也得参考一种编年史书来确定73年前有什么事情发生（特别是像叔仲惠伯会晋郤缺于承匡这种并没有重大意义的事件）。

　　这个假设如果不误，在公元前7世纪晋国已经使用了一个以大事记录编年的纪年。也有其他的证据暗示，早在西周时代已有纪年，也许也是以大事来记录年纪。如上面已经提到的，《墨子·明鬼》的几个段落提到了早期《春秋》，其一是"周之《春秋》"：

　　　　今执无鬼者言曰："夫天下之为闻见鬼神之物者，不
　　可胜计也。亦孰为闻见鬼神有无之物哉？"子墨子言曰：
　　若以众之所同见，与众之所同闻，则若昔者杜伯是也。周
　　宣王杀其臣杜伯而不辜，杜伯曰："吾君杀我而不辜，若以
　　死者为无知，则止矣。若死而有知，不出三年，必使吾君

知之。"其三年,周宣王合诸侯而田于圃田,车数百乘,从数千,人满野。日中,杜伯乘白马素车,朱衣冠,执朱弓,挟朱矢,追周宣王,射入车上,中心折脊,殪车中,伏弢而死。当是之时,周人从者莫不见,远者莫不闻,著在周之《春秋》。

这个段落并不说明"周之《春秋》"的形式,很可能是像《国语》的样子,或者更可能像清华简的《系年》。然而,西周早期的铜器铭文开头往往载有大事纪年,与战国时代以大事纪年不无相似之处。譬如,周昭王时代的中方鼎铭文谓:

佳王令南宫伐反虎方之年。王令中先省南或貫行,埶王屋在夔隮真山。中乎归生凤于王,執于宝彝。(《集成》2751)

研究西周史的专家多半认为中之南征是为了帮助南宫伐虎方,因此铭文开头的"佳王令南宫伐反虎方之年"的记录不仅仅起着标志时间的作用,更是为了说明中受命令的原因。下面还会考虑一下这个记录的用处,但是现在我们只要注意它的形式,即"佳某某大事之年"。类似的记载也见于时代更早的旅鼎,铭文谓:

佳公大保来伐反尸年,才十又一月庚申,公才盩师。公赐旅贝十朋。旅用乍父丁尊彝。(《集成》2728)

禽簋和犅劫尊与旅鼎的时代非常接近。

王伐盖侯。周公某,禽祝。禽又啟祝。王赐金百寽。禽用乍宝彝。(《集成》4041)
王征盖。赐犅劫贝朋,用作朕高祖宝尊彝。(《集成》5977)

这两件铜器铭文所载"王伐盖侯"和"王征盖"与旅鼎所载"公大保来伐反尸"很可能是指同一次征伐,两个句子虽然没有明确指出"(之)年",可是我们应该理解这两个句子为大事记录。与中方鼎铭文一样，这三件器的大事记录和铭文的其他内容很可能有直接关系，那也就是说"公赐旅贝十朋"大概是由于旅参加了公大保之"伐反尸"、禽和𫍯𫍯大概也参加了"王"针对盖（侯）之征伐，因此他们受到赏赐。然而，在其他一些铭文里，铭文开头的大事记录和铭文其他内容没有明显的关系。譬如，厚趠方鼎是为了纪念濮公给厚趠的赏赐而铸造的。

> 隹王来各于成周年。厚趠又馈于濮公。趠用乍厥文
> 考父辛宝尊鬲，其子子孙永宝。朿。（《集成》2730）

铭文开头提到"隹王来各于成周年"，看起来与濮公和厚趠没有什么联系。也许有人说濮离成周不很远（濮相当于祭，地理位置在现在的河南开封附近），王"各于成周"之时顺便安排厚趠到濮公之封地，当然也有可能。虽然如此，但我想这个大事记录更可能像战国时代的大事记录一样，仅仅标志时间而已。这样推测如果不误，西周王朝应该有一个简单的编年记录，以王的征伐与行动来纪年。说到这一点，我想再回到前面引用的中方鼎铭文，铭文谓：

> 隹王令南宫伐反虎方之年。王令中先省南或贯行，
> 埶王𤔲在夒障真山。中乎归生凤于王，埶于宝彝。

这件铜器是所谓的"孝感六器"之一，是宋徽宗（1101—1125年在位）年间于现在的湖北孝感县出土的。现在多半的史学家认为"中先省南或贯行"与昭王之南征有关。我们知道这一次南征的结果是周"丧六师于汉"，昭王自己也因此而亡。这一次失败于西周最早的"史书"，即史墙盘有所反映。关于昭王部分的铭文谓：

> 宏鲁卲王。广敝楚荆。隹夒南行。（《集成》10175）

中方鼎铭文关于征伐的叙述谓"省南或贯行"，与史墙盘之"隹夒南行"相当相似（其实，不少学者认为史墙盘的"夒"字就是"贯"字的假借字）。史墙肯定没有见过中方鼎的铭文。不知道此器是在周都还是在孝感当地铸造的，但是按照墓葬中其他的铜器来看，

墓的年代应该就在昭王时代或之后不久。史墙乃是两世后共王时代的史官。中所受的命书,即"王令中先省南或贯行",可能存在周王朝档案里(西周晚期的铜器铭文如四十二年虞逑鼎显示命书存于当时的王朝档案里)。这种推测如果不误的话,作为王朝史官的史墙可能会见到。然而,我想更可能的是中方鼎铭文所载"隹王令南宫伐反虎方之年"大事记录像厚趠方鼎铭文那样是朝廷使用的大事纪年。那样的话,作为共王时代史官的史墙一定参看了这个纪年。当然,我们现在看不到西周王朝的档案,无法证明这种推测。然而,有不少证据暗示当时确实存在某种简单的纪年。我们可以大胆地推测当时的史官也会参考这个纪年来书写王朝的历史。这应该可以算是中国历史学的第一步。

下编

经学研究

筮法还是释法[*]

三十多年前，我对《左传》筮例的"某卦之某卦"用法提出一个新的解释，与传统说法以"之"当作动词，理解为"往"，"某卦之某卦"指筮法得出来的变卦不同，我提出了"之"是一般所属虚词，意思相当于白话文的"的"，"某卦之某卦"只是指定第一个卦的某一爻。这一新说法原来在拙作博士论文"The Composition of the *Zhouyi*"里论证^①，后来又在《周易研究》上发表为《〈周易〉筮法原无"之卦"考》^②。2010年，我又在《周易研究》上发表了文章，即《〈周易〉"元亨利贞"新解——兼论周代习贞习惯与〈周易〉卦爻辞的形成》^③，所探讨的基本问题虽然不同，可是至少也从另一个侧面重新讨论了《周易》筮法与"之卦"问题。第一篇文章在中国国内没有引起多少学术注意，可是第二篇文章似乎打扰了卧龙，2013年，山东大学易学与中国古代哲学研究中心博士研究生高原女士在《论〈左传〉筮例中的"之卦"问题——与夏含夷先生商榷》里提出了激烈抗议^④，认为我的"解释明显存在误读"，"按照夏先生的看法，第一次命辞后得到的只是六十四卦中的某一卦，而第二次命辞后得到的却是某一卦的某一爻，则第二次命辞

---

　*　本文原题为《是筮法还是释法——由清华简〈筮法〉重新考虑〈左传〉筮例》，载于《周易研究》2015年第3期。

　①　Edward L. Shaughnessy, "The Composition of the *Zhouyi*."斯坦福大学博士论文，1983年。

　②　夏含夷：《〈周易〉筮法原无"之卦"考》，《周易研究》1988年第1期，第15—19页。

　③　夏含夷：《〈周易〉"元亨利贞"新解——兼论周代习贞习惯与〈周易〉卦爻辞的形成》，《周易研究》2010年第5期，第3—15页。

　④　高原：《论〈左传〉筮例中的"之卦"问题——与夏含夷先生商榷》，《周易研究》2013年第4期，第75页"摘要"。

及其占测就成了从属于第一次命辞及其占测的关系了,这显然是有悖于常理的"。我不敢说我的解释没有误读,可是说它"显然是有悖于常理的"也许说得过分了一点,这个问题恐怕还没有到能够下定论的时候。

《左传》筮例是否有"之卦"问题脱离不了中国古代所有筮法的问题。在高原女士文章的开头,她说:"从上世纪中叶以来出土的筮数易卦(数字卦)的情况来看,《周易》的原始筮法可能是一个比较麻烦的问题,本文不拟直接探讨。"在文章最后一段还说:"当然,上述包山简、葛陵简确实都有一次贞筮得两个卦的例子。那么,这两个卦(筮数易卦)之间是什么关系呢?应该说这可能是一个比较复杂的疑难问题,本文不拟系统涉及。"这两句话说得一点也不过分,这个问题实在既"麻烦"又"复杂"。与高氏文章差不多同时问世的有《清华大学藏战国竹简(肆)》所收一篇被整理者命名为《筮法》的文献。在包山简、葛陵简出土之后,清华简《筮法》又是一个非常难得的考古发现,现在针对中国古代筮法一定要仔细考察。然而,至少到现在为止,学术界似乎仍然未能根据这些新的资料对古代筮法得出一个统一的解释,对这个问题恐怕也还不能下一个定论,至少我自己还没有一个定论。虽然如此,受到了这两个进展的启发以后,尽管我还不能对整个古代筮法作出圆满的说明,但还是想冒昧撰写这篇小文重新思考《左传》里的筮例及其对中国古代筮法的意义,也许不无学术价值。

我们知道一直到几十年以前,要讨论中国古代筮法,唯一的文献资料是《系辞传》里所谓的《大衍章》。此段文字谓:

> 大衍之数五十,其用四十有九。分为二以象两,挂一以象三,揲之以四以象四时,归奇于扐以象闰。五岁再闰,故再扐而后挂。天数五,地数五。五位相得而各有合。天数二十有五,地数三十。凡天地之数五十有五,此所以成变化而行鬼神也。《乾》之策二百一十有六,《坤》

之策百四十有四,凡三百有六十,当期之日。二篇之策万有一千五百二十,当万物之数也。是故四营而成《易》,十有八变而成卦。八卦而小成,引而伸之,触类而长之,天下之能事毕矣。显道神德行,是故可与酬酢,可与佑神矣。

"十有八变而成卦",一"变"乃上文所谓"四营",三变就成一爻,经过十八变才得出一个六爻之卦。《大衍章》是《大易》之经典,从王弼《周易注》到孔颖达《周易正义》,注疏家当然有说,但是都没有提到"变卦",更不用说利用变卦说说明《左传》里的筮例。唯有朱熹《周易本义》"谓已成六爻而视其爻之变与不变以为动静,则一卦可变而为六十四卦以定吉凶,凡四千九十六卦也"似乎暗示"变卦"。朱子《筮仪》又申之谓:

> 揲三十六策而为老阳,其画为 〇,所谓重也。……揲三十二策而为少阴,其画为 - -,所谓拆也。……揲二十八策而为少阳,其画为 —,所谓单也。……揲二十四策而为老阴,其画为 ✕,所谓交也。

从此以后,用《易》算卦的人,都认为"老阴"和"老阳"为变爻,"少阴"和"少阳"为不变爻,占都要考虑"本卦"和"变卦",这是《易经》常识。然而,我们可以不管《大衍章》是不是明确说明"变卦"筮法,更重要的问题是《大衍章》和先秦时代的筮法有什么关系。由于至少三种原因,我们可以怀疑这种衍数法与古代筮法不一致:

> 第一,马王堆帛书《周易》没有《大衍章》,可能说明在西汉初年的时候,此文还没有包括在《系辞传》里。
> 第二,《大衍章》之揲策法只能得出"六""七""八""九"四个数字,而近几十年以来出土的数字卦不但包括这四个数字,还包括"一"和"五",清华战国竹简《筮法》还包括"四"。无论如何,这些数字都与《大衍章》筮法不一

致，必须是另外一种筮法所得出的。

第三，《大衍章》筮法似乎与《左传》所载筮例也不一致，至少与《左传》筮例没有必然的关系。

前两个原因是事实，毋庸于此多赘述。第三个原因却比较麻烦，比较复杂，似乎还有讨论之余地。

高原女士在《周易研究》上引用《左传》三个筮例来论证中国古代筮法使用了变卦法，即《僖公二十五年》《庄公二十二年》和《僖公十五年》的记载。《僖公二十五年》谓：

> 秦伯师于河上，将纳王。狐偃言于晋侯曰："求诸侯，莫如勤王。诸侯信之，且大义也。继文之业，而信宣于诸侯，今为可矣。"使卜偃卜之，曰："吉。遇黄帝战于阪泉之兆。"公曰："吾不堪也。"对曰："周礼未改，今之王，古之帝也。"公曰："筮之！"筮之，遇《大有》☲之《睽》☲，曰："吉。遇'公用享于天子'之卦。战克而王飨，吉孰大焉？且是卦也，天为泽以当日，天子降心以逆公，不亦可乎？《大有》去《睽》而复，亦其所也。"

正如高原女士所说，"天为泽以当日"的"天"指《大有》卦☰内卦☰，"泽"指《睽》卦☱内卦☱，"日"乃是《大有》卦和《睽》卦之外卦☲，这是正统《易》学象征，我当然也不否认。然而，问题是，这是筮法还是释法？也就是说，这是筮者所遇到的结果，还是占者解释那个结果？这段文字说得很清楚，"筮"所遇到的结果，不但是"遇《大有》☲之《睽》☲"，并且也是"遇'公用享于天子'之卦"。"公用享于天子"乃是《大有》九三爻辞，这是这次"筮"的唯一结果。如果要再延伸（即"且"的意思）解释这个结果的意义，你可以根据两个卦的卦象来解释，但是这不是"筮"的结果，所以也不是筮法。

《庄公二十二年》谓：

> 陈厉公，蔡出也，故蔡人杀五父而立之。生敬仲。其少也，周史有以《周易》见陈侯者，陈侯使筮之，遇《观》☴

之《否》䷋，曰："是谓'观国之光，利用宾于王'。此其代陈有国乎？不在此，其在异国；非此其身，在其子孙。光，远而自他有耀者也。《坤》，土也；《巽》，风也；《乾》，天也；风为天；于土上，山也。有山之材，而照之以天光，于是乎居土上，故曰'观国之光，利用宾于王'。庭实旅百，奉之以玉帛，天地之美具焉，故曰'利用宾于王'。犹有观焉，故曰其在后乎！风行而著于土，故曰其在异国乎！若在异国，必姜姓也。姜，大岳之后也。山岳则配天。物莫能两大。陈衰，此其昌乎！"

如高原女士所说，"《坤》，土也；《巽》，风也；《乾》，天也"之"坤"是指《观》卦䷓内卦☷，"巽"是指《观》外卦☴，"乾"是指《否》卦䷋外卦☰。"风为天"是说《观》卦䷓之《巽》卦☴变为《乾》卦☰，造成《否》卦䷋。下面说"风行而著于土"也说明《观》卦和《否》卦两个卦象的关系，这也是《易》学的常识，谁都不能误解。然而，与上面分析的一样，这不是这次"筮"的结果（筮的结果是"遇《观》䷓之《否》䷋"，也是"是谓'观国之光，利用宾于王'"），而只是占人从另外一个角度来说明结果的意义。

《僖公十五年》谓：

初，晋献公筮嫁伯姬于秦，遇《归妹》䷵之《睽》䷥。史苏占之，曰："不吉。其繇曰：'士刲羊，亦无衁也；女承筐，亦无贶也。西邻责言，不可偿也。《归妹》之《睽》，犹无相也。'《震》之《离》，亦《离》之《震》。'为雷为火，为嬴败姬。车说其輹，火焚其旗，不利行师，败于宗丘。《归妹》《睽》孤，寇张之弧。侄其从姑，六年其逋，逃归其国，而弃其家，明年其死于高梁之虚。'"及惠公在秦，曰："先君若从史苏之占，吾不及此夫！"韩简侍，曰："龟，象也；筮，数也。物生而后有象，象而后有滋，滋而后有数。先君之败德，及可数乎？史苏是占，勿从何益？《诗》曰：'下民之孽，匪降自天。傅沓背憎，职竞由人。’”

“《震》之《离》，亦《离》之《震》，为雷为火，为嬴败姬”与上面的分析相似，可是同中也有异。“震”指《归妹》卦☳外卦☳，“离”指《睽》卦☲外卦☲，“《震》之《离》”当然可以理解为《震》☳上爻变而为《离》卦☲。然而，“《离》之《震》”不能同样理解，只是说两个卦之间的关系。“为雷为火，为嬴败姬”同样不仅仅是说《震》卦变为《离》卦，也是说《离》卦还会毁害《震》卦。“车说其輹”“火焚其旗”“不利行师”和“败于宗丘”也许也是说明这个关系。然而，这些话都和《周易》爻辞很像。其实，“车说其輹”显然与《大畜》九二“舆说輹”和《小畜》九三“舆说辐，夫妻反目”相同，“火焚其旗”与《旅》九三“旅焚其次”相同，“不利行师”与《谦》上六“鸣谦，利用行师，征邑国”和另外一些爻辞都相同，“败于宗丘”与《贲》六五“贲于丘园，束帛戋戋，吝终吉”至少在形式上比较相同，可是这些象征与《震》卦和《离》卦之象的关系毕竟都相当勉强。高原女士乃强调下面一句话的重要性：“此筮例中，下面有一句‘归妹睽孤，寇张之弧’中的‘睽孤，寇张之弧’，明显是化用《睽》上九爻的爻辞‘睽孤，见豕负涂，载鬼一车，先张之弧，后说之弧，匪寇婚媾……’”这当然不错。然而，她的结论不一定是最终定论，特别是她对我的研究方法的了解并不完全准确。她说：

> 夏先生在列表统计“《左传》引《周易》的实（筮）例”时，只注意到了其引用《归妹》上六爻爻辞的情况，而恰恰遗漏掉了其对“之卦”《睽》上九爻爻辞的引用情况。恐怕夏先生也并非故意遗漏统计，因为《左传》此处的化引确实稍有些隐蔽，其将所化引的《睽》上九爻辞的部分文字“睽孤”与《归妹》卦的卦义融合起来，构成一句，若不认真阅读，真有可能不会引起注意。也应该不会是夏先生已经注意到此处与《周易·睽》上九爻爻辞有一定的相似度，但夏先生不认可是对《睽》上九的引用或化

引。因为如果是这种情况，夏先生至少会稍加辨析。
然而，夏先生在此未着任何笔墨，看来他确实是漏
读了。

我不会否认在我这篇文章里有遗漏，可是这一处并不是遗漏
的，而是我觉得"归妹睽孤，寇张之弧"像上面的分析一样，只是延
伸说明这次筮例的意义。"寇张之弧"与"车说其輹""火焚其旗"
"不利行师"和"败于宗丘"有同等价值，是说明筮的结果，而不是筮
的结果。筮的结果只是"士刲羊，亦无衁也；女承筐，亦无贶也"。
这显然是现传《周易》《归妹》上六"女承筐无实，士刲羊无血"的变
形。在《左传》里，"遇《归妹》䷵之《睽》䷥"的意思仅是指《归妹》上
六爻。这并不是说遇到这个结果以后就不能利用《归妹》和《睽》两
个卦的所有象征来发挥它的意义，只是说这是一个释法，而不是
筮法。

"遇某卦之某卦"是《左传》的常例，筮例当中几乎都像"遇《归
妹》䷵之《睽》䷥"那样指出第一个卦的某一爻，如表一所示：

表一　《左传》筮例

鲁公年代	所遇卦	繇	《周易》爻辞
庄公二十二年	遇观䷓之否䷋	观国之光，利用宾于王。	《观》六四
闵公元年	遇屯䷂之比䷇		
闵公二年	遇大有䷍之乾䷀	同复于父，敬如君所。	
僖公十五年	其卦遇蛊䷑	千乘三去，三去之余，获其雄狐。	
僖公十五年	遇归妹䷵之睽䷥	士刲羊，亦无衁也；女承筐，亦无贶也。	《归妹》上六
僖公二十五年	遇大有䷍之睽䷥	公用享于天子。	《大有》九三
成公十六年	其卦遇复䷗	南国蹙，射其元王，中厥目。	

鲁公年代	所 遇 卦	繇	《周易》爻辞
襄公九年	遇艮☷之八	遇艮☷之八。史曰："是谓艮☷之随☷。随，其出也。君必速出。"姜曰："亡。是于《周易》曰：'随，元亨利贞，无咎。'"	《随》卦辞
襄公二十五年	遇困☷之大过☷	困于石，据于蒺藜；入于其宫，不见其妻；凶。	《困》六三
昭公五年	遇明夷☷之谦☷	明夷于飞，垂其翼；君子于行，三日不食；有攸往，主人有言。	《明夷》初九
昭公七年	遇屯☷	元亨……利建侯。	《屯》卦辞
昭公七年	遇屯☷之比☷	利建侯。	《屯》初六
昭公十二年	遇坤☷之比☷	黄裳；元吉。	《坤》六五
哀公九年	遇泰☷之需☷	若帝乙之元子，归妹而有吉禄。	《泰》六五

在这十四个例子当中，有三个例子只是"遇某卦"，传统理解是指那一卦的卦辞。至少《昭公七年》"遇屯☷"的例子应该如此，"元亨"和"利建侯"正好是《屯》卦卦辞的成分；《僖公十五年》的"其卦遇蛊☷"所引"千乘三去，三去之余，获其雄狐"，和《成公十六年》"其卦遇复☷"所引"南国蹙，射其元王，中厥目"，大概也是指《蛊》卦和《复》卦的卦辞，只是所引文字不见于《周易》，很可能是《归藏》或者《归藏》一类的筮书的文字。有一个例子两个卦之间有五个爻不同（《襄公九年》），有十个例子两个卦之间只有一个爻不同。我看我们可以暂时不管《襄公九年》的例子，因为这是一个非常独特的例外（更不用说，这个例子的"是谓艮☷之随☷"并不是这次贞筮的结果，这次贞筮的结果是"遇艮☷之八"）。在形式上相同的十个例子当中，有八个例子所引用的爻辞正好是第一个卦和第二个卦

之间所不同的一爻的第一个卦的爻辞（例外只是《闵公元年》"遇屯䷂之比䷇"下面没有直接引用筮辞，《闵公二年》"遇大有䷍之乾䷀"所引用"同复于父，敬如君所"不见于《周易》，不知道应该怎样理解）。这在拙作《〈周易〉筮法原无"之卦"考》中已经详细论证了，于此毋庸赘述。然而，有一点证据高原在她对我文章所作的批评里似乎遗漏了，这一点证据应该是这个问题的关键。

在《左传》里，还有不少地方不使用卜筮而仍然引用《周易》，引用方法与上列筮例都一样。试看下列两个例子：

　　知庄子曰："此师殆哉！《周易》有之，在《师》䷆之《临》䷒，曰：'师出以律，否臧，凶。'"（《宣公十二年》）

　　告子展曰："楚子将死矣。不修其政德，而贪昧于诸侯，以逞其愿，欲久，得乎？《周易》有之，在《复》䷗之《颐》䷚，曰'迷复，凶'，其楚子之谓乎！欲复其愿，而弃其本，复归无所，是谓迷复，能无凶乎？"（《襄公二十八年》）

这两个例子在《师》卦䷆和《临》卦䷒之间跟《复》卦䷗和《颐》卦䷚之间，也都只有一个爻不同，所引用文字也就是那一爻的爻辞："师出以律，否臧，凶"是《师》初九爻辞，"迷复，凶"是《复》上六爻辞。因为这些地方不是贞筮的记载，而仅仅是引用《周易》作为经典旁证，所以这种引用《周易》的方法和筮法完全没有关系。

更重要的是，有语言学证据证明"某卦之某卦"的"之"字并不是动词，而只能是所属代词，也就是说相当于白话文的"的"。在《昭公二十九年》一段文字里，魏献子和蔡墨辩论龙的存在，蔡墨乃引用《周易》的几句话来证明龙确实存在：

　　《周易》有之：在《乾》䷀之《姤》䷫，曰"潜龙勿用"；其《同人》䷌曰"见龙在田"；其《大有》䷍曰"飞龙在天"；其《夬》䷪曰"亢龙有悔"，其《坤》䷁曰"见群龙无首，吉"；《坤》之《剥》䷖曰"龙战于野"。若不朝夕见，谁能物之？

"《乾》☰之《姤》☴"当然就是上面所述"某卦之某卦"的用法，《乾》卦☰和《姤》卦☴卦画之间只有一个爻不同（即初爻），所引用"潜龙勿用"正好是《乾》卦初九爻辞，这和上面的例子相同。然而，下面的其《同人》☲曰'见龙在田'"等引语乃以"其"来代替《乾》之"。我们知道在《左传》里，"其"通常用作第三人称所属代词，相当于白话文的"他/它的"，代词功能指《乾》"，所述功能指"之"，这就证明"某卦之某卦"引法的意思只能是"某卦的某卦"。这种用法与变卦说法不可能有关系，这当然可以说是"显然是有悖于常理的"外国学者的怪说。然而，在中国传统说法里，也不是没有前例。孔颖达在《春秋左传正义·庄公二十二年》的疏里引用刘炫说："《观》之《否》者为《观》卦之《否》爻；《屯》之《比》者，《屯》卦之《比》爻，皆不取后卦之义。"至少在《左传》里面，这个读法恐怕不可怀疑。

　　要探讨中国古代筮法问题，除了《系辞·大衍章》和《左传》筮例以外，现在还有不少战国时代竹简上的筮例和清华简的《筮法》可以参考。譬如，包山楚简含有六组筮例，每一组都包括两个数字卦，见于 201、210、229、232、239 和 245 号简。这些卦画还很难说是怎样产生的，到底有什么筮法意义。包山楚简整理者很诚实地说："简文中没有卦画的名称，也没有具体的解说，尚不可了解它们原来的含义。"[1]201 号简和 229 号简可以作例（图一）。

图一
201 号简和
229 号简

　　201 号简可以隶定为"六六六一六六（右边自下）　一一六一一六"，229 号简可以隶定为"六一一六六一　六六八五五（？）一"。201 号简是比较典型的例子，只包括"一"和"六"两个数字。一般都认为"一"是奇数，代表阳爻；"六"是偶数，代表阴爻。过去也有人认为"一"和"∧"分别相当于原始阳爻和阴爻符号。然而，229 号

① 湖北省荆沙铁路考古队：《包山楚简》，文物出版社，1991 年，第 12 页。

简不但也有"一"和"六"两个数字,还有"八"和"五"。因为"八"是偶数,所以一般被定为阴爻,在《系辞·大衍章》系统里,"八"相当于"少阴"。"五"是奇数,一般被定为阳爻,但是无论如何,与只能产出"六""七""八"和"九"的《大衍》系统不一致。过去,也有人认为"八"和"五"都只是"六"字的变形,写得稍微草率的时候,"∧"容易写为"八"或"×"。虽然如此,在 2013 年出版的《清华大学藏战国竹简(肆)》《筮法》一文里,众多数字卦多半也是由"一"和"∧"造成的,可是除了这两个字以外《筮法》卦画还有由"四"("◡")、"五"("×")、"八"("八")和"九"("⇁")四个数字造成的,下面《得》部分四个例子即其证(分别引自简 16—17、18—19、20—21和 22—23):

春见八乃亦得

夏见五乃亦得

秋见九乃亦得

冬见四乃亦得

不但《筮法》卦画含有这四个数字,其他几个段落也论到这些数字的意义,诸如:

　　巽祟字殇五八乃巫九柆兹子四非狂乃缢者(《祟》50号简)

　　凡肴象八为凤为水为言……五象为天为贵人为兵……九象为大战为木为备戒……四之象为地为员为鼓

（《爻象》52—58 号简）

因此，我们确知"四""五""八""九"是数字，而不是符号。故"一"和"六"也应该是数字，而不是符号，这也毫无疑问。然而，应该再强调一遍，无论如何，这些数字是《系辞·大衍章》系统所不能造成的。《大衍》系统当然是古代的一个筮法系统（我们现在可以不管它的年代到底多古），可是绝对不是先秦时代唯一的筮法。同样，《大衍章》所暗示的变卦法也应该是一个筮法，可是也不是先秦时代唯一的筮法。

清华简《筮法》发表之前，也许有理由认为《左传》筮例只能按照《系辞·大衍章》的筮法去理解。现在我们知道中国古代的筮法并不是这样简单，不但有《大衍》的筮法和《筮法》的筮法两种，肯定至少还有《归藏》一类的筮法（可能与《左传·襄公九年》"遇䷠䷖之八"一致），并且恐怕还有不少其他的筮法，也许包括上面所述《左传》"某卦之某卦"的筮法。我知道我很多年以前对这个用法提出的解释仅仅是一个推测，还要等待更多考古资料的发现我们才可以对它作最后的判断。然而，问题是考古资料也不一定能够说明这个问题。中国先秦时代可能真的有几种不同的筮法，这些筮法之间不一定完全一致，甚至有的可能彼此矛盾。我们如果一定要找出统一的解释，恐怕过于勉强，不如实事求是地给每一筮法都找出它自有的特征。

"八卦人身图"性别考

《筮法》是清华简中最引起国内外学术界注意的文献之一,而其中最引起注意的无疑是"八卦人身图"。清华简的编者和中国国内易学专家对这幅图的含义都作了很好的诠释,没有必要再深入讨论。然而,有一个基本问题似乎没有人提出,即这个人身的性别。这也许是过于简单的问题,谁也不愿意谈基础知识;也许是中国学者相当保守,不愿意谈男女性别分别。我是外国学者,看中国文献的时候,有时候就从 ABC 开始,因此觉得这个问题还值得多作一点说明。

一书值万金,一图至少值千金,我们先看"八卦人身图"(图一)。

易学专家已经指出身体上相连的卦画与《说卦传》中八卦和身体上各个部件的对应关系大同小异。《说卦》谓:

图一 八卦人身图

> 乾为首,坤为腹,震为足,巽为股,坎为耳,离为目,艮为手,兑为口。

与此相比,在"八卦人身图"上,乾卦之☰为首,震卦之☳为双足,坎卦之☵为双耳,艮卦之☶为双手,兑卦之☱为口,与《说卦》都一样。《说卦》和"八卦人身图"之间最明显的不同是《说卦》谓"离为目",而在"八卦人身图"上离卦之☲为腹。同时,《说卦》谓"坤为腹",而在"八卦人身图"上坤卦之☷

为心,然而这个差别不算太大。除此之外,《说卦》和"八卦人身图"另外一个不同可能不太明显,可是很重要,就是巽卦之☴。《说卦》谓"巽为股",而在"八卦人身图"上巽卦之☴放在两条腿之间,就在身体生殖器的位置。其实,按照"八卦人身图"的惯例,我们可以确知☴代表生殖器而不是《说卦》所说的股。"股"是大腿,身体上有两个,而生殖器无论是男是女只有一个。"八卦人身图"其他双数部件诸如足、耳和手都有两个卦画,但是只有一个☴卦卦画。因此,可知☴是单数的生殖器,而不是双数的股。

说明巽卦之☴卦画表明身体上的生殖器以后,我们可以再进一步确定这个生殖器应该是女性生殖器。有两个理由:第一,在《说卦传》中巽"为长女",肯定是女性。第二,在"八卦人身图"上,个别卦画看起来是象形符号。譬如,兑卦之☱作 ⌒ ,下面两个阳爻像口之两个嘴唇,上面一个阴爻像鼻子。艮卦之☶作 ⋀ ,与"八卦人身图"上手之手指 ✦ 完全相像。同样,巽卦之☴作 ⋏ ,下面一个阴爻往外开放,像阴道的两个阴唇。《系辞传》说包牺氏"近取诸身",这个道理在"八卦人身图"上就可以看得很清楚。

说清华简"八卦人身图"是女性可能会引起大家的注意,但是这个结论更重要的一点是说明八卦象形性的重要性。从虞翻(164—233)《周易注》到黄宗羲(1610—1695)《易学象数论》,到尚秉和(1870—1950)《周易尚氏学》,再到于省吾(1896—1984)《双剑誃易经新证》,历代易学家多强调八卦为象形之象,考之于清华简《筮法》,知道这个说法有一定的历史根源。

《诗》之祝诵：
论"思"字的副词作用[*]

　　清华楚简对探讨《诗经》的创造和传授有极其重要的意义，无论是第一辑所载《耆夜》还是第三辑的《周公之琴舞》一系列诗，都已经引起国内外专家的注意，对各方面的新思考有所启发。本文无法对《耆夜》《周公之琴舞》等诗词作综合研究，我只想根据各位学者发表的文章来谈谈其中一小问题，联系《诗》的基本性质，阐述自己的一些不成熟意见，希望得到各位专家的批评与指正。

　　《耆夜》载于《清华大学藏战国竹简（壹）》，一共含有周武王作的两首诗和周公作的三首诗，都是为了庆祝周师的军事胜利，基本上都形容男人喝酒的乐趣。只有一个例外。周公酬武王的一首歌题作《明明上帝》，所表示的意思相当严肃，用词也比较典雅，韵脚都是阳部。中间不幸有一部分缺失，但是基本意义还很清楚，可以隶定如下：

> 明明上帝，临下之光。不显迷格，歆厥禋盟。
>
> 于□月有成辙，岁有逆行。
>
> 作兹祝诵，万寿亡疆。

　　诗的最后两句话将诗的目的说出，"祝诵"很明显是一种祷告，表示一种祈求，所祈求的当然就是最后一句的"万寿亡疆"。尽管"万寿亡疆"前面没有表示祈求的动词，但是"万寿"是中国古往今来最常见的祷告愿望，于此显然是祝颂的祈求，大概不会有不同的

---

　　* 本文原题为《〈诗〉之祝诵：三论"思"字的副词作用》，载于《清华简研究（第二辑）》，中西书局，2015年。

解释。

　　《周公之琴舞》载于《清华大学藏战国竹简（叁）》，一共含有周公作的一首诗和成王作的九首诗。如大家已经指出的那样，诗词和《周颂》基本一致，很可能是西周时代的作品，但很可能不是周公和成王自己作的。所谓周公作的一首诗只有四句话，可以隶定为"无忒肯君，罔坠亓孝。肯隹诏币，孝隹型币"，这肯定是祭祀的颂词，一边享祀稻香，一边追送孝型，但是很难据之得出太多的信息。成王作的九首诗各由"启"和"乱"两部分构成，内容更为丰富。成王作的第一首诗相当于《诗·周颂·敬之》。虽然有不少异文，对《诗》之创造与传授颇有意义，但是本文暂时不打算论之。接着是第二首，仅题作《通启》（"通"也许应该读作"再"）和《乱》，根据整理者的意见可以隶定如下（利用宽式隶定法）：

　　　　通（再）启曰：假哉古之人，夫明思慎。
　　　　　　　　　　用仇其有辟，允丕承丕显。
　　　　　　　　　　思修亡斁。
　　　　乱曰：　　　已，丕造哉！
　　　　　　　　　　思型之，思毗强之。
　　　　　　　　　　用求其定，欲彼起不落。
　　　　　　　　　　思慎。

　　清华大学的李守奎教授对这一首诗作了这样的解释：

　　　　此诗以乱为界，前后两部分截然分明而又文意相贯，前半首意在怂劝其辅臣继承其先人之光烈，辅弼其君，乱的部分是讲国家尚未安定，尚未有成，要效法前人，继承光大，以求家、国之安定，希望其兴盛不落，永有光耀。这即（按：应为"既"）是对辅臣的劝勉，也是对自己的儆戒。[1]

　　李教授说这首诗的目的是"以求家、国之安定，希望其兴盛不

---

[1]　李守奎：《清华简〈周公之琴舞〉与周颂》，《文物》2012 年第 8 期，第 74 页。

落",非常有见地,就是他没有作更深入的语言分析。这首诗的起尾都有"思慎"的用语,《通启》最后一句作"思修亡斁",《乱》还有"思型之""思甝强之",五个句子全都有相同的构造,即"思＋动词",对理解全诗的意义和目的都起关键作用。这个构造还见于《周公之琴舞》的其他部分,如下:

> 五启：诸尔多子,逐思忱之。
> 五乱：思辅余于艰。乃是惟民,亦思不忘。
> 七启：思有息,思熹在上。
> 七乱：余录思念,畏天之载,勿请福之怨。
> 九乱：思丰其复,惟福思用。

这些例子几乎都是一个样子,无论是"思辅余于艰""亦思不忘""思有息""思熹在上"或"思丰其复",构造都是句首有"思"字("亦思不忘"的"亦"对这个构造没有影响),后面接着某种肯定的语言,应该是祝颂的祈求。譬如说,"思辅余于艰"的"辅余于艰"是"帮助我针对艰难","思不忘"的"不忘"当然是"不忘记","思有息"的"有息"是"有所增加","思熹在上"的"熹在上"是"(祖先)在上天高兴","思丰其复"的"丰其复"是"使收获丰富"等等。关于前面"思"字的用法,现在大概有三个解释比较普遍:一个是《清华大学藏战国竹简》编者几次提倡的虚词用法,即"斯"的假借字;一个是同书偶尔提出的"使"之假借字;一个是我自己三十多年前提出的副词用法,即表示希望的意思,与古书中"尚"字的用法("庶几也")相似。看看《周公之琴舞》里"思"字十三个不同的用处,这三个解释勉强都可以讲得通。然而,很多假借字都可以讲得通,并不能说明它们都对。我仍然觉得这些诗词都像《耆夜》一样是一种祝颂,像李守奎教授所说的那样都表示某种祈望,"思"字应该是这种祝颂或祷告之词的表现。我对这个用法已经作了几次详细讨论,毋庸于此再次赘述。然而,自从我上一次讨论了这个问题,还有一些新的资料出来,似乎可以说明"思"(或其源字"甶")的用法。因此,至少应该简单地再次判断三个解释的长短。

《清华大学藏战国竹简》编者对《周公之琴舞》的"思"字几乎每次都作注解,把它读作"斯",说是一个虚词。这个解释大概受了《清华大学藏战国竹简》主编李学勤先生的影响。李先生在三十多年前发表的《续论西周甲骨》的文章里对周原卜辞"甶"字同样的用法作了这样的简单论述:

> 《左传》《国语》所载卜筮命辞,辞的末句常冠以"尚"字,"尚"当依《尔雅》训为"庶几",杨树达先生认为是命令副词。西周卜辞的"甶(斯)"字应训为"其",也是义为"庶几"的命令副词。必须注意的是,"斯……"或"尚……"这样以命令副词开首的句子,绝不是问句。这表明,西周卜辞都不是问句。……既然西周卜辞的"斯正""斯有正"之类不是问句,殷墟卜辞的"正""有正"也肯定不是问句。卜辞是否问句,近年在学术界是一个争论问题,涉及对所有卜辞的理解。上面的分析可能对解决这一问题有所裨益。[①]

李先生尽管说"甶"(即他所写的"囟")字应训为"其",但是始终把它读作"斯"。李先生说"甶"与"其"有相同的用法非常有见地,下面还要作比较深入的讨论。他另外说周原卜辞"甶"字的用法和《左传》《国语》所载卜筮命辞"尚"字用法相似,"尚"字训为"庶几",应该是一个命令副词,意思接近现代汉语的"想要",同样很有启发性。李先生这篇文章发表以后,有很多战国时代占卜记录出土了,卜筮命辞的末句也常冠以"尚"字,"尚"字后面都是某种祈求,"尚"训为"庶几"不应该有任何问题。然而,卜筮命辞的末句偶尔也冠以"甶"字(或"思"字,"甶"和"思"应该是古今字无疑),用法和"尚"字显然一样,就如下面包山简和天星观简的疾病占卜所示:

[①]　李学勤:《续论西周甲骨》,《人文杂志》1986 年第 1 期,第 71 页。

　　既腹心疾，以上气，不甘飤，久不瘥，尚速瘥，毋有祟。
（包山简 242—244）

　　至新父句，思紫之疾速瘥。（天星观简）

　　两个疾病占卜都表示占卜的主人（所引用的包山简虽然没有说清楚，但就是左尹拖；天星观简的主人名字叫作"紫"）的疾病会尽快治好（"速瘥"），"思"和"尚"都起同样的作用。当然可以把"思"读作"斯"，训为"其"，但是无论如何，用法应该像李先生说的是一种命令副词。

　　对"由"字的第二种普遍解释是假借为"使"字，原来是中山大学教授陈斯鹏先生提出的，然后被很多学者接受，其中之一是《清华大学藏战国竹简（贰）》《系年》的编者。在《系年》里，"由"字一共出现八次（包括"思"字一次），用法如下：

　　秦穆公乃内惠公于晋。惠公略秦公曰："我句果内，由君涉河，至于梁城。"惠公既内，乃背秦公弗予。
（33—34）

　　怀公自秦逃归。秦穆公乃詝文公于楚，由袭怀公之室。晋惠公卒，怀公即位。秦人起师以内文公于晋。晋人杀怀公而立文公。秦晋焉始会好，穆力同心。（37—38—39）

　　晋文公立四年，楚成王率者侯以回宋伐齐，戍毂居鑢。晋文公由齐及宋之德，乃及秦师回曹及五鹿，伐卫以脱齐之戍及宋之回。（41—42）

　　秦穆公欲与楚人为好，焉脱申公义，由归求成。秦焉始与晋执卫，与楚为好。（48—49）

　　穆王思驱孟者之麋，徙之徒菌。（56）

　　今春其会诸侯，子其与临之。齐顷公由其女子自房中观驹之克。驹之克将受齐侯币，女子笑于房中。驹之克降堂而誓曰："所不复詝于齐，毋能涉白水。"（67—68）

一年，景公欲与楚人为好，乃说芸公，囟归求成。共王使芸公聘于晋，且许成。景公使翟之伐聘于楚，且修成。未还，景公卒，厉公即位。共王使王子辰聘于晋，或修成，王或使宋右师华孙元行晋楚之成。（86—87）

楚灵王立，既县陈蔡，景平王即位，改邦陈蔡之君，囟各复其邦。（104）

这些例子的句子构造，多半和《周公之琴舞》的用法相似，即"囟"（也就是"思"）字在句首，后面直接接着一个动词。清华简的整理者一律采用"囟"是"使"的假借字，意思是某人使令某人去做某事。我们可以暂时不管这种读法在每一个例子中是否讲得通，至少可以说这个读法和历史背景含有某种矛盾。比如，第一个例子（简33—34）关系着秦穆公和晋惠公。"惠公赂秦公曰：'我句果内，囟君涉河，至于梁城。'"意思可以翻译为"我如果真的进去，'思'您过河到达梁城"。在当时的政治情况之下，晋国正有内战，秦国已经强大，晋惠公怎么有资格"使令"秦穆公去做任何事情？他当然可以表示他的愿望，希望秦穆公做什么事，但是肯定不能"使"他去做。第二个例子（简37—38—39）相同："秦穆公乃韵文公于楚，囟袭怀公之室。"秦穆公会不会"使令"晋文公去攻击晋怀公？他当然可以向他表示一个要求，但把"囟"释作"希望""想要"似乎更接近当时的政治和语言环境。这两个字的释读也许在某种程度上仅仅反映不同的语感，但是第七个例子（简86—87）似乎更能说明"囟"和"使"字的不同用处，值得再次引用：

一年，景公欲与楚人为好，乃说芸公，囟归求成。共王使芸公聘于晋，且许成。景公使翟之伐聘于楚，且修成。未还，景公卒，厉公即位。共王使王子辰聘于晋，或修成，王或使宋右师华孙元行晋楚之成。

在这一段文字里，"囟"和"使"都出现，两个字的用法显然不同，"囟"后面直接接着动词，肯定表示愿望（景公"欲"与楚人为好，希望芸公"归求成"）。与此不同，"使"使用了四次，每一次构造都是某位上等人物派令某位下等人物去做某事。在《系年》里，"使"的"某甲使某乙去做某事"的构造不仅仅利用于这四个例子，"使"字另外出现三次，一律都是同样的用法：

　　哀侯妻之，息侯弗训，乃使人于楚文王曰。（24）
　　秦之戍人使人归告曰。（46）
　　穆王即世，庄王即位，使孙白亡晨聘于齐，段路于宋。
宋人是古杀孙白亡晨，夺其玉帛。（58—59）

　　一篇文献利用两个不同的字，两个字的语法、用法都显然不一样，并且两个字都在同一句话里出现，尽管意义上有某些相同之处，我们是否应该采用某种假借说法把它们等同起来？我觉得回答很简单：没有必要。"由"字在周原甲骨文、战国占卜记录和《系年》里都反映同样的语法，也反映同样的语感，就是表达某种祈求或者愿望。把"由"读作"想要"不但讲得通，而且完全合乎用例的历史和思想环境。

　　这些出土文献中"由"的意思还有更广的意义，也可以帮助我们理解《诗·周颂》的性质。如上面所论述，《耆夜》的诗句直接说明那首诗是一种祝颂，《周公之琴舞》肯定也起这个作用，"思丰其复"不就是一种农业的祷告吗？也如上面所说的那样，"由"字毫无疑问就是"思"字，这已经由不少战国文献证明。现在再进一步考察《诗经》里"思"字的用处，也不难找出和《周公之琴舞》"由"字相同的用法。下面先列《周颂》的两个例子，再列《鲁颂》的一个例子和《大雅》的两个例子：

　　思文后稷，克配彼天。立我烝民，莫匪尔极。
　　贻我来牟，帝命率育。无此疆尔界，陈常于时夏。

　　　　　　　　　　　　　　　　《诗·周颂·思文》

　　载见辟王，曰求厥章。龙旗阳阳，和铃央央。

　　俸革有鸧，休有烈光。率见昭考，以孝以享，以介
眉寿。

永言保之，思皇多祜。

烈文辟公，绥以多福，俾缉熙于纯嘏。

《诗·周颂·载见》

　　駉駉牡马，在坰之野。

薄言駉者，有骄有皇，有骊有黄，以车彭彭。

思无疆，思马斯臧。

　　駉駉牡马，在坰之野。

薄言駉者，有骓有駓，有骍有骐，以车伾伾。

思无期，思马斯才。

　　駉駉牡马，在坰之野。

薄言駉者，有驒有骆，有骝有雒，以车绎绎。

思无斁，思马斯作。

　　駉駉牡马，在坰之野。

薄言駉者，有骃有騢，有驔有鱼，以车祛祛。

思无邪，思马斯徂。

《诗·鲁颂·駉》

　　世之不显？厥犹翼翼。思皇多士，生此王国。

王国克生，维周之桢。济济多士，文王以宁。

《诗·大雅·文王》

　　笃公刘，匪居匪康，乃埸乃疆，乃积乃仓。

乃裹糇粮，于橐于囊，思辑用光。

　　弓矢斯张，干戈戚扬，爰方启行。

《诗·大雅·公刘》

　　在这些例子里，"思"字过去多释作虚词无意。这个虚词解释当然讲得通，但是这种无意的说法似乎不够。《周颂》的两个例子像《周公之琴舞》一样是祝颂之诗，毫无疑问。我们可以不去管《思文》的"思"所起之作用，但是《载见》的"思皇多祜"似乎只能是祈求"多祜"（也就是多福），"思"的用法应该是表示这种愿望。同样，《文王》的"思皇多士，生此王国"也是一种祷告，希望多士会继续建立周邦。郑玄对这句话作注谓"思，愿也"，得其原意。我们如果忽视这种用法，就无法理解《诗》在西周时代所起的基本作用。

　　各种出土文献，诸如周原甲骨文、战国楚简、清华简的《系年》以及清华简的《周公之琴舞》都含有"囟"作为副词的用法，表示"冀幸"或"希望"。本文也指出，在《诗经》里"思"也有同样的用法。这个用法和"思"的本意也有明显的关系。从"思念"到"希望"，从"考虑"到"想要"都有直接联系。其实，《诗·卫风·竹竿》谓"岂不尔思"的时候，难道"思"只有"考虑"的意思，而没有联系这个姑娘的情感吗？同样，在《诗·小序》所谓"《竹竿》，卫女思归也"中，"思归"是不是就是说她有回家的概念？当然不是，这表示很浓厚的"想要回家"的想法。那么，我们为什么不能承认"囟"或"思"本来就可以有这个用法呢？

　　重新思考《诗》在西周时代所起的作用，特别是《周颂》的作用，我想再次引用李学勤先生的文章《续论西周甲骨》：

　　　西周卜辞的"囟（斯）"字应训为"其"，也是义为"庶几"的命令副词。

　　像上面所述，我觉得没有必要把"囟"（亦即"囟"或"思"）读作"斯"，但是李先生把它训为"其"字实在很有见地。这个用法也在《周颂》里出现。"其"字在《诗经》中是最普遍使用的字之一，在《国风》《小雅》《大雅》和三《颂》中都频繁出现。"其"字大多数的用法

是作为第三人称代词,下面仅仅举几个例子:

> 葛之覃兮,施于中谷,维叶萋萋。
> 黄鸟于飞,集于灌木,其鸣喈喈。
>
> 《诗·周南·葛覃》

> 伐木丁丁!鸟鸣嘤嘤。
> 出自幽谷,迁于乔木。
> 嘤其鸣矣,求其友声。
>
> 《诗·小雅·伐木》

> 文王在上,于昭于天!周虽旧邦,其命维新。
>
> 《诗·大雅·文王》

> 自彼成康,奄有四方,斤斤其明。
>
> 《诗·周颂·执竞》

然而,在《周颂》里面还有另外一个用法,与此显然不一样。在这些例子中,"其"字在句子中的位置是在动词之前,应该是副词的作用:

> 维天之命,于穆不已!于乎不显文王之德之纯!
> 假以溢我?我其收之。骏惠我文王,曾孙笃之!
>
> 《诗·周颂·维天之命》

> 烈文辟公!锡兹祉福。惠我无疆,子孙保之。
> 无封靡于尔邦,维王其崇之。
> 念兹戎功,继序其皇之。
> 无竞维人?四方其训之。
> 不显维德,百辟其刑之。
> 于乎前王不忘!
>
> 《诗·周颂·烈文》

昊天有成命，二后受之。成王不敢康，夙夜基命宥密。于缉熙！单厥心。肆其靖之！

《诗·周颂·昊天有成命》

我将我享，维羊维牛，维天其右之！仪式刑文王之典，日靖四方。伊嘏文王！既右飨之。我其夙夜畏天之威。于时保之！

《诗·周颂·我将》

像《烈文》之"维王其崇之""继序其皇之""四方其训之"和"百辟其刑之"，或者《昊天有成命》之"肆其靖之"，当然可以说"其"是一个代词，在《烈文》里指"王"，在《昊天有成命》里指"成王"。然而，在《我将》"维天其右之"中，无论如何解释，"其"似乎不能释作代词，而只能是一个副词，像"思"一样表示一种愿望，就是希望天会接受我们所享祀的羊和牛。

这个用法和西周铜器铭文里的"子子孙孙其永宝用"的用法应该是一致的。西周铜器铭文的最后一句话虽然很格式化，但是"其"字的位置相当不稳定，有的时候作"子子孙孙其永宝用"，有的时候作"子子孙孙其万年永宝用"，有的时候作"其子子孙孙永宝"，有的时候作"其万年子子孙孙永宝"。有不少人说这个"其"应当读作代名词，要么是指铜器铸造者，要么是指"子子孙孙"。然而，也有一些证据说明这个理解有问题。譬如，盠驹尊在所有西周铜器铭文中比较独特，铸造者常常利用代名词"余"指明他自己。这个铭文最后两句既用"余"，又用"其"，"其"决不能读作代名词：

盠曰：余其敢对扬天子之休，余用作朕文考大仲宝尊彝。盠曰：其万年世子子孙孙永宝之。

第一句话的"其"肯定是副词，可能仅仅是指将来形态。第二句话的"其"同样应该是副词，当然也带有将来形态，但是这样读还不能完全理解这句话的作用。这句话肯定是一个祷告，表示铸造者的愿望，大概没有人会否认。现在知道同一个时代的其他祷告，诸如周原卜辞和《周公之琴舞》，都使用这样的句首副词，那么铜器铭文的祷告之词也不应该是例外。像李学勤先生说的那样，"其""也是义为'庶几'的命令副词"。

附　　录

在《诗经》里，还有一个表示希望或冀幸的副词。1935 年，丁声树先生在《中研院史语所集刊》上发表了一篇文章，详细论证了《诗经》里"式"字的用法，指出在《小雅》《大雅》《周颂》和《鲁颂》里都可以找到这个用法的例子，如下：

呦呦鹿鸣，食野之蒿。我有嘉宾，德音孔昭。
视民不恌，君子是则是效。我有旨酒，嘉宾式燕以敖！
《诗·小雅·鹿鸣》

南有嘉鱼，烝然罩罩。君子有酒，嘉宾式燕以乐。
《诗·小雅·南有嘉鱼》

秩秩斯干，幽幽南山。如竹苞矣，如松茂矣。
兄及弟矣，式相好矣，无相犹矣！
《诗·小雅·斯干》

周宗既灭，靡所止戾？正大夫离居，莫知我勚？
三事大夫！莫肯夙夜。邦君诸侯！莫肯朝夕。
庶曰式臧，覆出为恶！
《诗·小雅·雨无正》

嗟尔君子！无恒安处。靖共尔位，正直是与。

神之听之，式谷以女！

《诗·小雅·小明》

我孔熯矣！式礼莫愆。工祝致告，徂赉孝孙，苾芬孝祀，神嗜饮食。

卜尔百福，如几如式。既齐既稷，既匡既敕。永锡尔极，时万时亿！

《诗·小雅·楚茨》

间关车之舝兮，思娈季女逝兮。匪饥匪渴，德音来括。

虽无好友，式燕且喜。

依彼平林，有集维鷮。辰彼硕女，令德来教。式燕且誉，好尔无射！

虽无旨酒，式饮庶几。虽无嘉殽，式食庶几。虽无德与女，式歌且舞！

《诗·小雅·车舝》

凡此饮酒，或醉或否。既立之监，或佐之史。

彼醉不臧，不醉反耻。式勿从谓，无俾大怠。

《诗·小雅·宾之初筵》

民亦劳止，汔可小康。惠此中国，以绥四方。

无纵诡随，以谨无良。式遏寇虐，憯不畏明。

柔远能迩，以定我王！

《诗·大雅·民劳》

江汉之浒，王命召虎：式辟四方，彻我疆土。

《诗·大雅·江汉》

觱沸槛泉，维其深矣？心之忧矣，宁自今矣。

不自我先，不自我后！藐藐昊天，无不克巩。

无忝皇祖，式救尔后！

《诗·大雅·瞻卬》

我将我享，维羊维牛，维天其右之！

仪式刑文王之典，日靖四方。

《诗·周颂·我将》

时迈其邦，昊天其子之，实右序有周。

薄言震之，莫不震叠。

怀柔百神，及河乔岳，允王维后！

明昭有周，式序在位。

载戢干戈，载櫜弓矢。

我求懿德，肆于时夏，允王保之！

《诗·周颂·时迈》

角弓其觩，束矢其搜。戎车孔博，徒御无斁。

既克淮夷，孔淑不逆。式固尔犹，淮夷卒获。

《诗·鲁颂·泮水》

丁声树对"式"的解释非常有见地，已经成为定论，也能说明《诗经》中很多诗的祈求形态。沈培教授说周原卜辞和战国占卜记录"由"字的用法和《诗经》里这个"式"字的用法相似，提出"由"或"思"可能是"式"的假借字。在一篇题作《从战国简看古人占卜的"蔽志"——兼论"移祟"说》的文章中，沈教授有这样的说法：

过去，我们对"尚"和"囟"或"思"的区别作过说明，认为"尚"含有明显的"希望"义，但这种"希望"准确地说是一种"冀幸"；"囟"或"思"读为"式"，其意并非强调说话者的愿望，它表达的主要是说话者对事件或状态所作的一种情理上的推断。①

　　沈教授这样把"甹"或"思"和"式"联系起来也很有启发，即使我不一定明白他最后一句话的意思。《诗·小雅·斯干》的"兄及弟矣，式相好矣"表示诗人希望兄弟会互相友爱，《诗·小雅·楚茨》的"式礼莫愆"表示诗人希望礼仪没有毛病，《诗·大雅·江汉》的"江汉之浒，王命召虎：式辟四方，彻我疆土"表示王希望召虎会治理四方。"式"像丁声树所说都表示"希望"，而不是什么"情理上的推断"。我们似乎应该说在《诗经》里"式""思"和"其"都有同样的副词动态，都起同样的祝颂作用。三个字可能都由同一个词根发展起来。

---

　　①　沈培：《从战国简看古人占卜的"蔽志"——兼论"移祟"说》，《古文字与古代史（第一辑）》，中研院史语所，2007 年。

出土文献与《诗经》的
口头和书写性质[*]

曾经有一篇讨论中国传统文学"不稳定性"的采访广为流传，宇文所安（Stephen Owen）在采访中表示《诗经》是"不可断代"的，没有证据表明在汉以前存在《诗经》的集合本，而且战国时期的人也确实没有能力把文本书写下来，至少没有能力正确地书写。宇文所安总结说，《诗经》里的诗歌当时大概是通过口头来传授的，这也在后来影响了它们最终的书写形式。

我同意柯马丁的很多意见，比如《诗经》是不可断代的。首先，没有任何证据表明汉以前《诗经》曾被作为一个整体记录过，我们可以猜测它曾经被记录过，却在秦火中被焚毁了，但也可能是到比较晚的年代才出现了集合本。我觉得当时的人在没听过《诗经》之前是记录不下来的，得先有人记住诗的内容，解释给人们听，然后其他人才能从所知字库中找到对应听到的读音的汉字，艰难地记录下来。在汉以前，可能很多人都能把《诗经》背得很熟，以至于不需要文本的记录。想一想，如果《诗经》一直是一种口头文本，又是用古老的方言传颂的，那么如果语言变化了，文本的内容也就会跟着变化；在传播过程中，如果有人不明白某些细微之处的意思，他可能就会按照

＊ 本文原文为："Unearthed Documents and the Question of the Oral Versus Written Nature of the *Classic of Poetry*." *Harvard Journal of Asiatic Studies* 75.2（December 2015），pp.331－375.中文版由孙夏夏译、蒋文校，原题为《出土文献与〈诗经〉口头和书写性质问题的争议》，载于《文史哲》2020 年第 2 期。

自己的理解添加某些声音相似的字……所以这不是一个在确切的时间写成的文本，而是经历了一段相当长的传播和诠释的历史过程。①

这篇采访相比宇文所安之前对《诗经》的性质发表的评论②，显示出了他更为肯定的观点。就主张《诗经》在创作和传授过程中显著的口头性而言，在发表过类似看法的一众研究中国早期文学的西方学术权威里③，宇文所安是最著名的一位。

鉴于这些意见，或许有人会以为存在有力的证据可以表明《诗经》是口头创作和传授的，而书写一直到很晚都还在文本创作中扮演微不足道的角色。可事实上，在古代中国的环境里，罕有直接证据支持这一说法，甚至什么可以被视作证据，也是仁者见仁，智者见智。口述文学理论常被认为是世界性的，而且有时还专门用于研究中国的《诗经》。

说没有证据支持《诗经》的口头创作和传授，并不是说口述在这个过程中没有起到任何作用。今天，我们当然以歌词的形式听过，或许还唱过大多数的诗歌，大多数人听诗远多于实际去读诗，在古代自然也是如此。无论在今天还是古代，我并不是想否认这种行为对诗人和词人创作的影响，他们当然会在写作时再三地出声吟哦所写的内容。但在今天，他们多半确实会写下来。在本文里，我将展示充分的证据（一些是最近发现的，更多是很早就有的）来说明在《诗经》形成的各个阶段，无论是公元前第一个千年上半叶的最初创作，

---

①　盛韵：《宇文所安谈文学史的写法》，《东方早报》2009 年 3 月 8 日第 2 版（"……"原文即有）。

②　Stephen Owen, "Interpreting *Sheng Min*." in *Ways with Words: Writing about Reading Texts from Early China*, Berkeley: University of California Press, 2000, p.25.

③　在接下来的讨论中，我将集中于柯马丁的研究，他和宇文所安的观点可被视为领域内比较有代表性的意见。譬如，Joseph Allen, "Postface: A Literary History of the *Shi Jing*." in *The Book of Songs*, New York: Grove Press, 1996, pp.336 - 367; Christoph Harbsmeier, "Language and Logic." *Science and Civilisation in China*, Cambridge: Cambridge University Press, 1998, pp.41 - 42; David R. Knechtges, "Questions about the Language of *Sheng Min*." in *Ways with Words*, pp.15 - 16; Michael Nylan, *The Five "Confucian" Classics*, New Haven, Conn.: Yale University Press, 2001, pp.72 - 73。

还是春秋战国的传授及汉代的最终编纂,书写都扮演了重要的角色。

于此,有必要说清楚什么是我的观点,什么不是我的观点。支持书写与书写文本在《诗经》创作和传授中所起的作用,并不是指仅有书写参与了其中。将文本的最初创作想象成是某个孤独的诗人(或者是305个孤独的诗人)在竹简上龙飞凤舞地写作,或者低估口述在之后几个世纪的流传过程中所起的作用,都是荒谬的。毕竟,这些诗歌曾经在某种意义上是歌曲,它们是在音乐里获得生命的。不过,在古代中国的背景下,在一个书写已经发达且愈发普及的时代,幻想书写没有影响这些诗歌的形式和措辞也是同样荒谬的。

一、口述文学理论与《诗经》

我提出的论点与很多对《诗经》的学术研究(尤其是西方的学术研究)唱了反调①。有很多不同意见支持《诗经》的口述性,但它们大多数或明白或隐晦地来源于对《荷马史诗》、《新约》、马尔加什通俗诗、南斯拉夫民谣及古英语诗歌等的研究,极少有观点是基于中国早期文学传统本身,甚至其中最具影响的葛兰言(Marcel Granet,1884—1940)和王靖献(C.H. Wang)的意见也是产生于20世纪70年代简帛写本发现之前②,而此发现为中国早期文化史各个方面的研究都带来了巨大的转变。

而有一位学者的《诗经》研究既与口述理论相关,又对新出土的写本给予了应有的关注,他就是柯马丁(Martin Kern)。宇文所安曾

①   在接受我最初的投稿后,《哈佛亚洲研究学报》的编辑又要求我补充一个西方汉学家关于《诗经》口述理论的总览。当我提供了这个补充后,编辑又认为它太长,要求大幅删减。在我这样做了以后,他们提出还需要进一步缩减,尤其是有关 Marcel Granet(葛兰言)和 C.H. Wang(王靖献)(见下注)的著作及他们各自的学术背景部分。与其给出这样一个缩略的说明,或许在别处以全文发表会更好。希望看到完整总览的读者,可见《〈诗经〉口传起源说的兴起与发展》。

②   Marcel Granet, *Fêtes et chansons anciennes de la Chine*, 2nd ed. Paris: Leroux, 1929; trans. E.D. Edwards, *Festivals and Songs of Ancient China*, London: George Routledge & Sons, 1932; C. H. Wang, *The Bell and the Drum: Shih Ching as Formulaic Poetry in an Oral Tradition*, Berkeley: University of California Press, 1974.

提到他是一位许多想法都与自己一致的学者。在一系列结合古文
字材料进行的《诗经》研究里,柯氏也认为,《诗经》的传授在很大程度
上是一个口头的过程①。他对这个问题最深入的研究是考察了六
篇不同的包含《诗经》文本或引文的写本,并且提出了用于分析这
些写本书写的方法论②。他发现,引文中三成之多的汉字都与传世
文献不同,又进一步发现,这些异文大多数在本质上是同音的,它们
的声旁属于同一个谐声序列。关于这些写本的产生,柯氏提出了三
种可能的情境:"面前有底本,抄手一边看底本,一边写抄本";"有人
朗读底本,抄手一边听底本,一边写抄本";"手头无底本,抄手凭着记
忆写,或者听人背诵着写"③。柯氏总结说,写本里发现的异文的比
例和性质可以从一个手头没有底本的传授过程中得到最好的解释。

　　柯氏文章深入而清楚的论述对许多读者来说很有说服力。不
幸的是,一个基本的方法论问题质疑了他提出的写本产生的情境。
柯氏说:"异文的出现……影响了《诗经》的引文,就像它们嵌在战
国哲学散文里那样。"④换句话说,《诗经》的引文里所发现的异文的

---

①　Martin Kern, "Methodological Reflections on the Analysis of Textual Variants and the Modes of Manuscript Production in Early China." *Journal of East Asian Archaeology* 4. 1–4 (2002),pp.143–181(中文版见柯马丁:《方法论反思:早期中国文本异文之分析和写本文献之产生模式》,《当代西方汉学研究集萃·上古史卷》,上海古籍出版社,2012 年,第349—385 页);"Early Chinese Poetics in the Light of Recently Excavated Manuscripts." in *Recarving the Dragon: Understanding Chinese Poetics*, Prague: Charles University, Karolinum Press, 2003, pp.27–72;"The *Odes* in Excavated Manuscripts." in *Text and Ritual in Early China*, Seattle: University of Washington Press, 2005, pp.149–193;"Excavated Manuscripts and Their Socratic Pleasures: Newly Discovered Challenges in Reading the 'Airs of the States'." *Asiatische Studien/Études Asiatiques* 61.3 (2007), pp. 775–793;"Bronze Inscriptions, the *Shijing* and the *Shangshu*: The Evolution of the Ancestral Sacrifice during the Western Zhou." in *Early Chinese Religion*, *Part One: Shang through Han* (*1250 BC to 220 AD*), Leiden: Brill, 2009, pp.143–200;"Lost in Tradition: The *Classic of Poetry* We Did Not Know." in *Hsiang Lectures on Chinese Poetry*, vol.5, Montreal: Centre for East Asian Research, McGill University, 2010, pp.29–56.

②　Martin Kern, "Methodological Reflections."

③　Martin Kern, "Methodological Reflections." pp.167、171.

④　Martin Kern, "Methodological Reflections." pp.165–166.另见第 175 页:"《诗经》拥有特殊的文化地位,并以诗的形式组织起来。由于这两个原因,它在文化精英群体中广泛的记忆和口头传流使它总体的呈现与其他文本不同。然而如上所述,《诗经》的异文与其他具有一定历史的文本中所发现的异文并没有根本不同。"

比例并没有什么特别的。更确切地说,这些引文的书写,与发现这些引文的文本的书写,以及其他写本的书写,都仅仅反映了当时的书写体系而已。

尽管秦代初期的官僚机构已经开始规范中国的书写体系,但是直到汉代,书写规范(意指"正确的书写")的牢固意识才逐步建立了起来。在这之前,情况类似于塞缪尔·约翰逊(1709—1784)或诺亚·韦伯斯特(1758—1843)的字典出现之前的英文书写:当时根本就没有"正确"的拼写。柯氏对这个现象有很清楚的认识:

> 从写本来看,帝国之前和帝国早期的书写体系似乎并没有系统地扫除音同或音近所导致的歧异。这可见于大量的音同或音近的异文。尽管当时对于书写系统肯定有一定程度的规范——否则,这个系统就无法运行——但是有个别抄手,也可能很多抄手,会使用迥然不同的文字来书写相同的词汇。即使在同一个写本当中,抄手也会使用不同的字来写同一个词,这说明他们享受了很大程度的书写自由,这也可以反过来帮助我们解释为什么在所有文本中都会有差不多三分之一的异文。①

虽然如此,柯氏的整个分析却是建立在对战国至汉代早期的楚系文字写本与我们现在作为标准的楷书传世本《诗经》的比较上。很难明白他怎么会说:

> 我们所分析的写本含有各种不同的异文,不但与传世文献不同,而且彼此也不同。就辨认这些异文而言,只要我们能够认出构成文字的各个部分,并为其作出相应的楷书释文,那么文本是否是用本地或地方的文字系统(譬如,现在通常所说的楚系文字)书写而成就并不

---

① Martin Kern, "Methodological Reflections." p. 164; "The *Odes* in Excavated Manuscripts." p.160.

重要。①

文本是否是以楚系文字或传世本中的楷书文字书写当然重要。比较这两种不同的书写规范(于此仅指书写系统,它们当然不仅是"书法"形式)就像是比较今天繁体字的《诗经》和简体字的《诗经》一样,这两种版本的不同无疑十分类似于古代写本之间的不同,但是这丝毫不能说明它们原来的书写方式和它们传抄用的底本到底是怎样的②。

除了柯氏对写本抄写方式的分析中存在的方法论问题,我们现在至少可以举出两种实证证据来表明写本的抄写过程涉及一个底本和一个抄本。首先,在柯氏文章发表之后,新的证据出现了,这一证据非常类似于他所用的证据,明确地表明了文本的抄写确实是基于底本。上海博物馆发表了所藏的四对写本:《天子建州》《郑子家丧》《君人者何必安哉》和《凡物流形》③。对其细致的比较充分显示出,每对写本都包含了同样的写法特别的文字、符号和标点。特别是《天子建州》和《凡物流形》,每对里都肯定有一个是底本,一个是抄本④。

底本传抄的证据还见于之后的中国写本文化。倪健(Christopher Nugent)在有关唐代诗文传流的博士论文里考察了

---

① Martin Kern, "The *Odes* in Excavated Manuscripts." p.158.

② 版本的不一样大概可以说明某一版本是 1955 年以前出版(繁体字)还是 1955 年以后(简体字)出版,然而,这一点也不说明文献原来的性质。

③ 马承源主编:《上海博物馆藏战国楚竹书(六)》,上海古籍出版社,2007 年,第 125—139 页《天子建州(甲)》照片、第 143—153 页《天子建州(乙)》照片、第 309—338 页《天子建州》释文。马承源主编:《上海博物馆藏战国楚竹书(七)》,上海古籍出版社,2008 年,第 33—39 页《郑子家丧(甲)》照片、第 43—49 页《郑子家丧(乙)》照片、第 171—188 页《郑子家丧》释文;第 53—61 页《君人者何必安哉(甲)》照片、第 63—73 页《君人者何必安哉(乙)》照片、第 191—218 页《君人者何必安哉》释文;第 77—107 页《凡物流形(甲)》照片、第 111—132 页《凡物流形(乙)》照片、第 221—300 页《凡物流形》释文。

④ 见 Matthias L. Richter, "Faithful Transmission or Creative Change: Tracing Modes of Manuscript Production from the Material Evidence." *Asiatische Studien/Études Asiatiques* 63.4 (2009), pp.895 - 905; Daniel Morgan, "A Positive Case for the Visuality of Text in Warring States Manuscript Culture." paper presented at the Creel-Luce Paleography Forum, University of Chicago, April 24 - 25, 2010.

韦庄(836—910)《秦妇吟》的八篇敦煌写本①。我们知道,或至少大概知道,韦庄这首 238 句的七言诗是作于公元 886 年。在含有此诗的敦煌写本中,五篇载有确切的抄写年代,即 P.3381(905年)、P.3780(955 年或 957 年)、P.3910(979 年)、S.692(919年)和P.2700+S.692(920 年)。倪氏将这八篇写本两两比较,从中发现的异文种类与柯氏的发现并无任何不同②。倪氏总结说:

> 虽然我们有理由相信,有的传流是根据记忆,但是有具体的文本证据表明,抄手的书写利用了底本……《秦妇吟》的书写传授证据更为有力,可以分成两类:抄手利用传授过程中的底本,和抄手利用当时存有的底本。③

这些抄本有的还保留了抄手的名字和抄写日期。毋庸置疑,唐代的抄写过程和战国时代的抄写过程并没有根本的不同。

柯氏的文章起到了非常积极的作用,将对《诗经》的讨论转到了四十多年来数量惊人的出土古代文献上面来。不过,虽然这些出土文献提供了很多宝贵信息,但它们也揭示出我们对古代中国的认识有多么贫乏。柯氏在 2005 年提到,他的结论只是阶段性的,可以基于新的证据而改变。而新的文本发现也确实使我们的认识大为改观④。我认为,有关《诗经》的一些最新发现及之前的一些证据都表明,书写参与了《诗经》形成的每一步:从最初的创作到传授,直至最终编纂。

---

① Christopher Nugent, "The Circulation of Poetry in Tang Dynasty China." Ph. D. diss., Harvard University, 2004; "The Lady and Her Scribes: Dealing with Multiple Dunhuang Copies of Wei Zhuang's 'Lament of the Lady Qin'." *Asia Major* 3rd ser. 20.2 (2007), pp.25–73.

② Christopher Nugent, "The Lady and Her Scribes." p.51.

③ Christopher Nugent, "The Lady and Her Scribes." pp.71–72.

④ Martin Kern, "The *Odes* in Excavated Manuscripts." pp.150–151.

二、写本新发现与《诗经》

　　2001 年，上海博物馆公布了《孔子诗论》的写本，并将其作为《上海博物馆藏战国楚竹书（一）》的标题①。整理者将这个写本归到孔子名下的做法激起了第一波关于写本性质的争论，不过，整理者的解读在后来得到了证实②。尽管文中所引孔子的话仍然有可能是后人伪托的，但它确实反映了公元前 4 世纪的儒家对《诗经》的理解③。与其说这个写本是《诗经》的集合本，倒不如说它是一连串零散的五十八首诗的篇题及非常简略的诗歌内容特点的描述，尤其是在它整理拼复后仍旧残缺不全的状态下。尽管如此，这个写本仍然提供了《诗经》的几个主要部分，即《颂》《雅》和《国风》（《国风》在文本中录为《邦风》）的简短介绍。虽然《孔子诗论》里提到的许多诗题都采用了与传世本《毛诗》不同的字，但上海博物馆的整理者成功辨识出了传世本中相应的五十一首诗的篇题。其他一些学者也就文本其余部分的释读提出了合理意见④。无论是五十一首诗题还是五十八首诗题，《孔子诗论》与我们所知的《诗经》并没有相去甚远。尽管柯氏强烈地主张《诗经》的口头传授，但他仍然写道，这个新的写本"表明存在一个与传世本出入不大的相对稳定的文本"⑤。

　　《孔子诗论》出版后的几年里，又有更好的关于《诗经》在先秦

　　①　马承源主编：《上海博物馆藏战国楚竹书（一）》，上海古籍出版社，2001 年，第 13—41 页（底片）、第 121—165 页（释文和附录）。新的一项研究和完整翻译，包括之前学术成果的完整引用，见 Thies Staack, "Reconstructing the *Kongzi Shilun*: From the Arrangement of the Bamboo Slips to a Tentative Translation." *Asiatische Studien/Études Asiatiques* 64.4 (2010), pp.857–906.

　　②　关于这个争论的总览，见 Edward L. Shaughnessy, *Rewriting Early Chinese Texts*, Albany: State University of New York Press, 2006, pp.19–23.

　　③　在中国，并没有研究战国简的古文字学家提出过对上博简真伪的怀疑。

　　④　季旭升主编：《〈上海博物馆藏战国楚竹书（一）〉读本》，台北万卷楼图书有限公司，2004 年，第 60—61 页；Thies Staack, "*Ode* title synopsis." in "Reconstructing the *Kongzi Shilun*." pp.901–902.

　　⑤　Martin Kern, "The *Odes* in Excavated Manuscripts." p.153.

时期的性质与传流的证据现世。2008 年,清华大学的一位校友向清华大学匿名捐赠了大量战国竹简。当时,没有人知道这些竹简的内容是什么,许多竹简都还包裹在它们被盗掘的坟墓的泥土里。然而,认识到这些写本潜在的重要性,清华大学专门成立了出土文献研究与保护中心去储置和出版这些文本。这个中心在李学勤的领导下立即展开了整理工作,2010 年底,中心出版了这些写本的第一辑,之后又以每年一辑的速度相继出版着后续的文本[1]。据整理者估计,他们还需要十五年的时间来完成所有写本的出版工作,而学者们无疑还需要更多的时间来消化这所有的财富。

清华简为世人所知后,引起了中国学术界极大的关注,中国经典的早期历史将因此而变得更加明朗。不幸的是,这些写本是通过盗墓和匿名捐赠而来到清华大学的,但毫无疑问,它们是真正的战国写本。它们大部分以楚系文字清晰书写,这种文字在过去已经为古文字学家们所熟知。碳 14 断代和古文字学家的估算都将这些竹简和上面的写本的年代推断为公元前 4 世纪末。在迄今出版的清华简里,有几辑的内容是诗歌或包含了诗歌,其中还包括了传世本《诗经》中的两首诗。所有这些诗歌都直接关系到《诗经》的性质问题,值得更全面的研究。于此,我仅考察还出现于传世本中的这两首诗(或者更准确地说,是这两首诗的部分),以传世本中对应的部分作为对照。

《耆夜》,标题似乎最该理解为是"庆祝(战胜)者",意在叙述周武王统治下第八年的一个酒会。当时的几位重要人物——毕公高、召公奭、周公旦、辛公諆靡、作册逸和吕尚父都出席了武王的这次酒会,庆祝周王朝对耆国战事上的胜利[2]。每位宾客从爵中饮酒前都需要先吟诵一首诗。武王的第一首诗题作《乐乐旨酒》。这个

---

[1]   清华大学出土文献研究与保护中心:《清华大学藏战国竹简(一)》,中西书局,2010年(后文注"清华竹简")。

[2]   《清华竹简(一)·耆夜》,第 10—13 页(全尺寸照片)、第 63—72 页(放大照片)、第 149—156 页(释文)。此处及下文的 25 个古文字及其今文字形的图片下载于"缺字系统"数据库。

题目并不很过目难忘,不过却可以很好地展现出它的题材:

> 药药旨酒,宴以二公。纴尼兄弟,庶民和同。
>
> 方臧方武,穆穆克邦。嘉爵速饮,后爵乃从。①

　　在武王几番诵读类似的诗句后,正当周公要献上第二首诗时,一只蟋蟀跃入了大厅。见此,周公改音变调,唱出了一章应景的诗歌《蟋蟀》。不幸的是,此处清华简有两处残缺,不过保留下来的部分已经足够我们理解此诗的结构②。这首诗的大部分内容对《毛诗》的读者来说应该很熟悉,会使他们联想起《唐风》中的那首同名诗③。把这两首诗放在一起,可以很好地揭示出它们的异同(表一)。

表一　清华简与传世本《诗经·蟋蟀》对照

清华简《蟋蟀》	传世本《蟋蟀》
蟋蟀在堂,役车其行。今夫君子,丕喜丕乐。夫日□□,□□□忘。毋已大乐,则终以康。康乐而毋忘,是唯良士之方。	蟋蟀在堂,岁聿其莫。今我不乐,日月其除。无已大康,职思其居。好乐无荒,良士瞿瞿。
蟋蟀在席,岁逝云落。今夫君子,丕喜丕乐。日月其蔑,从朝及夕。毋已大康,则终以祚。康乐而毋[忘],是唯良士之惧。	蟋蟀在堂,岁聿其逝。今我不乐,日月其迈。无已大康,职思其外。好乐无荒,良士蹶蹶。
蟋蟀在舍,岁逝□□。□□□□,□□□□。□□□□□,□冬及夏。毋已大康,则终以惧。康乐而毋忘,是唯良士之惧。	蟋蟀在堂,役车其休。今我不乐,日月其慆。无已大康,职思其忧。好乐无荒,良士休休。

来源:清华简版本见《清华竹简(一)·耆夜·蟋蟀》,第 11 页(全尺寸照片)、第 67—69 页(放大照片)、第 150 页(释文),第 9—13 号简。传世《毛诗》版本见《毛诗正义》,第 361 页。

　　《蟋蟀》这两个版本的差异或许可以看作是中国早期文学多变

---

　　①　《清华竹简(一)·耆夜·药药旨酒》,第 5 页(照片)、第 64 页(放大照片)、第 150 页(释文),第 3—4 号简。

　　②　周公作的诗自第 9 简末至写本末尾(第 14 简)。为了方便展示,我将写本文字转录为了标准楷书。譬如,“蟋蟀”在写本中原为“蛊蛊”。鉴于本文的论题,宽式释文似已足够。

　　③　阮元校刻:《毛诗正义·蟋蟀》,《十三经注疏:附校勘记》,中华书局,1980 年,第 361 页。

性或不稳定性的一个例子。另一方面,清华简也确凿地表明了先秦时期有可能写出《蟋蟀》这样的诗。当然,这个证据并不意味着这首诗的两个版本都写于周公时代;关于其创作年代,如果未来能够发现什么直接证据的话,也将毫无疑问是某种不同性质的证据。不管怎样,清华简第一辑提供了在秦"焚书"之前很早就有的一篇类似于《诗经》的诗歌书写文本,这已经证明了在当时写出这样的文本的可能性。现在,我们只需要看这样的书写在当时可能有多么普遍。

　　清华简第三辑再次出现了一组诗歌,其中一首更加紧密地对应了传世本《诗经》中的一首诗。这首诗在写本中题作《周公之琴舞》(诗题写在第一支简的背面)。这首诗被记录在十七支简上,以一首周公所作的诗为始,接着记录了据说是周成王所作的一组分为九个部分的诗。尽管这首诗没有篇题,整首诗中不同絉该如何区分也并不清楚,但是第一絉显然对应了《诗经·周颂·敬之》(表二)。

表二　清华简《周公之琴舞》无题诗与传世本《毛诗·敬之》对照

清华简《周公之琴舞》	传世本《毛诗·敬之》
成王作敬怭,琴舞九絉。元内启曰:	
敬之敬之,天佳䫻帀。文非易帀,毋曰高高才上。陟降亓事,卑蓝才兹。	敬之敬之,天维显思。命不易哉,无曰高高在上。陟降厥士,日监在兹。
乱曰:	
讫我夙夜,不兔敬之。日蹟月将,学亓光明。弼寺亓又肩,眡告余,䔩㥯之行。	维予小子,不聪敬止。日就月将,学有缉熙于光明。佛时仔肩,示我显德行。

来源:清华简版本见《清华竹简(三)·周公之琴舞》,第8页(全尺寸照片)、第55—56页(放大照片)、第133页(释文),第1—3号简。传世本见《毛诗正义》,第3598—3599页。

　　把这首诗的两个版本放在一起,可以揭示出比《蟋蟀》的例子更多的相似之处(不考虑楚文字转录过程中所造成的歧异)。最晚从《毛传》开始,传世本《敬之》就被分成了两半,前半部分是表现臣对君主的劝告,后半部分是君主的回应①。清华简的版本使这个划分更加明确,分别将前后两部分称为《启》和《乱》。在这两个版本里,前半部分都有六句,每句都几乎完全对应;后半部分在传世本里是六句,在清华简的《乱》里是七句,二者也紧密对应。

当然,个别字词会有一些不同。清华简里,是"文""非易",而在传世本中,却是"命""不易"。清华简里,是"事""陟降",而在传世本中却为"士"(在《毛传》中又写为"事"②)。在清华简里,"蓝"是"卑",而在传世本中却将"监"描述为"日"。另外,这两个版本对"弼"的写法也不同:清华简里为"弼",而传世本中却为"佛"。

不过,这都是一些相对次要的差异。上文考察的《蟋蟀》的两个版本或许还可以被看成是两首不同的诗,只不过它们有一样的主题和一些相同的措辞罢了,但是,《敬之》的这两个版本就很难不被看作是同一首诗。如果真是如此,我们现在就有了一个不可否认的证据,表明传世本《诗经》里至少有一首诗是在不晚于战国的时代以书写的形式传流。

三、《诗经》书写性质的其他证据

据目前所知,清华简《敬之》是唯一能够表明《诗经》所有诗歌都是在秦焚书之前写就的证据。不过,另有一些确凿程度不同的证据可以说明,在当时其他一些诗歌也是以书写的形式传流的。于此,我将考察《诗经》里的诗歌在三个历史时期中的书写:约在汉代的最终编纂,早期的传授过程,及单首诗歌创作的大概时期。在对每一个时期的讨论中,我都会引用一些传闻性的证据,不过我相信,这些证据对于认识整体的趋势将会很有启发。在《诗经》的这三个历史时期中,我认为书写(意指抄写汉字

---

① 《毛诗正义·敬之》及其《毛序》,第598页。
② 《毛诗正义·敬之》,第598页。

至比较持久的媒介的体力活动)对文本的形成起到了,或至少可能起到了作用。这个观点不是说记忆、背诵、表演或对它们的任意组合没有对文本的形成起作用,毋庸置疑,它们起到了作用。但是,《诗经》书写性质的证据是值得所有对《诗经》创作方式感兴趣的学者们注意的。

1.《诗经》的写作与编纂

一般认为,《诗经》的所有抄本在公元前 213 年秦颁布"挟书令"时被烧毁了。而《诗经》又凭借秦代身处江湖与庙堂的学者们的记忆得以重建,这很大程度上得益于其押韵的性质[①]。我认为,当时大多数的学者,无论是否身居朝廷,都确实熟记《诗经》,这种记忆肯定在汉代对《诗经》的重建中起到了某种作用,这点无可怀疑。但是,秦代焚书究竟对《诗经》的传授产生了多大影响,我认为还有相当大的疑问。我们有一些实证证据来探讨这个问题。1977年,安徽阜阳双古堆一号墓出土了《诗经》残简[②]。墓主是汝阴侯夏侯灶,去世于公元前 165 年。似乎没有什么办法能够辨别出阜阳《诗经》写本是抄写于汉初之前还是之后(基于某些理由可以推断同一墓中出土的《周易》写本可能抄写于秦代[③],而它与《诗经》写本的字迹十分相近),不过,这座墓的断代给这份写本划定了一个明确的不晚于西汉早期的下限。

不幸的是,阜阳《诗经》写本残损过甚,有关文本传授的直接信息几不可得。但无论如何,写本记载于竹简的事实应该可以提示我们,最晚从春秋直至汉末,文本的标准媒介就是竹简。由此可得一个很好的推论,即这个媒介对文本的书写方式产生过

---

① 譬如,《汉书·艺文志》云:"遭秦而全者,以其讽诵,不独在竹帛故也。"见班固:《汉书》,中华书局,1964 年,第 1708 页。

② 见胡平生、韩自强编:《阜阳汉简诗经研究》,上海古籍出版社,1988 年。

③ 有正反两方面的证据。反面证据更为清楚:写本中可以自由书写"邦"字,并没有避讳汉代皇帝刘邦(公元前 202—前 195 年在位)的名字。正面证据就不这么清楚了:胡平生指出,写本中出现的占卜术语"临官立众"在别处写为"临官立正(或政)","众"的用法显示出抄手故意避讳了秦代第一任皇帝嬴政的名字。见胡平生:《〈阜阳汉简·周易〉概述》,《简帛研究(第三辑)》,广西教育出版社,1998 年,第 265—266 页。

深刻的影响①。我认为更好的推断是，该媒介对文本重新书写的方式，也就是早期写本的重抄与编辑方式，产生过深刻的影响。在阜阳《诗经》写本的例子里，汉字是以不同大小书写的，这确保了每支简都可以正好记载一首诗里的一章，且仅有一章②。写本的这种物质性也应该对文本内容的呈现和保存起到了意想不到的影响。如果竹简编线断开（在古代遗物中这显然时常发生），可以料想，一首诗中的一章就很可能会与全诗分散，偶尔也会被嫁接到另一首诗上，尤其是当它们主题类似的时候。

　　关于《诗经》口头与书写性质问题的争议，在我看来，像这样的一枚"错简"就几乎必定是一个写本抄写到另一个写本的证据。当然，我们没有完整的阜阳写本的抄本。然而，有其他证据——尽管是间接证据——表明有至少一枚这样的错简影响了传世本《毛诗》的最终定本。

　　在我的《重写中国古代文献》一书中，我将《缁衣》的两个战国写本与传世本《礼记》中同篇题的一章作了对比③。《缁衣》含有大量的《诗经》引文，《缁衣》写本中大多数的《诗经》引文不仅与传世本《礼记·缁衣》吻合，也与传世本《诗经》相符。然而，在《缁衣》写本引《诗经》时，有一处却与传世本《缁衣》里对应的引文存在显著差异。我认为这一处差异可以表明传世本《诗经》自身的一个有趣特征。

　　《缁衣》战国写本引《诗经》如下：

----

　　①　譬如，Tsuen-hsuin Tsien, *Written on Bamboo and Silk: The Beginnings of Chinese Books and Inscriptions*, Chicago: University of Chicago Press, 2004, p.204.有关竹简对中国早期文本内容的影响的更广泛的论述，见 William G. Boltz, "The Composite Nature of Early Chinese Texts." in *Text and Ritual in Early China*, Seattle: University of Washington Press, 2005, pp.50 - 78.

　　②　胡平生、韩自强：《阜阳汉简诗经研究》，第 90 页。

　　③　夏含夷：《由〈缁衣〉的重写看中国经典的形成》，《重写中国古代文献》，上海古籍出版社，2012 年，第 58—105 页。关于写本，见荆门市博物馆：《郭店楚墓竹简·缁衣》，文物出版社，1998 年，第 17—20 页（照片）、第 129—137 页（释文）；《上海博物馆藏战国楚竹书（一）》，第 45—68 页（照片）、第 171—200 页（释文）。关于传世本，见《礼记正义》，《十三经注疏：附校勘记》，第 1647—1651 页。

> 诗云：其容不改，出言又顺，黎民所信。[1]

《礼记·缁衣》中对应的引文相似到足以表明它们应该来自同一首诗，但是又不同到足够引起我们的注意：

> 诗云：彼都人士，狐裘黄黄，其容不改，出言有章，行归于周，万民所望。[2]

传世本《礼记》引用的这六句诗构成了传世本《毛诗·都人士》完整的第一章[3]。然而，在郑玄（127—200）对《礼记·缁衣》所作的注里，他指出这六句诗虽见于《毛诗》，却不见于《齐诗》《鲁诗》和《韩诗》，而这几个版本是郑玄其时《诗经》的官定本[4]。

有两处文本证据可以证明，失传已久的齐、鲁、韩本《诗经》确实没有包含这一章诗。首先，《左传》也引用了这章诗的最后两句：

> 行归于周，万民所望。[5]

唐初孔颖达（574—648）的《毛诗正义》又反过来引用了服虔（约125—195，郑玄同时代人）的《左传注》，说了如下明显自相矛盾的话：

> 逸诗也，《都人士》首章有之。[6]

其次，《熹平石经》（官定儒家经本，抄刻于175—183年郑玄在世时）中有一首题作《都人士》的诗，但其中却根本没有包含这一章的内容[7]。

---

① 《郭店楚墓竹简·缁衣》，第 18 页（照片）、第 130 页（释文），第 17 号简；《上海博物馆藏战国楚竹书（一）》，第 53—54 页（照片）、第 183—185 页（释文），第 9—10 号简（由于断简，写本失最后两字"所信"）。
② 《礼记正义·缁衣》，第 1648 页。
③ 《毛诗正义·都人士》，第 493—494 页。
④ 《礼记正义》郑注，第 1648 页。
⑤ 《春秋左传正义·襄公十四年》，《十三经注疏：附校勘记》，第 1959 页。
⑥ 《毛诗正义》，第 493 页。
⑦ 这个观点来自吴荣曾：《〈缁衣〉简本、今本引〈诗〉考辨》，《文史》2002 年第 3 辑，第 15—16 页。

清代学者王先谦（1842—1917）在对汉本《诗经》的研究中指出，这一章诗虽然表面上与诗里其他章节相似，但其实却具有不同的结构。毫无疑问，这一章诗是某首佚诗的孤章被嫁接到了这首诗上①。通过对这首诗的考察，我相信王氏肯定是正确的。这首诗全诗如下：

> 彼都人士，狐裘黄黄。其容不改，出言有章。行归于周，万民所望。

> 彼都人士，台笠缁撮。彼君子女，绸直如发。我不见兮，我心不说。

> 彼都人士，充耳琇实。彼君子女，谓之尹吉。我不见兮，我心苑结。

> 彼都人士，垂带而厉。彼君子女，卷发如虿。我不见兮，言从之迈。

> 匪伊垂之，带则有余。匪伊卷之，发则有旟。我不见兮，云何盱矣。②

在第二、三、四章中出现及在第五章中被暗指的"彼都人士"，显然激发了一些浪漫绮想——"我不见兮，我心不说"等等③。对比之下，第一章的这些（或这个）"人士"则无关风月，而是因为其政治家的仪表和为民表率的美德而受到钦慕，这正是写本《缁衣》里的美德模范："其容不改，出言又顺，黎民所信。"

结构和基调的差异，再结合郑玄和服虔的注，都可以表明《诗经》里原本有两首不同的诗都题作《都人士》。第一首（道德的）诗很可能同时包含了战国写本《缁衣》中的引文和传世本《礼记·缁衣》中引用的整章内容——也就是传世本《都人士》的第一章。第二首（浪漫的）诗大概原本只包含了《毛诗·都人士》中第二至五章

---

① 王先谦：《诗三家义集疏》，虚受堂，1915年，第9a—b页。
② 《毛诗正义·都人士》，第493—494页。
③ 传统解释是"人士"的传统服装激发了古朝失都的忆古之情。

的内容。

　　写本与传世本中不同的引文,为《缁衣》的整理问题带来了一些有趣的启示。我在之前对这些写本的研究中,曾得出结论说:

> 很明显,《缁衣》撰写完成后至汉代这段时间内,第一首《都人士》除第一章之外均已散佚,仅存的第一章则被误置于《毛诗》本第二首《都人士》的开头。《礼记》本《缁衣》的整理者肯定对《毛诗》了然于胸,他可能意识到《缁衣》的引文不见于传世本《诗经》,但又和《毛诗》本《都人士》的第一诗节非常相似,于是干脆把《缁衣》的引文改成《毛诗》本《都人士》的第一诗节。[①]

　　《毛诗》中这两首同题作《都人士》的诗的合并,可能会给《诗经》的整理问题带来更加有趣的启示。第一首《都人士》一定是在《左传》和《缁衣》的写作时期(也就是秦焚书之前)与汉代对《诗经》的编纂时期之间的某个时候被佚失的。然而,佚失的《都人士》中的一章显然幸存了下来,可能是被写在一枚单独的竹简上。《毛诗》的整理者看出了这一章与幸存的同题诗其他四章的表面相似之处,于是直接将这一章放在了其他四章的开头。

　　在我看来,两首不同的诗被这样合并不大可能是由于记忆错误导致的,而更可能是将一组残断散乱的简抄写到新简上来做成一份副本的结果。诚然,这只是书写文本在汉代《毛诗》编纂中发挥过作用的一个孤例[②],然而,这却是一个明确而值得考虑的证据。

---

　　① 夏含夷:《重写中国古代文献》,第 51 页注 1。
　　② 李学勤最近提出了一个类似的设想来解释上海博物馆的整理者无法释读的一个特别的诗题:《中氏》,见第 27 简,含对"君子"特征的简述。李学勤认为,"中氏"这个篇题很好地对应了《毛诗·燕燕》的第四章。李学勤:《〈诗论〉与〈诗〉》,《经学今诠三编》,辽宁教育出版社,2002 年,第 123 页。如果李学勤是正确的,这将再一次证明一首诗佚失的一章可能会被嫁接到另一首诗上。

2.《诗经》的写作与传授

如本文第一部分所述,柯马丁和一些学者认为,《诗经》的早期传授主要是一个口头的过程。柯氏总结说,写本里发现的异文,其比例和性质可以从一个手头没有底本的传授过程中得到最好的解释。然而,他也承认古代写本中异文的存在:"字形相似却并不相关的汉字看起来像是抄写错误,譬如,ér 而(* njə)和 tiān 天(* thin)。"①这对他的观点产生了挑战,因为这样的异文似乎是视觉抄写的一个证据:

> 即使这种情况很少见,但该如何用它们来解释现存的抄写错误呢? 即使写本中只有一个错误能被解释为就是抄手的错误,那这个孤例也将足够证明这是个直接抄写的过程。然而,抄写错误却并不一定是抄手的错误,它们是文字书写和文字排序中出现的个别错误:字形错讹,文字颠倒,增字减字。这些错误并不只是在抄写过程中才有,也会在各种需要写下一个已经内化的文本的情况里发生。因此,把抄手的错误从更广泛意义的抄写错误中区别出来就极为困难。这并不是说,不存在抄手的错误;写本被抄写时,确实会出现错误。但是,如果我们不能证明抄写错误就是抄手的错误,比如,通过情境证据或信息说明写本确实是被抄写的,那我们就不能自作主张地去这样理解。其实,我们反而应该料想写本中的抄写错误是来自记忆或口头传授,尤其是当这个书写过程并没有底本的指导和支持的时候。②

先把以前提"书写过程并没有底本的指导和支持"来作为口头传授的证据这个循环论证放在一边,我想说明的是,把传世本《诗经》里抄手的错误找出来是有可能的——字形错讹的例子就质疑

① Martin Kern, "Methodological Reflections." pp.155 – 156.
② Martin Kern, "Methodological Reflections." p.171.

了"抄写错误是来自记忆"这个情境。《诗经》的老师和学生不太可能会错记字形相似却读音不同的文字，除非这些错误之前就已经存在于书写文本当中了。一些例子还可能表明，错误大概是来源于周代文字字形的演变。

当然，这些字形相近的异文只不过在《诗经》各种版本的已知异文里占据极小的比例，但是，在其数量和重要性方面，却并非微不足道。20 世纪最著名的中国古文字学家之一于省吾（1896—1984）率先做了早期出土资料（尤其是甲骨文和铜器铭文）与传世文献的字形比较工作①。于此我将引用他在传世本《诗经》中发现的诸多字形错讹中的两例。

在传世本《皇矣》中，有描述周文王的如下几句内容：

> 其德克明，克明克类，克长克君。王此大邦，克顺克比。②

在清代，江有诰就已经指出，最后一个字"比"（* pih）没有押本章诗韵③。他认为，最后一句应该颠倒顺序，读为"克比克顺"，这样"顺"（* m-luns）便可与上两句的末字"君"（* kwən）押韵。这个订正意见肯定是有可能的。不过，于省吾认为，更好的解决办法是将"比"（上古字形为"🔠"）看作是"从"（商和西周时期字形为"🔠"或"从"）的字形错讹④。在《诗经》其他地方，"从"（* dzong）与"邦"（* prong）押韵，《皇矣》中，"邦"是倒数第二句末字，诗的押韵结构

---

① 于省吾《双剑誃诗经新证》（1935 年）重印为《诗经楚辞新证》（木铎出版社，1982年）。该书的出版激励了很多后继的"新证"研究。仿效于省吾的"新证"研究如季旭升《诗经古义新证》（文史哲出版社，1994 年）；冯胜君《二十世纪古文献新证研究》（齐鲁书社，2006 年）。

② 《毛诗正义·皇矣》，第 520 页。

③ 此处与下文的上古音（以 * 标注），见于 Axel Schuessler, *Minimal Old Chinese and Later Han Chinese: A Companion to Grammata Serica Recensa*, Honolulu: University of Hawai'i Press, 2009, p.284 (＃26 - 38g). Bernhard Karlgren (*The Book of Odes: Chinese Text, Transcription and Translation*, Stockholm: Museum of Far Eastern Antiquities, 1974)和王力（《诗经韵读》,上海古籍出版社,1980 年）都暗示"比"（高作 * piər，王作 * piei）与三句之前的"类"（高作 * liwəd，王作 * liuət）是交韵。

④ 于省吾：《诗经楚辞新证》，第 52—53 页。

正说明此处应该押韵①。正如于省吾进一步指出的,这个修正不但能够解决押韵问题,而且从前几句近义字的使用来看,相较"比"字的"联合"义,"从"字的"跟从"义也与前面"顺"字的"顺从"义更加匹配。尽管在 20 世纪 30 年代写作的于省吾根本无从知晓原本的抄写情况,但可以肯定的是,认"ϟϟ"/"从"为"比"的错误在春秋之前就已经出现了。到了战国时代,"从"的写法被基本固定为"從"(即加了"辵"偏旁),因此,这种"ϟϟ"/"从"抄写错误只能是在不晚于春秋时代的时期发生的②。

一个不同类型的抄写错误出现在《诗经·周颂·维天之命》的倒数第二句里:

骏惠我文王。③

无论是《毛传》还是《郑笺》,都没有对这里令人费解的前两字"骏惠"作出直接的批注。于省吾简要指出,"畯疐"(安定的统治)曾出现于公元前 7 世纪的两个铜器——秦公钟(《集成》262—266)和秦公簋(《集成》4315)的铭文末尾的祝辞中:

秦公簋:以受纯鲁多厘,眉寿无疆,畯疐在天。

这个用法的另一例在于省吾研究发表很久之后被发现。西周晚期铜器㝬簋(《集成》4317)的铭文中包含了如下一对短语,看上去是当时在位的周厉王所作:

畯在位,作疐在下。

按照于省吾的意见,在西周和春秋早期,"畯疐"是描述杰出统治者的习用语,表明"安定的统治",这无疑契合了《维天之命》中的文王。然而,这种用法并未再见于后来的文献。大概最晚至战国,

---

① 见《毛诗正义·采菽》,第 490 页;《毛诗正义·閟宫》,第 617 页。
② 何琳仪:《战国古文字典——战国文字声系》,中华书局,1998 年,第 429 页。
③ 《毛诗正义·维天之命》,第 584 页。

这个习语就不再使用了(甚至也不能被理解了)。

　　"畯霆"比相较容易理解却并不恰当的"骏惠"更加契合《维天之命》的语境,然而我们还需要对这个异文是如何产生的提出疑问。当然,"骏"和"畯"的差异仅仅是一个偏旁的变化,因而在文本上显得不那么重要。但是,形近字"惠"(* wîs)和"霆"(* tits)的变异看起来就明显是一个用更简单和为人熟知的字去替代更难的(或许在当时是不可理解的)字的经典例子。这种类型的替换只有在诗歌文本的书写传授中才会发生。

　　一些学者跟着于省吾的思路,也指出了一些传世本《毛诗》中形近字讹的例子,许多意见很有说服力①。或许比较尽如人意的做法是把这些意见都作一个详尽的说明。然而,在我看来,仅上面这个例子就足以表明,汉代之前(或许是汉代很久之前),从一个书写文本到另一个书写文本的抄写(和误抄)就已经对《诗经》的传授起到了作用。这个结论不是说口头传授没有同时起到作用,而是说口头传授无法解释《诗经》中的这些异文。

　　3.《诗经》中诗歌的写作与编纂

　　上文已经论述,从一个写本到另一个写本的抄写对汉代《诗经》内容的形成起到了作用,在之前先秦《诗经》的传授中,书写也扮演了重要角色。不过,行文至此,即使读者觉得就《诗经》这两个历史时期所举的证据都令人信服,但很多读者仍会感到这些证据并未触及口述论点的核心——诗歌最初创作于一个大体上口头的环境,直到很久之后才被书写下来。就《诗经》编纂成集这个历史阶段而言,还没有直接有关单首诗歌本身的书写或口头来源的证据。不过,我们却有来自约西周至春秋上半叶的书写证据,传统认为《诗经》创作于这一时期。鉴于诗歌是否及何时被付诸书写对于

---

　　①　譬如,方善柱指出,《十月之交》中提到的著名的"十月"日食是"七月"日食的讹误,"七"的古文字形(十)与"十"的隶书字形(十)本质相同。见方善柱:《西周年代学上的几个问题》,《大陆杂志》1975年第1期,第15—23页。汉代《诗经》编纂者可能由于直接依样转录了战国古文字而将这个错误带入了《诗经》。

口述论点十分重要,这个问题值得我们仔细注意。

史嘉柏(David Schaberg)提出,把书写创作放到一般认为的诗歌创作时期是一个时代错误:

> 另一个极端——这里我承认是我主观的想法——这样的文本(即《诗经》和《尚书》)被认为不完全可靠,也不适合作为历史的权威直接引用,直到它们能够被表明是来自有可能和有需要创造出高度准确的言行记录的情境为止。①

当然,由于缺乏公元前 7 世纪的《诗经》写本,或许永远也不可能证明《诗经》的诗歌是在传统认为的创作时期之前写成的。史氏不是在强求不可能的东西,他是把证据的要求降低了:只需一个能够表明这些文本有可能写于当时的情境证据即可。我现在就找到了这样一个证据。

诗歌《江汉》,传统上认为是创作于周宣王统治时期②,经常被指出在结构和措辞上都类似于一些西周晚期的铜器铭文③。诗歌的主角"召公虎"可见于西周晚期的历史记载,他在铜器珷生簋和珷生尊(可以比较肯定地断代为周宣王五年和六年,即公元前823—前 822 年④)的铭文中也扮演了重要角色。据《竹书纪年》记载,公元前 822 年是召公虎被派领军对抗淮夷的一年,这件事显然

---

① David Schaberg, "Texts and Artifacts: A Review of *The Cambridge History of Ancient China*." *Monumenta Serica* 49（2001）, p.507.

② 关于这个传统观点,见《毛诗正义·江汉·序》,第 573 页。

③ Arthur Waley(韦利)认为这首诗实质上是铜器铭文,他将"作召公考"句中的"考"字解为音近字"簋"的讹误。我认为,韦利的这个读法可能是正确的,但是由于没有明确的文本证据来支持这个订正意见,我还是依照传世本翻译了这一句。Ondřej Škrabal 曾向我指出,朱熹(1130—1200)已经注意到了这首诗的措辞与古代铜器铭文的相似性(私人交流,2014 年 10 月 13 日)。

④ 2006 年,距离陕西扶风县西郊约五公里的五郡西村出土了两件铭文相同的珷生尊,年代在五年珷生簋和六年珷生簋之间。见宝鸡市考古队、扶风县博物馆:《陕西扶风县新发现一批西周青铜器》,《考古与文物》2007 年第 4 期,第 3—12 页。韦利在对《江汉》诗的翻译中,对"作召公考"一句添加了这样一条说明:"不一定与高本汉(104)是同一个。"我不大明白这是什么意思,不过我怀疑其是指两个珷生簋铜器,之前多被称作"召伯虎簋"。

在《江汉》诗中得到了纪念①：

江汉浮浮，武夫滔滔。匪安匪游，淮夷来求。
既出我车，既设我旟。匪安匪舒，淮夷来铺。

江汉汤汤，武夫洸洸。经营四方，告成于王。
四方既平，王国庶定。时靡有争，王心载宁。

江汉之浒，王命召虎。式辟四方，彻我疆土。
匪疚匪棘，王国来极。于疆于理，至于南海。

王命召虎，来旬来宣。文武受命，召公维翰。
无曰予小子，召公是似。肇敏戎公，用锡尔祉。

厘尔圭瓒，秬鬯一卣。告于文人，锡山土田。
于周受命，自召祖命。虎拜稽首，天子万年。

虎拜稽首，对扬王休。作召公考，天子万寿。
明明天子，令闻不已。矢其文德，洽此四国。②

　　似乎是预示同一场战役的记载还见于兮甲盘（《集成》10174）的铭文。铭文开头的完整日期对应过来是公元前 823 年。尽管与《江汉》诗作对比的话，这篇铭文的结构不一定是所有西周晚期的铜器铭文中最具代表性的，但除了它的日期和相似的内容，还有更多理由可以使人相信，铭文中多个地方提到的铜器主人"兮甲"或"兮伯吉父"，正与《诗经》中和《江汉》同背景的两首诗《崧高》和《烝民》的"作者""吉甫"是同一人③。

---

① 《竹书纪年》，《景印文渊阁四库全书》，台湾商务印书馆，1983 年，第 9a 页。
② 《毛诗正义·江汉》，第 573—574 页。
③ 《毛诗正义·崧高》，第 565—568 页；《毛诗正义·烝民》，第 568—569 页。

　　隹五年三月既死霸庚寅,/王初各伐厰毃(猃狁)于䣊
虘。兮/甲从王,折首执讯,休亡敯。/王易兮甲马四匹、
驹车。王/令甲政嗣成周四方责至/于南淮尸。淮尸旧我
員畮人,毋/敢不出其員其责其进人,/其贾。毋敢不即師
即市,敢/不用令,则即井戾伐。其隹/我者侯百生。毕贾
毋不即/市,毋敢或入䜌宄贾,则亦/井。兮伯吉父乍般,
其眉寿/万年无疆,子子孙孙永宝用。

　　我认为,这篇召公虎征服淮夷的铜器铭文是否能够表现史
嘉柏所要的"有可能和有需要创造出高度准确的言行记录的情
境"是一个诠释和程度的问题。就这方面,或许值得回顾一下高
本汉(Bernhard Karlgren)曾经所写的:"重要的是记住……中国
早期的书是青铜礼器……冗长而重要的文书由于被铸造在青铜
礼器上而保存了下来。真本《尚书》的章节和《诗经》的颂诗可能
在被转录于普通木质文书很久之前,就已经被铸于铜器之上
了。"①我们无须全盘接受高氏的意见便能领会兮甲盘铭文与史
氏所要的书写"情境"之间的关联。诚然,《江汉》诗整饬的结构
和修辞效果都与兮甲盘铭文(我应该补充一句,该篇绝不是最具
文采的西周铜器铭文)有异。但是,铭文确实准确反映了铜器主
人所希望描述的战役信息,而且描述得很明白,尽管它未必是现
代史学标准下准确的言行记录。显而易见,书写在公元前823年
是可能的。

　　于此本可以多展示一些西周的铜器铭文,尤其是那些多少
类似于《江汉》诗的西周晚期的铜器铭文②。然而,限于篇幅,为进
一步证明《诗经》的诗歌大概是创作于这个时期,我仅再考察另外

　　① 　Bernhard Karlgren, "Yin and Chou in Chinese Bronzes." *Bulletin of the Museum of Far Eastern Antiquities* 8 (1936), pp.13 - 14.
　　② 　关于西周铜器铭文韵律和格律更详细的研究,见 Wolfgang Behr, *Reimende Bronzeinschriften und die Entstehung der chinesischen Endreimdichtung*, Bochum: Projekt Verlag, 2008.

一首诗。通过与一些西周中晚期的铜器铭文相比较，方能更清楚地理解这首诗的结构和措辞，这首诗就是《下武》①。据《诗序》，该诗是对周文王之子武王的颂辞，不过早有人指出此诗应该与成王（武王之子）有关，或者甚至是更晚的某位君王②。全诗共六章，每章四句。韦利(Arthur Waley，1889—1966)对全诗及诗题的英文翻译如下：

下武　"Footsteps Here Below"

下武维周	Zhou it is that continues the footsteps here below.
世有哲王	From generation to generation it has had wise kings.
三后在天	Three rulers are in Heaven,
王配于京	And the king is their counterpart in his capital.

王配于京	He is their counterpart in his capital,
世德作求	The power of generations he has matched;
永言配命	Long has he been mated to Heaven's command
成王之孚	And fulfilled what is entrusted to a king.

成王之孚	Has fulfilled what is entrusted to a king,
下土之式	A model to all on earth below;
永言孝思	Forever pious toward the dead,
孝思维则	A very pattern of piety.

---

① 《毛诗正义·大雅·下武》，第525—526页。《下武》从未引起像《江汉》那样多的注意。西方对这首诗的研究，见 Haun Saussy, "Repetition, Rhyme, and Exchange in the Book of *Odes*." *Harvard Journal of Asiatic Studies* 57.2 (1997), pp.535 – 538; Stephen Owen, "Reproduction in the *Shijing* (*Classic of Poetry*)." *Harvard Journal of Asiatic Studies* 61.2 (2001), pp.306 – 308.

② 见《毛诗正义·诗序》，第525页。第二个意见的首次提出，是朱熹指其为"或疑"，见朱熹：《诗经集注》，群玉堂出版公司，1991年，第147页。现代认为此诗有关成王的明确意见，见屈万里：《诗经释义》，中国文化大学出版部，1983年，第336页。

媚兹一人	Loved is this One Man,
应侯顺德	Meeting only with docile powers;
永言孝思	Forever pious toward the dead,
昭哉嗣服	Gloriously continuing their tasks.

昭兹来许	Yes, gloriously he steps forward
绳其祖武	Continuing in the footsteps of his ancestors.
于万斯年	"For myriads of years
受天之祜	May you receive Heaven's blessing!

受天之祜	Receive Heaven's blessing!"
四方来贺	So from all sides they come to wish him well.
于万斯年	"For myriads of years
不遐有佐	May your luck never fail."①

与将这首诗理解为武王颂辞的《毛序》相比②，韦利着眼于"三后在天"（他翻译为"Three rulers are in Heaven"）这一句，提出这首诗可能与周康王有关。不过，韦利进一步怀疑，这首诗的创作时间应该晚于康王时期③。

其他一些学者，诸如屈万里（1907—1979），从第二章末句和第三章首句的"成王之孚"中，看出了成王的庙号——即"成王"④。应该指出，韦利的翻译"And fulfilled what is entrusted to a king"与《毛传》对这一句的读法一致，即把"成"读作一个动词，意为"完成、实现"，而把"王"当作它直接宾语的一部分。我认为，专有名词"成王"的阐发是目前对这一句比较容易的读法，但是，这并不是解读

① Arthur Waley, *The Book of Songs*, pp.240-241；《毛诗正义·下武》，第525—526页。
② 见《毛诗正义·下武·诗序》，第525页。
③ Arthur Waley, *The Book of Songs*, p.240, n.2："如果我们将文王、武王和成王算作是'三后'，那里的'王'即为康王。但我怀疑这首诗是否作于如斯之早。"
④ 屈万里：《诗经释义》，第336页。

这首诗的关键①。

　　为此,我们还需去看这首诗的第四章,特别是其中的第二句"应侯顺德"。韦利的翻译多少与传统阐释相符:"Meeting only with docile powers"("仅只遇到柔和的势力")。这句也同样容易(在我看来,可谓更容易)将"应侯"二字读作专有名词"应国之侯",而非传统上理解的两个动词。《毛传》分别将"应"和"侯"二字释为"当"和"维",《郑笺》云:"武王能当此顺德,谓能成其祖考之功也。"②然而,"应"通常意为"响应",而"侯"几乎从来都是一个表示社会阶层的名词。据我所知,在中国早期文学传统中,并没有任何其他地方将"侯"读作"维"。即使有,这个句子从整体来看,在语法上和概念上也读不出什么意思来。君主并不"是"美德,而把君主形容为"顺"也很奇怪。只有当我们认识到,当时确实有一个"应"国被"侯"统治,并且这个国家与周王室还有着非常特殊的关系,我们才开始真正地理解这一句,以至整首诗。

　　应国位于今天河南省中部的平顶山市,立国者是成王之弟。铜器铭文表明,在整个西周王朝,应国诸侯都与周王保持着密切的关系。应侯见工钟(《集成》107—108)是一套西周中晚期的铜钟,其上的铭文纪念了"见工"(即"应侯"的名字)之荣誉。这套钟是用来献给一位更早的应侯,即见工的皇祖的。

　　　佳正二月初/吉,王归自成周。应侯见工/遗王于周。辛/未,王各于康。/燮白内右应/侯见工,易彤一、彤百、马//四匹。见工敢/对扬天子休,用乍朕/皇且应侯/大镈钟,用/易眉寿/永命,子子孙孙永宝用。

　　① 我下文对《下武》的分析最初提出于"屈万里先生百岁诞辰国际学术研讨会"(台湾大学,2006年9月15日),见夏含夷:《由铜器铭文重新阅读〈诗·大雅·下武〉》,《屈万里先生百岁诞辰国际学术研讨会论文集》,中研院史语所,2006年,第65—69页。会议中,我得知赵伯雄之前发表过一篇类似的分析,见赵伯雄:《〈诗·下武〉"应侯顺德"解》,《古籍整理研究学刊》1998年第6期,第1—3页。
　　② 《毛诗正义》,第525页。韦利的翻译显示出,他将《毛传》中的"维"(是)解作"唯"(唯一)的假借,这在字形上十分可能,但在语法上却有些蹩脚。

在过去的几十年里，平顶山发现了应国大型墓葬群，不过其中最重要的一些墓明显已被盗掘。最近，北京保利艺术博物馆入藏了其中的一对簋①，正像应侯见工钟一样，应侯见工簋铭文也表明，它们是为了应侯见工而铸造的；并且，铭文还说明见工与周王有着非常亲近的关系，如此处与周王共赴宴会及接受更加丰厚的赏赐：

> 隹正月初吉丁亥，王才糞乡/餥。应侯见工友，易玉/
> 五瑴马四匹矢三千。见工敢/对扬天子休釐，用乍/皇考
> 武侯尊簋，用易/眉寿永令，子子孙孙永宝。

这些铭文确凿地证实，应侯不仅与周王关系密切，而且完全有能力做出，即便不是史嘉柏先生所说的"高度准确的言行记录"，也毋庸置疑是关于这段关系相当流畅的证词。

在我看来，《下武》这首诗也是一篇同样类型的证词。为了更好地理解这首诗的结构及创作背景，十分有必要考察另外两篇铜器铭文。第一篇是发现于1975年12月而现在已广为人知的史墙盘（《集成》10175），盘面铸有很长的铭文（284字），可以被整齐地划为两部分。前半部分记录周王的成就，后半部分记录铸成此盘的史官墙和他的祖先为周王所作的服务。由于这篇铭文太长，无法引用全文，于此仅引用其中最早的两位先祖，即周文王和微氏一族的高祖的赞辞：

> 曰古文王，初敫龢于政，上帝降懿德大屏，/匍有上下，迨受万邦。……青幽高/且，才散需处。雩武王既戋殷，敫史剌且/廼来见武王，武王则令周公舍圃于周卑处。

史墙盘自发现近三十年来，始终是一篇独特的历史文献，它至少是概括地描绘了西周前七个王的历史。直到2003年1月，史墙盘不再独一无二，考古学家们发掘了一处藏有27件西周晚期铜器的地窖，里面的铜器全部铸有铭文，其中一件所载铭文比史墙盘更

---

① 保利艺术博物馆：《保利藏金（续）》，岭南美术出版社，2001年，第124—127页。

长,即逨盘①(373字,也隶定为速盘)。像史墙盘铭文一样,逨盘的铭文包含了周王和逨家族的简史。这次,历史延续到了几近西周末期的周宣王统治时期。于此仅引用其中描述高祖的部分,在这篇铭文里,是一段单独的文字:

> 逨曰不显朕皇高且单公:趫＿克明悊氒德,夹韶文王武王达殷应受天鲁令,匍有四方,并宅氒堇疆土,用配上帝。

我引用史墙盘和逨盘的铭文只是想表明,在西周就已经出现了将周王和其他家族祖先的赞辞并置的先例。

在这样的背景下,如果我们把《下武》这首诗的结构看得更仔细些,可能会发现它与史墙盘铭文的呼应之处。这次,我将提供自己对这首诗的翻译:

下武　"Descending from Wu"

下武维周　Descending martially is Zhou,
世有哲王　Generations have had wise kings!
三后在天　The three lords are up in heaven
王配于京　The king matches in the capital.

王配于京　The king matches in the capital,
世德作求　Worldly virtue being a mate.
永言配命　Eternal the matching mandate
成王之孚　The Completing King's trustfulness.

成王之孚　The Completing King's trustfulness

---

① 陕西省考古研究所、宝鸡市考古工作队、眉县文化馆杨家村联合考古队:《陕西眉县杨家村西周青铜器窖藏发掘简报》,《文物》2003年第6期,第4—42页。

下土之式	A model for the lands below.
永言孝思	Eternal the filial thoughts,
孝思维则	Filial thoughts are the standard.

媚兹一人	Beloved is this Unique Man,
应侯顺德	The Lord of Ying obeys in virtue.
永言孝思	Eternal the filial thoughts,
昭哉嗣服	Radiant the successive service!

昭兹来许	Radiant this coming forward,
绳其祖武	Extending the ancestors' feats.
于万斯年	Oh, ten-thousand should be the years
受天之祜	Of receiving Heaven's blessings!

受天之祜	Of receiving Heaven's blessings,
四方来贺	The four quarters come in tribute.
于万斯年	Oh, ten-thousand should be the years
不遐有佐	Not putting off their assistance.①

观察诗的结构，我们注意到的第一件事可能就是，第二章的首句重复了第一章的末句。这样的重复也出现于第二章和第三章、第五章和第六章之间，还近似地出现于第四章和第五章之间。唯一没有以这种方式连接的两章只有第三章和第四章：第三章末句是"孝思维则"，而第四章首句是"媚兹一人"。由于这个原因，我在这两章之间多插入了一个空行，因为在我看来这首诗在这个节点上被分成了两部分。

现在，仔细看诗的这两个部分，我们可以看出，"王"字在前半

---

① 《毛诗正义·下武》，第525—526页。

部分的三章里频繁地出现,而在后半部分里却突然消失了,被之前提到的"应侯"所代替。再仔细看这两部分的内容,我们发现,前半部分——我们可以把它称作王室部分——是关于王居于都,成其所托,范于四方的事,是史墙盘和逑盘里赞颂周王的那类事情。然而,在后半部分里,也就是第四章至第六章中,诗的基调就变了,就有了"顺德""嗣服""佐"和"四方来贺"这样的形容,而这正是应侯见工用来说他自己的——"遗"王于周、"友"其王——也是墙和逑用来赞美他们的祖先的。

不管与韦利的翻译比起来,我翻译的《下武》文学质量如何,我都相信自己的翻译更好地反映了这首诗原本的结构和意图,这得自对一系列西周铜器铭文的认识,特别是应侯见工钟、应侯见工簋以及史墙盘和逑盘。

当然,即便我对《下武》的背景和结构的理解是正确的,我也只补充了《江汉》之外一首诗与西周铜器铭文的比较。虽然这个补充微不足道,但《下武》再一次印证了《诗经》中的一些诗的确"来自有可能和有需要创造出高度准确的言行记录的情境"——史嘉柏为文本的"可靠"和"适合作为历史的权威直接引用"设下的界线。其他的诗歌也可以去跨过这条界线。在这部分研究的尾声,允许我引用一段 2009 年柯马丁对这个问题所作的陈述:

> 西周中晚期的铜器铭文表现出了有意识的诗化努力。尤其是伴随礼仪改革,愈来愈多的铭文受到《诗经》韵律和格律的指导。绝大多数的西周铭文仅含几字,但目前已知的最长的两篇铜器铭文已接近 500 字,其他一些也有数十到 200—300 字不等。对所有这些更长的文本来说,它们的长度都落入了传授的雅诗的长度范畴。虽然押韵和四言在西周最早的铭文中就已经出现,但自共王、懿王以来,这些特征都变得越来越规范,正如铭文的书法和整体视觉布局(行距、字距等)所出现的变化那

样。虽然语言的规范性并未达到《大雅》那样的程度,但
总体而言毋庸置疑,语言的表达呈现出了更强的审美控
制和更严格的标准化,因而呈现出更精细化的趋势。此
外,铭文似乎更加喜欢使用《诗经》有关礼仪的诗篇中所
主要使用的韵部。依我之见,这些铭文优美的音调特征
正是由复诵得来并不是不可想象的。①

柯马丁说,《大雅》肯定是"由复诵得来",并且这样的口头复诵
也可能适用于铜器铭文。然而,铜器铭文更应该是书写出来的,而
且是在西周时期被书写出来的。由于《下武》的措辞和结构及《江
汉》的内容与铜器铭文属于同一个文字语境,在我看来,推断这两
首诗也写于西周时期是很合理的。如果它们确实有可能写于西周
的话,我看不出有什么理由说,《大雅》中大部分的诗歌不可能写于
这个时期。

四、结　　论

在本篇伊始,我引用了几位主要的支持口述在《诗经》创作、传
授,甚至编纂中的重要性的权威学者的观点,举出了各种类型的证
据,表明我们今天所看到的《诗经》在其形成的三个阶段,即创作、
早期传授与编纂中,书写也发挥了非常重要的作用。这些证据中,
最具说服力的几例出现得较晚:上海博物馆与清华大学收藏的几
份战国写本都系统地提到了《诗经》及其中一些诗歌的早期写本。
这些写本是表明这些诗歌可能写于战国时期的最为实在的证据。

也有另外一些证据,虽然不是那么直接,但有力地表明了书写
参与了《诗经》创作与传授的每一步。铜器铭文显示出,在西周和
春秋时期,至少有一些社会精英完全有能力写出与传世本《诗经》

---

① Martin Kern, "Bronze Inscriptions, the *Shijing* and the *Shangshu*: The Evolution of the Ancestral Sacrifice during the Western Zhou." p.194.

的诗歌非常类似的文本。在传世本《诗经》中见到的异文和错误可能是由公元前几个世纪中字形或习语用法的演变导致，这说明至少有一部分的《诗经》传授是由从一个写本至另一个写本的抄写所完成。此外，传世本《毛诗》中对本来分属两处的两首诗和章节的合并，证明了作出合并的整理者是在跟竹简上的文本打交道。所有这些证据应该足够提醒我们，与《荷马史诗》不同，《诗经》是在一个具备完全的读写能力的环境下创作出来的。至西周末年，也就是诗歌《江汉》和《下武》的创作时代，史官们已经在商周的朝廷里舞文弄墨四百多年了。

结尾之前，还需明确两个我并未提出的观点。首先，我在本文里提出的任何证据都绝没有排除口述环境在传世本《诗经》形成的各个时期中所可能起到的作用。毕竟，诗歌曾经是歌曲，对它们的吟唱肯定远比读写要多。即使在它们被读写的时候，音乐和歌词也必定会在读者和作者的脑中回响，这无疑也会影响他们读写的方式。第二，我绝没有说，我们所知道的《诗经》整本都写于西周时期，并且被分毫不差地传到了今天。我是说，《诗经·大雅》中的两首诗展现了见于西周铜器铭文中的措辞和结构，然后由此类推出，《大雅》中的其他诗歌大概也或多或少地写于同一时期①。而其他诗歌，包括《国风》中的大多数诗歌，当然是在后来且是在不同的背景下被创作出来的。

此外，我还表明，《诗经》在汉代传授和最终编纂的过程中，文本又被引入了各种变化。在清华简《周公之琴舞》里，明显可以认出归于成王所作的组诗的第一章就是《诗经·周颂·敬之》，尽管它包含了几个多少比较重要的与传世本的歧异。而其他诗歌之间

---

① 我曾于早前的研究中论述，一些类似的有关铜器铭文语言的比较表明，《诗经·周颂》里的诗歌也可推定为西周时所作，一些是于西周上半叶，其他一些是于之后西周中叶的"礼仪改革"时期。见 Edward L. Shaughnessy, "From Liturgy to Literature: The Ritual Contexts of the Earliest Poems in the Book of Poetry."《汉学研究》1995 年第 1 期，第 133—164 页；中文版见夏含夷：《从西周礼制改革看〈诗经·周颂〉的演变》，《河北师院学报（社会科学版）》1996 年第 3 期，第 26—33 页。

的不同,则肯定与清华简《耆夜》《蟋蟀》和《诗经》中同名诗歌的不同一样多。这些都是战国时期的证据。而更早期的诗歌,毋庸说,与汉代和今天的《诗经》差别更甚。但是,这并不能表明它们的最初创作和传授没有书写的参与。

　　白一平(William Baxter)说《诗经》是"穿着汉服的周文",我以为并不尽然①。这件裹着《诗经》的衣服一定是在春秋被纫好了边,在战国被打好了补丁,又在汉代被再次缝补,但尽管如此,我还是要说,它仍然是一件周服。

---

　　① 见 William H. Baxter, "Zhou and Han Phonology in the *Shijing*." in *Studies in the Historical Phonology of Asian Languages*, Amsterdam: John Benjamins Publishing Company, 1991, p.30.

《诗经》口传起源说的
兴起与发展*

在《出土文献与〈诗经〉的口头和书写性质》中，我尝试揭示"书写"在《诗经》形成的各个阶段里所起的重要作用，从西周时期首批诗篇开始创作，一直到汉代《诗经》成书定形为止。首先探讨了上海博物馆和清华大学藏简，指出它们有系统地引《诗经》并收入部分诗篇的早期版本，足证所引诗绝不会晚于战国时代写成。接着探讨其他较间接的证据，它们充分显示出在《诗经》创作和流传过程中的每一步骤都与书写有关。从青铜器铭文可知，西周和春秋时代至少有一部分社会精英完全有能力写出非常贴近传世本《诗经》作品的诗文。传世文本出现的异文和讹脱，大概是由公元前几个世纪里文字转写或习语用法改变造成，说明在漫长的东周时代至少有一部分文本是通过辗转抄写而流传。另外，汉代学者曾将两首独立的诗篇混而为一，这种例子至少一见，可见当时的整理者曾用竹简本参校。以上证据已足以提示我们，《诗经》是在一个书写条件完备的环境下形成。其实在西周末年，也就是传统上认为的大部分《诗经》作品的创作年代，抄胥已为商周朝廷服务了四百多年。

这种强调书写在《诗经》形成过程中所起作用的说法，跟近年来不少探讨此书本质的论断背道而驰。尤其是西方汉学界流行一种观点，认为"诗三百"原为口头创作，而且在相当程度上靠口头流传，最低限度在周朝国祚里长期如此。不少当代最具影响力的汉学家和《诗经》专家都或多或少提出过这种观点，包括周文龙

* 本文原载于《饶宗颐国学院院刊·增刊》，2018年，陈竹茗校。

(Joseph Allen)、何莫邪（Christoph Harbsmeier）、康达维（David Knechtges）、戴梅可（Michael Nylan）和宇文所安（Stephen Owen），从以下的节引可见一斑。

美国明尼苏达大学荣休教授周文龙：

> 虽然早期注疏家没有多少直接论述，可是他们认为诗歌是在不同的表演环境产生，汉代以前有关诗的说法都是针对那种环境而说的。在最早的阶段，这个环境完全是变动不居、转瞬即逝的；在表演环境以外，诗歌就不存在。诗歌或许是重复咏唱，不过复沓的部分没有固定的模型。①

挪威奥斯陆大学荣休教授何莫邪：

> 在"荷马的希腊文"早已成为过时语言（也许从来都不是口语的语言）以后，《伊利亚特》仍然以之唱诵并首次书写下来。同样，我们应该相信中国的《诗经》也是在它的语言已经变得古老或过时的时候才写成文字。《荷马史诗》和《诗经》尽管有时用套语、人为生造的语言书写，但两者的主要共通点是明显根据口传的诗歌而来。几乎可以肯定它们最初由不识字的人吟唱朗诵，在节庆之后才顺便写下来。在文字发明之后盲者还可以当诗人，正是因为他们不需要识字。
>
> 到公元前3世纪，学识平平的抄写者对《诗经》文本的认识和理解仍是以声音为主，而不是文字，这点可由马王堆《老子》帛书里引文的通假方式印证。总的来说，文本大量使用通假字，足以说明文本基本上是通过字音而不是字形而为人铭记。即使刻本出现后，声近假借仍然大量（而不规则地）存在，正是文献的口传形式先于书写形式最坚实的证据。在一个基本不识字的社会中，这一

---

① Joseph R. Allen, "Postface: A Literary History of the *Shijing*." in *The Book of Songs*, New York: Grove Press, 1996, pp.336 – 367.

点也不奇怪;反而如果不是这样,无论从人类学或历史学
上看都会非常特异。①

美国华盛顿大学荣休教授康达维:

　　我们现在所能看到的《诗经》文本已经远远脱离原来
创作的时代(有的诗可能作于西周时期)。再者,郑玄是
在文字规律化(从公元 100 年《说文解字》成书之时已可
看出)后整理出他的《诗经》文本。传世本《诗经》的书写
文字和文本,无不受到汉代学者如何写和读《诗经》中字
词的影响。譬如说,白一平(William H. Baxter)论证了
《诗经》用韵深受汉代读法和写法影响。他说得好,"我们
现在看到的《诗经》是披上汉代衣冠的周朝文献,不但文
字如此,文本也在一定程度上受到《诗经》以后音韵的影
响,因此不是总能充当上古音的可靠指南"。

　　白一平质疑传世本《诗经》用韵不可靠,用来作上古
音指南需慎之又慎,这种态度非常重要,因为我们知道现
在所读的《诗经》并不是周朝的古本,而是后汉时修订的
本子;周代的文本基本上是由口头传授的。②

美国加州大学柏克莱分校教授戴梅可:

　　《诗经》收集了润饰过的民歌、临时撰作的雅乐以及
庄严肃穆的颂歌,是五经中最古老的文献汇集,也是第一
部被视作经典的典籍。这个总集包含 305 首诗,有的可
能早在公元前 5 世纪已作为口头表演本子而存在,因此
孔子得以用作教材。然而在公元前 221 年秦统一天下之
前,收入三百篇的选本还没有以写本形态出现。传说孔

　　①　Christoph Harbsmeier, "Language and Logic." *Science and Civilisation in China*, Cambridge: Cambridge University Press, 1998, pp.41–42.
　　②　David R. Knechtges, "Questions about the Language of *Sheng Min*." in *Ways with Words: Writing about Reading Texts from Early China*, Berkeley: University of California Press, 2000, pp.15–16.

子将古诗三千删定为"三百首",这种说法固然没有证据支持,但传世本的确可能像传说那样,是从数量庞大得多的表演歌词中删汰而成。①

美国哈佛大学教授宇文所安:

《诗经》以文字书写之前大概长期作为口传文献而存在,即使开始书于竹帛(虽然无法断言,但我猜想最早在春秋末年),但直至战国末年(另一个猜测)《诗经》的主要传授模式大概还是以口传为主。②

虽然宇文所安将他对《诗经》本质的看法谦称为"猜测",但上文引述的其他权威学者立场都比较明确,像康达维所言"现在所读的《诗经》并不是周朝的古本,而是后汉时修订的本子;周代的文本基本上是由口头传授",以及戴梅可所说"这个总集包含 305 首诗,有的可能早在公元前 5 世纪已作为口头表演本子而存在,因此孔子得以用作教材。然而在公元前 221 年秦统一天下之前,收入三百篇的选本还没有以写本形态出现",持论比较极端。说《诗经》起源于表演环境,最早阶段没有固定的歌词,到春秋时代才有写本出现,之后才收集成固定的汇编,最终经过汉人写定改订,这似乎是西方汉学界的共识,应该有充分的根据。但奇怪的是,这些学者都没有提出具体证据,只是反复地复述口传起源说。事实上,大多数支持《诗经》口传起源说的论据,都或明或晦地袭用《荷马史诗》、《新约圣经》、马尔加什通俗诗、南斯拉夫民谣和古英语诗等的研究成果。大家一般同意这些诗歌最初是口头创作,直到后来才写成文字。美国学界对口传文学的讨论,尤其是诗歌,几乎无可避免

---

① Michael Nylan, *The Five "Confucian" Classics*, New Haven, Conn.: Yale University Press, 2001, pp.72-73.

② Stephen Owen, "Interpreting *Sheng Min*." in *Ways with Words*, p.25.宇文教授曾对《诗经》的口传本质再加阐释,参见盛韵:《宇文所安谈文学史的写法》,《东方早报》2009 年 3 月 8 日。他在访谈中说《诗经》"可能是到比较晚的年代才出现了集合本","不是一个在确切的时间写成的文本,而是经历了一段相当长的传播和诠释的历史过程",与中国传统说法基本一致。

地,甚至可以说公式化地套用"帕里—洛德口述套语诗歌理论"(Parry-Lord theory of oral-formulaic poetry)①。不过有关文学口传起源的研究早已有长足发展,更有研究以《诗经》为对象,发表时间还比 1923 年帕里来到巴黎时要早;而随着 1960 年洛德发表《故事的歌手》,将二人的理论发扬光大,后来者也在其他领域取得长足发展,有些研究同样关乎《诗经》。

鉴于《诗经》在中国文学传统里占据重要地位,有必要考察这个学说是如何引入《诗经》研究的。在 20 世纪,有两位学者先后推广了这个学说,分别是葛兰言(Marcel Granet,1884—1940)和王靖献(C.H. Wang)。下面将介绍二人的《诗经》研究及著作。

一、葛 兰 言

葛兰言的名著《古代中国的节庆与歌谣》(*Fêtes et chansons anciennes de la Chine*,以下简称《节庆与歌谣》)于 1919 年出版,旨在证明《诗经》里的作品是在春秋二季农民祭祀仪式中创造的。

> (这些歌谣)使我们有可能研究由民间创设的风俗究竟是怎样运作的;研究将表明,歌谣是一种传统的、集体的创作,它们是根据某些已经规定的主题在仪式舞蹈的过程中即兴创作出来的。从它们的内容显然可以看到,歌谣创作的场合是古代农业节庆中重要的口头表演仪式,而且,它们因此也成为一份直接的证据,来证明产生这些定期集会的情感。②

---

① "帕里—洛德口述套语诗歌理论"由米尔曼·帕里(Milman Parry,1902—1935)和阿尔伯特·贝茨·洛德(Albert B. Lord,1912—1991)师徒提出,在洛德的著作《故事的歌手》(*The Singer of Tales*,Cambridge, MA: Harvard University Press,1960;尹虎彬中译本收入《外国民俗文化研究名著译丛》,中华书局,2004 年)里有极详尽的阐释。

② 葛兰言著,赵丙祥、张宏明译:《古代中国的节庆与歌谣》,广西师范大学出版社,2005 年,第 6 页。英译本见 Marcel Granet, *Festivals and Songs of Ancient China*,London: George Routledge & Sons, 1932, p.7.

　　不少汉学家都知道，葛兰言最初就读于巴黎大学高等研究应用学院宗教科学部，师从著名人类学家涂尔干(Émile Durkheim，1858—1917)，而《节庆与歌谣》中对集体农祀的关注主要来自涂尔干的《宗教生活的基本形式：澳洲的图腾制度》(*Les formes élémentaires de la vie religieuse: Le système totémiqueen Australie*，1912)[1]。葛兰言只对分析社会和宗教感兴趣，将《诗经》的个人性一笔抹杀：

　　　　独特性没有得到任何的关注。这马上就说明了一个事实，即诗歌之间在相互借用诗句，或者整章整章地借用。这也进一步解释了，为什么能够轻而易举地将意义随意塞进诗歌里面去。但最重要的是证明了，要想在单首诗里发现作者的个性，只不过是徒劳之举。这些没有个性的恋人们，全都在一个纯粹程式化的背景里，体验着完全相同的没有个性的情感。因此，他们绝非诗人的创作。诗歌缺乏个人性，这必然可以假定，诗歌的起源是非个人性的。[2]

　　涂尔干的影响毋庸置疑，但就诗歌分析来说葛兰言则大受同代人让·包兰(Jean Paulhan，1884—1968)的启发。包兰是20世纪第一位鼓吹口传文学的大家，在1908—1910年间，他任教于时为法国殖民地的马达加斯加首府塔那那利佛，经常观察当地不识字的工人以套话、谚语和充满成见的短语作口舌上的较量。1913年，包兰出版了《梅里纳 *Hain-teny*：马尔加什通俗诗》(*Les Hain-teny merinas: poésie populaires malgaches*)[3]，首次介绍了这种

---

[1]　有关葛兰言的生平，尤其是他在社会学方面的贡献，参见 Maurice Freedman, *The Religion of the Chinese People*, Oxford: Blackwell, 1975, pp.1 - 29. Freedman 对《节庆与歌谣》一书作了鞭辟入里的评价："涂尔干笔下的澳洲和《节庆与歌谣》是同一个世界。"

[2]　葛兰言：《古代中国的节庆与歌谣》，第 75 页。Marcel Granet, *Festivals and Songs of Ancient China*, p.86.

[3]　在论述包兰和下文提到的儒斯(Marcel Jousse)时，我基本上引用芝大同事苏源熙(Haun Saussy)的专著 *The Ethnography of Rhythm: Orality and Its Technologies* (New York: Fordham University Press, 2016). 苏源熙教授让我拜读初稿，并允许我在新著出版前率先引用，在此特致谢忱。

"诗赛"(joute poétique),并定名为 hain-teny：

> 试想一种语言由二三百种押韵的短语和四五种韵文类型组成，然后一次性固定下来，丝毫不变地代代口耳相述。诗的创作就是以既有的诗歌为模本，用它们的意象锻造出新的诗句，新诗将拥有同样的形式、韵律、结构，以及尽可能相同的意思。这样的语言将会跟马尔加什诗歌的语言非常类似：它以谚语为文类，诗则仍照谚语的形式成百上千地模拟创作，将谚语伸长缩短，用来跟其他韵脚不同的短语错综对比，这种诗歌竞赛称为 hain-teny。①

苏源熙（Haun Saussy）对口传文学理论的起源作了精辟而深入的研究，并在论著中辟出一章专门谈论包兰。据他所言，"参与 hain-teny 的人沉浸在集体之中，这是生成诗歌的争论环境和所能取资的有限素材造成的"②。苏源熙还指出包兰对葛兰言有一定的影响。在《节庆与歌谣》里，葛兰言曾在多处明确提到梅里纳 hain-teny，而"附录一"更几乎完全依赖这种"他山之石"来解读《行露》一诗。苏源熙敏锐地指出，葛兰言在描述《诗经》作品的套语式对唱时，曾不下 66 次用上"竞赛"(joute)一词③。葛兰言在附录一中以《诗经·召南·行露》作为这种对唱的例子，得出如下分析：

> 恋人间的争论并不是一场诉讼。结果是早已定好的，争论者只是为了荣誉才争辩，而争辩过程又是彬彬有礼的：他们的冲突只是形式上的；这是一场游戏，一场竞赛。
>
> ……
>
> 谚语是从象征程式中包含的前提推出所需结论的手

---

① Jean Paulhan, *Les Hain-teny merinas: poésie populaires malgaches*, Paris: Geuthner, 1913, p. 53; 引用段落之英语译文，见 Haun Saussy, *The Ethnography of Rhythm*, p. 22.

② Haun Saussy, *The Ethnography of Rhythm*, p. 26.

③ Haun Saussy, *The Ethnography of Rhythm*, p. 180 n. 30.

段。通过赋予结论一种受人尊崇的自然对应性,它巩固了结论的可信度。历法的象征程式是实际的戒律,它们是不充分的,因为一个法定的习语不能用于言说。一个因个人观察而浮现在脑海中的意象,一个由个人才智想像出来的譬喻,对观念来说都是无所助益的,因为它们是个人独创的,没有什么分量可言。另一方面,俗谚则提供了一些受人尊敬的意象,从而确保赢得诗歌竞赛的胜利。它们必然是令人崇信的,因为它们与象征程式有密切的关联,而且因它们可被用于多种目的,所以它们可以充当象征,支持人们想要证明的具体命题。谁用谚语说话,谁就是这场恋爱争论的胜利者。[①]

正如苏源熙所说,"包兰笔下的马达加斯加显然得到和应"[②]。遗憾的是,葛兰言坚持从社会学角度解读《诗经》不得不说是画虎类犬,丝毫没有包兰对 hain-teny 的文学研究细腻。葛兰言不但否认了《诗经》作者有任何个性,更拒绝承认他们具有诗歌创造力。在他眼中《诗经》沦为重复语句的总汇,永远相同而又永远不同。虽然如此,葛兰言的《诗经》研究对西方学者有非常深远的影响。在 1920 年,即《古代中国的节庆与歌谣》出版的次年,葛兰言已赢得有汉学界诺贝尔奖之誉的儒莲奖(Prix Stanislas Julien);该书的英文和日文译本也相继出版[③]。不过在《诗经》传播和接受史上影响最大的,显然是英国汉学家韦利(Arthur Waley, 1889—1966)于 1937 年出版的英译《诗经》。他深深服膺葛兰言的学说,在译者序中,韦利曾这样评价《节庆与歌谣》:

---

① 葛兰言:《古代中国的节庆与歌谣》,第 213—215 页。Marcel Granet, *Festivals and Songs of Ancient China*, pp.247 - 248.

② Haun Saussy, "The echo of Paulhan's Madagascar is obvious." in *The Ethnography of Rhythm*, p.29.

③ E.D. Edwards 的英译本于 1932 年出版,日译本见内田智雄译:《支那古代の祭礼と歌谣》,弘文堂,1938 年。早年中国学者曾提出译成中文但未竟,见杨堃:《葛兰言研究导论(下篇)》,《社会科学季刊》1943 年第 1 期,第 2—3、33—34 页;全文收入氏著《社会学与民俗学》,四川民族出版社,1997 年,第 107—141 页。

　　葛兰言最先察觉《诗经》作品的真正本质,在 1911 年
(按：原文如此)出版的《古代中国的节庆与歌谣》中便讨
论、分析了近半数的求偶和婚姻诗。我在某些大问题和
不少细节上持不同的意见,但无减其为划时代巨著。我
只希望将来的《诗经》译者能跟眼前的译本一样,对葛兰
言先生怀有同样深切的敬意。①

受到包兰笔下马达加斯加影响的学者不止葛兰言一人,另一
位深受其启发的重要学者是马塞尔·儒斯(Marcel Jousse, 1886—
1961)。他是天主教耶稣会法籍神父,时人夸耀他能道出"耶稣的
真话"("the very words of Jesus")②。有关儒斯神父与现代派语文
学家的论争,以及他推动的"言语运动个体的韵律式及记忆术式口
传风格"研究③,在此还是按下不表,有兴趣的读者可参考苏源熙教
授的新著,尤其是第四章,对儒斯的著作有极精彩的论述。不过值
得一提的是,儒斯神父在巴黎所作的演讲甚至引起美国《时代》杂
志的关注,据报"当儒斯神父开讲时,台下总有两百名听众睁大眼
睛听讲：医生、唯灵论者、语文学家、芭蕾舞学员、诗人[包括梵乐
希(Paul Valéry)],还有两名耶稣会神学家,像秃鹰般时刻捕捉异
端邪说的痕迹"④。儒斯神父曾将耶稣(每每被他称作"拿撒勒的耶
书亚拉比")的话语描述成 hain-teny 式的复沓句,富于韵律地反复
申说,并对《旧约圣经》作重新编排,而听过这种意见的人之中便有
帕里⑤。

---

　　① Arthur Waley, *The Book of Songs*, Appendix 1, p.337.

　　② André Gorsini, "Psychologie expérimentale et exégèse." *La Croix*, February 3, 1927,
p.4;经苏源熙转引并译成英文,见 Haun Saussy, *The Ethnography of Rhythm*, p.127.

　　③ Marcel Jousse, *Études de psychologie linguistique: Le style oral rythmique et
mnémotechnique chez les verbo-moteurs*, Paris: G. Beauchesne, 1925.

　　④ "Rhythmocatechist." *Time*, November 6, 1939, p.54;转引自 Haun Saussy, *The
Ethnography of Rhythm*, pp.138-139.

　　⑤ 有关儒斯神父的著作和他对帕里的影响,参见 Edgard Richard Sienaert, "Marcel
Jousse: The Oral Style and the Anthropology of Gesture." *Oral Tradition* 5.1 (1990), pp.
91-106.苏源熙教授指出帕里最初从儒斯口中首次得知南斯拉夫的吟游诗人,日后才以之
作为研究题目,见 Haun Saussy, *The Ethnography of Rhythm*, p.43.

二、王　靖　献

　　帕里的学术成就已为学界所知,无须在此赘述。他对《荷马史诗》和南斯拉夫吟游诗人的研究最为人所知,常常被视作口述套语诗学理论的提出者,在美国学界尤其如此,影响力之大自不待言。苏源熙曾形容他的学说"化身为千百篇博士论文",令人一听难忘①。在这上千篇博士论文中,至少有一篇是关于《诗经》的,即王靖献(笔名杨牧)于 1971 年在加州大学柏克莱分校提交的博士论文《〈诗经〉:套语及创作方式》②,修订后于 1974 年出版,题目改为《钟与鼓——〈诗经〉的套语及其创作方式》③,迅即在汉学界掀起讨论。王靖献名副其实以相当"机械"的方式④,将帕里的理论(尤其是经过洛德发挥阐释的学说,即所谓的"帕里—洛德口述套语诗歌理论")套用到《诗经》研究,并将套语定义为"由不少于三个字的一组文字所形成的一组表达清楚的语义单元,这一语义单元在相同的韵律条件下,重复出现于一首诗或数首诗中,以表达某一给定的基本意念"⑤。根据王氏的分析,《诗经》各部分使用全行套语的百分比如下:

国风　26.6%

小雅　22.8%

大雅　12.9%

① Haun Saussy, *The Ethnography of Rhythm*, p.170.

② Ching-hsien Wang, "*Shih Ching*: Formulaic Language and Mode of Creation." Ph. D. diss., University of California, Berkeley, 1971.

③ C.H. Wang, *The Bell and the Drum: Shih Ching as Formulaic Poetry in an Oral Tradition*, Berkeley: University of California Press, 1974. 中译本见王靖献著,谢濂译:《钟与鼓——〈诗经〉的套语及其创作方式》,四川人民出版社,1990 年。由于中译本每页注明英文原著的对应页码,以下引用时一律只引中译本。

④ 王靖献自言利用计算机来得出分析("我走过了一条弯曲的路。制表、划线分析、计算,以制订出关于字、短语、诗句、诗章,最后是诗篇的统计资料",见《钟与鼓》,第 153 页),在当年的人文学科研究中必然极为罕见。

⑤ 王靖献:《钟与鼓》,第 52 页。

周颂   15.1%

鲁颂   16.8%

商颂   2.6%

鉴于前人将 20% 重复率定为口头创作的门槛，王靖献得出《诗经》可以想象为口述的文学（"conceivably oral"），并且是套语化的创作（"demonstrably formulaic"）的结论①。

王靖献深知《诗经》的创作时代（他接受传统说法，定为公元前1000—前 600 年）与荷马时代的希腊大不相同，其时中国文字书写的历史已有数百年之久，因此提出对帕里—洛德理论作适当的修正，主要取法马贡（Francis Peabody Magoun，Jr.，1895—1979）以口述套语理论研究古英语诗的思路。马贡认为古英语诗本质上是口述套语化的诗歌，但亦有明显的文学借用，因此他称之为"过渡性质的口述—书写混合诗"②。王靖献指出少数《诗经》作品的作者具名，跟《贝奥武夫》（*Beowulf*）收入诗人基涅武甫（Cynewulf）属名的诗作做法相似，因此总结"这些诗都应是书写的创作，虽然它们也含有套语的影响"③。这个说法跟正统的帕里—洛德理论背道而驰，因而遭到前哈佛大学"口述传统研究中心"行政主任兼"帕里口头文学特藏"主任拜纳姆（David E. Bynum）的猛烈抨击④。不过王靖献在著作里提供的结论让他重回该学说的正轨，其中特别强调《诗经》的重复与变化：

> 我之所以作以上这些讨论，目的是为了说明对一个
> 《诗经》学者来说，没有必要非得将某一组具体作品严格
> 地系于某一具体时期……流传至今的以某一具体历史事
> 件为题材的诗歌可能即作于此一事件发生之后。但我们

---

①   王靖献：《钟与鼓》，第 3 页。

②   参见 Francis P. Magoun Jr.，"Oral-Formulaic Character of Anglo-Saxon Narrative Poetry." *Speculum* 28.3 (1953)，pp.446 – 467.

③   王靖献：《钟与鼓》，第 36 页。

④   David E. Bynum，"The Bell, the Drum, Milman Parry, and the Time Machine." *Chinese Literature: Essays，Articles，Reviews* (CLEAR) 1.2 (1979)，pp.241 – 253.

今天所见到的未必即一丝不差地是它们当时的那种形式。每一首诗在语言与结构上都经历了一个不断润饰甚至大改的阶段。这一阶段即《诗经》形成期，是所有诗篇经历流传的过程。这一时期也许贯穿了周初至孔子时代。在此之前，《诗经》作品都未可称为臻于完成。①

不过"形成期"和"流传过程"等说法未能说服拜纳姆：

王靖献对口述传统的另一个重大误解是他沿用了马贡的想法，着眼于所谓"口述时代和文学时代的过渡时期"。他深知不能直接用帕里和洛德提出的"口传理论"有力地证明《诗经》作品的口传性质；无论是套语还是传统主题方面，这个总集可以提供的证据都太少，难以重构其口述传统中最具特色的诗歌形成过程。帕里认识到某些真正的口述传统无可转圜地要求对理论前设作对照实验，而马贡发现"过渡"这个说法正好提供了所需的转圜余地，王靖献则拾其牙慧。

……

洛德说得直白，马贡所谓的过渡根本不存在，至今也没有任何真正的口述传统提出相反的证据。…… 一个传统中任何一个元素都不足以等同整个传统，马贡未果的尝试可以为证；我们只好承认随着书写文学的诞生，势必导致在其中发挥作用的人扬弃口述传统。②

这里有两种对口述套语文学不同的见解：究竟如拜纳姆所说，书写文学的诞生导致对口述创作传统的扬弃，抑或像马贡所主张，书写的开始标志着口述—书写混合的"过渡阶段"，孰是孰非本文无意作一定夺。王靖献认为"《诗经》形成期，是所有诗篇经历流

---

① 王靖献：《钟与鼓》，第116—117页（引用时对译文略有改动）。
② David E. Bynum, "The Bell, the Drum, Milman Parry, and the Time Machine." pp.250-251(强调标记为原作者所加).

传的过程",至今看来仍然无可辩驳。然而,他的研究尽管表面上有充分的资料支持,但我个人认为远未足以支持他的论点。我在《出土文献与〈诗经〉的口头和书写性质》一文里提出比较有力的证据(包括新出土的文献和铭文),证明《诗经》在本质上,口述与书写成分孰轻孰重仍然很有疑问。

三、结　语

当 20 世纪 70 年代初王靖献撰写博士论文之时,大家质疑中国"书写文学"可以追溯到多远是很可以理解的。当时殷商甲骨卜辞和两周金文虽已为世所知,但未引起文学研究者足够的重视;加上 20 世纪 20—30 年代的古史辨运动势如破竹,毫不留情地究诘传世文献的真伪。不过就在 1974 年《钟与鼓》出版的同年传出了发现马王堆汉墓帛书的消息——这个重大发现改变了学者对中国的古代文明,尤其是上古的文献传统的研究。马王堆汉墓帛书出土以来的四十多年,中国考古学家(不幸地还有盗墓者)陆续发现竹帛文献,单是最近二十年便有数百种抄本问世,其中不少可定为战国时代文献,全都抄成于"秦火"以前。无论是数量还是质量,这些出土文献都极其重要,任何人想参与中国古代文学的讨论,为相关研究添砖加瓦都无法绕过这大宗材料,而且对它们光有片面的认识已嫌不足①。

只要对中国上古文字材料的长度与深广度加以考察,我想大家会发现葛兰言和王靖献对《诗经》创作和流传的学术研究,其立论基础已变得越来越缺乏说服力。再观文首引述的多种有关《诗经》口传本质的说法,虽然出自研究传统中国文学的第一流学者之

---

① 譬如何莫邪论及"新近发现的著名《老子》写本"(即马王堆帛书本)时提出,"从考古发现累积的金石材料可见,通假字的大量出现揭示了文本主要不是通过字形,而是透过字音来记诵"。然而参考近四十年来对相关出土文献的研究,可以清楚认识到音同、音近的通假字,以及无读音关系的假借字大量出现,主要反映中国书写文字尚未统一齐整,而不是书写尚未盛行。

口，但由于未充分把握古文字材料，有必要予以重新审视①。我呼吁日后学者从事《诗经》本质的探究时，应首先立足于中国上古的书写传统，继而——倘真有需要时——才与世界各地口传文学作比较研究。

---

① 这里我有必要指出不遗余力提倡《诗经》口传起源说的柯马丁(Martin Kern)曾发表系列论文，探讨古文字资料对《诗经》研究的影响，尤其参见 Martin Kern，"Methodological Reflections on the Analysis of Textual Variants and the Modes of Manuscript Production in Early China." *Journal of East Asian Archaeology* 4.1–4 (2002)，pp.143–181(中文版见柯马丁：《方法论反思：早期中国文本异文之分析和写本文献之产生模式》，《当代西方汉学研究集萃·上古史卷》，上海古籍出版社，2012年，第349—385页)；"Early Chinese Poetics in the Light of Recently Excavated Manuscripts." in *Recarving the Dragon: Understanding Chinese Poetics*，Prague：Charles University，Karolinum Press，2003，pp.27–72；"The *Odes* in Excavated Manuscripts." in *Text and Ritual in Early China*，Seattle：University of Washington Press，2005，pp.149–193；"Excavated Manuscripts and Their Socratic Pleasures：Newly Discovered Challenges in Reading the 'Airs of the States'." *Asiatische Studien/Études Asiatiques* 61.3 (2007)，pp.775–793(中文版见柯马丁：《从出土文献谈〈诗经·国风〉的诠释问题：以〈关雎〉为例》，《中华文史论丛》2008年第1期，第253—271页)；"Bronze Inscriptions, the *Shijing* and the *Shangshu*：The Evolution of the Ancestral Sacrifice during the Western Zhou." in *Early Chinese Religion*，*Part One: Shang through Han（1250 BC to 220 AD）*，Leiden：Brill，2009，pp.143–200；"Lost in Tradition：The *Classic of Poetry* We Did Not Know." in *Hsiang Lectures on Chinese Poetry*，vol.5，Montreal：Centre for East Asian Research，McGill University，2010，pp.29–56.拙作《出土文献与〈诗经〉的口头和书写性质》已专门评议柯马丁的说法和证据，于此不赘。尽管柯马丁的学术研究治学方法严谨，所持观点亦值得学界关注，但本人对他所作的结论不感信服。

再论表意文字与象形信仰[*]

　　本文标题套用了西方汉学最有名的辩论之一的文本标题,即卜弼德(Peter A. Boodberg,1903—1972)所作《表意文字还是象形信仰?》^①。该文于 1940 年发表,中止了卜弼德和顾立雅(Herrlee Glessner Creel,1905—1994)持续四年的学术辩论。顾立雅 1936 年于权威学刊《通报》上发表了题作《有关中国表意文字的性质》的文章以后,1937 年卜弼德在新刊的《哈佛亚洲研究学报》上发表了《有关古代汉语演变的一些初步概念》一文,反驳顾立雅的观点。1938 年,顾立雅又在《通报》上对卜弼德的文章作了回应,即《有关古代汉语的表意部件》^②。然后,卜弼德又在《通报》上发表了《表意文字还是象形信仰?》。在那以后,因为顾立雅和卜弼德两个人都引用古苏美尔文字证据来讨论他们的观点,所以《通报》的编者伯希和(Paul Pelliot,1878—1945)宣布这一场辩论已经超出《通报》的学术范围,卜弼德的文章就作为当时辩论的终结。然而,在西方汉学界,到了 20 世纪 80 年代这个辩论又被重新提起,然后又持续了几十年,一直到现在都没有定论。

　　1936 年,顾立雅刚从北平回到芝加哥,他担任了芝加哥大学第一个汉学教授。顾立雅在北平留学将近 4 年(1932—1936),

　　＊　本文原载于《甲骨文与殷商史(新七辑)》,上海古籍出版社,2017 年。

　　①　Peter A. Boodberg, "'Ideography' or Iconolatry?" *T'oung Pao* 35 (1940), pp. 266 - 288.

　　②　Herrlee Glessner Creel, "On the Nature of Chinese Ideography." *T'oung Pao* 32 (1936), pp. 85 - 161; Peter A. Boodberg, "Some Proleptical Remarks on the Evolution of Archaic Chinese." *Harvard Journal of Asiatic Studies* 2 (1937), pp. 329 - 372; Herrlee Glessner Creel, "On the Ideographic Element in Ancient Chinese." *T'oung Pao* 34 (1938), pp. 265 - 294.

在北平的时候他师从当时北平国立图书馆金石部主任刘节（1901—1977）先生。顾立雅住在北平的时候认识了不少当时年轻的古文字学家和考古学家。在 1986 年发表的一篇回忆录里，他提到了董作宾（1895—1963）、梁思永（1904—1954）、容庚（1894—1983）、顾颉刚（1893—1980）、商承祚（1902—1991）、孙海波（1911—1972）、唐兰（1901—1979）、汤用彤（1893—1964）以及"其他许多"同仁①。顾立雅的主要研究范围是中国古代文化史，语言学方面没有受过专门训练。住在北平的时候，他还访问了当时正在进行田野考古发掘工作的安阳，在《通报》上发表第一篇文章的重要目的之一就是给西方学术界介绍当时刚刚开始释读的甲骨文材料。

卜弼德对甲骨文的发现不像顾立雅那样感兴趣。在其第一篇文章的开端，卜弼德承认了考古发现会起到启发作用，可是紧接着就否认了这一点，谓：

> 这些新发现对研究中国古文字学的关键问题，即字与词的关系，是一个障碍。②

卜弼德一点也不重视中国国内的古文字学研究，特别是较之西方"科学"的古文字学，他继续说：

> 在研究古代"表意"文字的时候，音韵学家和文字学家会采取不同的做法并不奇怪。就连在埃及学和苏美尔学领域，我们也经常遇到同样的现象，然而这些学术领域的优秀文字学成果已经最大限度地降低了这样分野所造成的影响。不幸的是，在汉语研究中，我们现在刚刚开始建立一个语文学的做法，音韵学和文字学的分别对科学

---

① Herrlee G. Creel, "On the Birth of *The Birth of China*." *Early China* 11 - 12 (1985 - 1987), p.2.

② Peter A. Boodberg, "Some Proleptical Remarks on the Evolution of Archaic Chinese." p.329.

的发展仍然是一个障碍。

卜弼德又说,中国学者根据文字学立说是可以理解的,可是"西方文字学家这样做是不能接受的"①。卜弼德把顾立雅的说法称作"不能成立的论点",一点也不接受:

> 顾立雅博士在 1936 年《通报》上发表的《有关中国表意文字的性质》一文提出中国文字的"表意"特征,反对从"音韵学"视角研究古文字。此文文笔流畅,可是毫无学术根据。伯希和教授的按语正确地谴责了顾立雅将书写的和活着的语言分别开来的习惯。除了作者这一不能成立的论点以外,我们还应该反对贯穿他文章的(也是西方汉学经常用的)普遍趋向,即以为中国人的书写发展,就像中国很多其他文化因素的演变一样,利用了某些玄妙的伦理,使之与其他人类文化相区别。②

近几十年以来,此场辩论还在持续,卜弼德的观点和论调反复被人重提。在 1984 年,德范克(John DeFrancis,1911—2009)著书辨别中国语文的"事实"和"幻想"。关于中国文字,他说:

> 我实在受不了有人误解中国文字为"象形文字",这就像是利用占星术来谈天文学那样糊涂。因为人们对汉语有这样的误解,所以对全世界文字性质的认识仍然有误,这也让人无法忍受。③

德范克著《中国语文:事实与幻想》出版后不到十年,陈汉生

---

① Peter A. Boodberg, "Some Proleptical Remarks on the Evolution of Archaic Chinese." p.329 n.1.

② Peter A. Boodberg, "Some Proleptical Remarks on the Evolution of Archaic Chinese." pp.330 – 331 n.2. 卜弼德提到的"伯希和教授的按语"是指伯希和在顾立雅文章后头附加的讨论,即 Paul Pelliot, "Brèves remarques sur le phonétisme dan l'écriture chinoise." *T'oung Pao* 32 (1936), pp.163 – 165.

③ John DeFrancis, *The Chinese Language: Fact and Fantasy*, Honolulu: University of Hawai'i Press, 1984, p.111.

(Chad Hansen)在亚洲学权威学刊《亚洲学学报》上发表了题作《中国表意文字和西方概念》的文章,导致俄亥俄州立大学日文教授安戈(J. Marshall Unger)发表了一篇公开的《给编者的信》,头两段的目的是警告"不是语言学家的读者"。

　　看到《亚洲学学报》1993 年 5 月刊用陈汉生的《中国表意文字和西方概念》实在使我大吃一惊。这是因为他的主要论点,即中国文字是表意文字,长期以来已经为学术界所放弃。由于同一个原因,我也不愿意写这种信,因为仅仅写信可能会让某些读者误会我认为这个问题值得讨论。其实,这样做就像在学术学报上利用"科学创造主义"的观点说明遗传学和化石。对我来说,这两个假说半斤八两,都不值得看重。虽然如此,因为陈汉生的学问如此糟糕,所以我觉得我还是应该给不是语言学家的读者提供陈汉生所没有给出的事实和证据。还有其他一些同样糊涂的学者,就像 Donald(1991),同样针对相关的学问,尽管他们有的时候也会误解这个学问,但是通常能把事实交代清楚,文笔清晰,有某些新的意见。因为他们不懂亚洲语文,所以他们的误解也可以被谅解。然而,这些理由完全不适用于陈汉生,这正是我提笔写下这封信的原因。

　　总的来说,连那些同意陈汉生所谓中国文字是表意文字观点的人应该也对他的论述感到不满意。他的论述完全具备假科学的特点:不相信真正的专家,认为他们吹毛求疵;不肯接受公认定义及其背景;对文化和概念描述潦草,归纳缺乏根据;不处理不利的证据;由曲折的分析得出陈旧的结论。学报的审查学者没有注意这些缺点(还有更多的缺点,由于篇幅的限制没有全部列出)实在使我扼腕。其实,我感到这些审查学者比陈汉生的罪责更大。将中国视为迷惑、隐蔽、异域文化的论著汗牛充栋,陈汉生只不过是借机为之添砖加瓦,而他们居然允许《亚洲学学报》发表此文。①

2009 年,《亚洲学学报》又刊用了马爱德(Edward McDonald)的文章,题作《超越辩论的长城:中国学中的"文字癖"》,似乎是为了挽回 15 年前的错误。马爱德接受了安戈对陈汉生文章的批评,只是将安戈所说的"异域化"("exoticizing")变为"恋物化"("fetishization")②。这篇文章开头所附摘要言辞比较中立:

> 有关中国书写系统的辩论,特别是中国文字是否可以称作"表意文字",仍然是汉学研究的难题。本文针对"文字癖"的说法,在理解中国语言、思想和文化中,这些说法给了汉字不应有的重要地位。作者打算对这些说法作分析和评价,以便给它所引发的狂热降温,对作为书写系统,同时关涉中国文化和思想的中国文字的性质作出一个更为综合、更有根据的解释。③

然而,在引言部分的结尾,马爱德就宣扬这样的观点:

> 在本文中,我将论证相反的观点,即在实际使用中,中国文字只能在一个特定的语言环境中理解,就这点而言,文字构造的原则根本无关对它的理解。换句话说,中国文字一旦作为书写的要素代表某种特定的语言,对它的理解就只是由它和该语言中特定单元的关系决定,它本身并不含有任何"内在"的意思。④

---

① J. Marshall Unger, "Communication to the Editors." *Journal of Asian Studies* 52. 4 (1993), p.949.

② Edward McDonald, "Getting over the Wall of Discourse: 'Character Fetishization' in Chinese Studies." *Journal of Asian Studies* 68.4 (2009), pp.1189–1213.

③ Edward McDonald, "Getting over the Wall of Discourse." p.1189.

④ Edward McDonald, "Getting over the Wall of Discourse." pp.1193–1194(斜体是本文原有的).

到文章最后部分,马爱德给出更为清晰的说法:

> 我们如果承认文字构造的原则对理解作为书写语言的单元的文字毫无影响,那么象形文字或表意文字的作用就和假借字或形声字完全一样。①

马爱德的论点基本上是根据鲍则岳(William G. Boltz)著《中国书写系统的起源与早期演变》一书。在这本书里,鲍则岳像德范克一样认为他的目标是说明一些"事实",反对某些"神话和误解":

> 我写这本书的目标是直白地、易懂地说明中国文字在公元前二千年后半部分的起源和构造的事实,以及它在一千年以后的秦汉时代经过了如何的重新构造和系统化。我希望这样可以祛除关于中国文字性质的某些流传甚广的神话和误解,关于中国文字的形式和功能,能够重建起某些共识以及清醒的认识。

> Peter S. Du Ponceau(1760—1844)作了一篇有说服力的、清楚缜密的"论文",证明了中国文字并不是"表意文字",中国文字像任何文字系统一样只是一种代表语言的工具。②

鲍则岳是卜弼德的学生,他的书在很大程度上是根据卜弼德的观点,只是有所发挥,对中国文字系统下了严格的定义。在鲍则岳的书里,卜弼德的某些挑战性理论,特别是很多文字有多声符被作为定论。因此,鲍则岳说"'无声符'的文字压根不存在":

---

① Edward McDonald, "Getting over the Wall of Discourse." p.1207.

② William G. Boltz, *The Origin and Early Development of the Chinese Writing System*, New Haven, CT: American Oriental Society, 1994, p.7.鲍则岳所引 "Peter S. Du Ponceau"是指 Du Ponceau 氏在 1838 年所作 *A Dissertation on the Nature and Character of the Chinese System of Writing: In a Letter to John Vaughan*, Esq. (Philadelphia: American Philosophical Society, 1838; rpt, Kessinger Publishing, 2008). Du Ponceau 氏的论文非常奇怪。尽管这篇文章对中国文字作了长篇讨论,可是 Du Ponceau 氏很骄傲地承认他自己根本不会汉语。并且,按照今天的眼光来看,他对中国学者和中国人的偏见只能算是一种种族主义。我一点也不明白鲍则岳怎么会赞扬这篇文章。

　　所有的含有多种部件的文字必须有一个部件指明声音,无法"创造"一个没有声符的会意字。……一般来说,我们必须咬定"无声符"的文字压根不存在。①

　　鲍则岳所说的"'无声符'的文字",是指中国传统文字学所谓的会意字,常常有人说这种文字是"表意文字"。譬如说,《说文解字》举出两个字来说明会意字的理论:"武"和"信"。按照《说文》的分析,"武"是由"戈"和"止"两个部件构成的,"止"表"停止"的意思,因此"武"的意思是"停止战争"。同样,《说文》谓"信"是由"人"和"言"构成的,因此站在他一边言的人是"诚信"的。鲍则岳摈斥这个分析,他说:

　　"人"和"言"的组合除了"诚信"以外还可以有很多不同的意思,诸如"华丽的""吹毛求疵""高谈阔论""演讲""独白"和"语言学家"。还有三点原因说明这种分析可疑:第一,班固在他对六书的定义里,将这种文字称作"象意字",不是"会意字"。一个会意字的基本性质如果是结合不同部件的意思,那么班固怎么会不用"会"字来定义?最早的说法是"象意"。第二,像我们已经指出的那样,在文字系统的起源和发展过程当中,根本没有办法创造一个没有声符的文字。除非有特定的部件代表声音,除此之外利用两个或两个以上的部件的意义来形成一个新的文字并不是有效的办法。第三,如果中国真有这种文字,在全世界的所有文字系统中是独有的。在我所知的文字系统中,没有一种文字是由不表音只表意的部件结合而成的。②

---

① William G. Boltz, *The Origin and Early Development of the Chinese Writing System*, p.72.

② William G. Boltz, *The Origin and Early Development of the Chinese Writing System*, p.148(斜体是本文原有的).

　　这是鲍则岳的关键概念,也是马爱德最有力的根据①。然而,像蒲芳莎(Françoise Bottéro)在她对鲍则岳著《中国书写系统的起源与早期演变》的书评里所指出的那样,鲍则岳的这三个论点都没有说服力②。第一点,即"象意"和"会意"的不同,根本没有多少意义。无论是"象"意还是"会"意,这两个定义的核心是"意"(众所周知,中文本来不分单数和复数),有"意"的字应该可以称作"表意字"。鲍则岳的第二点本来不是证据,而只是他的想法。他可以说将两个意符结合起来创造文字"不是有效的办法",可是仅仅这样说不等于证明。当然,《说文》对"信"字的分析有问题,因为没有指出"人"旁原来代表这个字的声音(按照鲍则岳所利用的古音构拟法,"人"的声音可以构拟为*njin,"信"可以构拟为*snjins③)。然而,《说文》的一个错误并不证明它对所有会意字的分析都错。比如说,鲍则岳根本没有讨论"武"字的构造,更不用说裘锡圭在他所著的《文字学概要》里所提及的上百个会意字④。第三,蒲芳莎指出苏美尔和埃及文字里都有结合两个意符的"会意字"。因此,中国文字的这个做法并不是独有的⑤。

　　鲍则岳说"一般来说,我们必须咬定'无声符'的文字压根不存在"相当难懂。传统中国文字学根据《说文解字》分析了三种"无声符"的文字,即"象形字""指事字"和"会意字"。裘锡圭将这三种文

---

　　① Edward McDonald,"Getting over the Wall of Discourse."p.1204.关于鲍则岳说中国文字根本没有"会意字",马爱德还说:"很多对汉字有恋物情结的人经常把会意字当作证据,有的时候甚至把某些形声字也归到这个类型,所以鲍则岳的看法说明这些人对汉字的恋物情结完全是错误的。"

　　② Françoise Bottéro,"Review of William G. Boltz, *The Origin and Early Development of the Chinese Writing System.*"*Journal of the American Oriental Society* 116.3(1996),pp.574-577.

　　③ 鲍则岳所用的古音构拟是根据 William H. Baxter,*A Handbook of Old Chinese Phonology*,Berlin:Mouton de Gruyter,1992;William G. Boltz,*The Origin and Early Development of the Chinese Writing System*,p.149 n.20 所引。

　　④ 裘锡圭:《文字学概要》,商务印书馆,1988年。本文引用这本书的英文译文:Qiu Xigui,*Chinese Writing*,Berkeley,Ca:Society for the Study of Early China and the Institute of East Asian Studies,University of California,Berkeley,2000,pp.186-203.

　　⑤ Françoise Bottéro,"Review of William G. Boltz, *The Origin and Early Development of the Chinese Writing System.*"p.576.

字统称为"表意字"①,这个提法很合理。

很清楚的是,中国文字像苏美尔文字和埃及文字一样一开始是象形文字。尽管仅凭现在的通用汉字,文字原来的形状常常看不出来,可是在最早期的文字中这一点很清楚。下面仅列一些表动物的象形字:

羊　　象　　兔　　马　　虎　　鹿

鲍则岳也不接受"象形字"这个定义。与一般的 pictograph 的叫法不同,他把这些文字称作 zodiograph。按照他的说法,pictograph 是指"物"而 zodiograph 是指"词"②,这样区分似乎相当武断③。文字当然代表词,不然的话它就是符号而不是文字。然而,问题是它怎样代表词。无论如何,上面所列文字的形状都不代表相关文字的声音。

一直到甲骨文发现以后,"指事字"都算是比较不重要的文字类别。《说文》列出"上"(二)和"下"(二),差别仅仅是横画上头和下头的一笔。其实,我们现在知道有不少文字利用了这种构造方法,用一笔点画或是圆圈指出某一象形字特别的地方或含义,如下列例子:

---

① 　Qiu Xigui, *Chinese Writing*, pp.167-168.裘锡圭指出陈梦家在其《殷虚卜辞综述》里已经建议将象形字、指事字和会意字合起来,把三个类型都称作"象形字"。裘先生虽然没有接受陈梦家的术语,但两个人对中国文字的分析基本相同。

② 　Boltz, p.54:"代表一个事物的画可以称作'pictograph',这是文字的前身,可是并不是文字。……那张画代表事物的名称,也就是说代表一个词而不代表事物,这就是文字,根据卜弼德的说法可以称作'zodiograph'。"

③ 　如上所示,鲍则岳用"zodiograph"指称这种文字是源自卜弼德。这个词的来源是希腊语 zōdion,意思是"一张小画"。然而,如 Jereon Wiedenhof 氏在他对鲍则岳《中国书写系统的起源与早期演变》的书评里所指出的,卜弼德自己对"pictograms"和"zodiographs"两个术语本来没有区分。见 Jereon Wiedenhof, "Review of William G. Boltz, *The Origin and Early Development of the Chinese Writing System.*" *T'oung Pao* 82.4/5 (1996), p.383.我明白鲍则岳所作的区分,可是正如 Wiedenhof 氏所说,术语的这些细微的差别有的时候对表达意思是一个障碍。

𠃌：ren 刅，用一个点画指出 dao"刀"的刃部。

𠂂　**𡴀**：hong 厷（即"肱"的本字），在 shou"手"（即 you"又"）下画圆圈，指出"肱"。

𠂆　**𠂇**：zhou 肘，在 hong 肱下头画点画指出"肘"。

𠂤：gui 厃（即"跪"的本字），在跪着的人形（即 jie"卩"）的膝盖下面画点画，指出"跪"的含义。

𠔿：ye 亦（即"腋"的本字），在人形（即 da"大"）的肩膀下面画点画指出"腋"。

鲍则岳所谓"无法'创造'一个没有声符的会意字"似乎无法对这些"指事字"的构造作出确切的分析。所指词的声音和原来象形字的声音都迥然不同，所加上的点画或圆圈肯定不代表字的声音。纵使我们采用鲍则岳的定义认为象形字代表"词"而不代表"物"，这些指事字将不同的无声符部件结合起来创造一个新的文字，似乎不能否认。

《说文》第三种表意文字是"会意字"。如上面所述，鲍则岳已经指出《说文》对"信"字的分析有误，"信"字所从的"人"不但是意符，还提供词的声音。然而，像我上面已经说的，《说文》对一个会意字的分析有错误不等于说对所有会意字的分析都错。裘锡圭提供了对一百多个会意字的分析，下面只举出几个例子。根据现代通用汉字的构造，一般的读者不一定能够认识每一字原来的表意功能，然而这些例子所用的部件都很普通，古代的读者一定会认出来。据我所知，在这些例子当中，没有一个部件有表音的作用①。

---

①　当然，有的文字在后来的演变中也会加上音符，譬如下面将提到的"辟"字，在原来的"𨝓"上加上"辟"作为音符。卜弼德和鲍则岳都说很多文字原来是多音的，加注音符是为了确定这个字的读音。譬如，下面所举的由"目"和"人"组成的"见"字，他们说"目"字除了 mu 以外，还表示 jian 的声音。不知道这样分析有没有根据，可是这恐怕不能说明同样由"目"和"人"所组成的"望"字。鲍则岳还说在由"口"和"鸟"组成的"鸣"字里，"口"提供 ming 的声音。我不知道这样分析有没有根据，但是"口"怎么能够同样为从"口"从"犬"的"吠"字提供 fei 的读音呢？在我看来，这样多音的文字很难起表音作用。

从：cong 从，两个"ren 人"会"跟从"的意思。

从：bei 北（"bei 背"的本字），两个相背的"ren 人"会"背"的意思。

及：ji 及，由"ren 人"和"you 又"会"拿"的意思。

孚：fu 孚（"fu 俘"的本字），由上面的"you 又"和下面的"zi 子"会"俘虏"的意思。

毓：yu 毓（"yu 育"的本字），由"mu 母"与倒过来的"zi 子"和"shui 水"点（即"羊水"）会"生育"。

疾：ji 疾，由"qiang 爿"（"床"的本字）与"ren 人"和"shui 水"点（可能表明"发烧的汗"）会"疾病"的意思。

伐：fa 伐，由"ren 人"和砍人颈部的"ge 戈"会"砍头"或"征伐"的意思。

戒：jie 戒，由两只手举出（即"gong 廾"）一个"ge 戈"会"守卫"的意思。

辟：pi 辟，由两只手向外面推一扇"men 门"会"开"的意思。

陟：zhi 陟，两个"zhi 止"（即"脚"）在"fu 阜"上往上。

降：jiang 降，两个"zhi 止"（即"脚"）在"fu 阜"上往下。

埶：yi 埶，由人将两只手伸出来（"ji 丮"）把"mu 木"放在"tu 土"里会"种田"的意思。

莫：mu 莫（"mu 暮"的本字），由"ri 日"在四个"mu 木"或"cao 艹"里会"黄昏"的意思。

朝：zhao 朝，由"ri 日"和"yue 月"在"cao 艹"中表明太阳和月亮同时出现的时候，也就是"早晨"的意思。

见：jian 见，由"ren 人"和"mu 目"会"看"的意思。

望：wang 望，由"ren 人"和往上的"mu 目"会"望"（即"看远地"）的意思。

即：ji 即，由跪着的人（"jie 卩"）在"饭碗"（"皂"）前面会"莅临"的意思。

既：ji 既，由跪着的人（"jie 卩"）和向后的"kou 口"在"饭碗"（"皂"）前面会"完毕"的意思。

乡：xiang 乡，由两个相对跪着的人（"jie 卩"）在"饭碗"（"皂"）前面会"宴会"的意思。

鸣：ming 鸣，由"kou 口"和"niao 鸟"会"ming 鸣"的意思。

吠：fei 吠，由"kou 口"和"quan 犬"会"fei 吠"的意思。

臭：chou 臭，由"zi 自"（即"鼻子"）和"quan 犬"会"chou 臭"的意思。

劓：yi 劓，由"zi 自"（即"鼻子"）和"dao 刀"会"yi 劓"（即"切鼻子"）的意思。

删：shan 删，由"ce 册"和"dao 刀"会"shan 删"（即"削竹简"）的意思。

劍：jie 劍，由"yu 鱼"和"dao 刀"会"jie 劍"（即"切鱼"）的意思。

剢：zhuo 剢，由阴茎（也许是"tu 土"之本字）和

"dao 刀"会"阉割"的意思。

𠂉：yue 刖，由一腿的人形和手里(即"you 又")拿

着"锯"会"yue 刖"(即"砍腿")的意思。

我们还可以举出很多类似的"会意字"，于此毋庸赘述。在中国文字最早的阶段，亦即商代的甲骨文，它的象形功能相当容易看得出来，就像最后一个例子中手里拿着锯砍腿的"刖"字[①]。其他的例子比较抽象，把两个意思结合起来，就像"鸣"和"吠"。根据最新统计，百分之七十以上的甲骨文实词(即非专用名词)可以分析为表意字(即象形字、指事字或会意字)[②]。卜弼德指出顾立雅对某些字的分析是错的，认为这些错误证明顾立雅的结论也是错的。然而，卜弼德基本上没有考虑顾立雅所提出的甲骨文和金文字形，后来接受卜弼德理论的许多学者同样也对甲骨文不感兴趣[③]。

这并不是说甲骨文文字全都是表意文字。像世界上其他独立起源的文字一样，中国文字在最早的阶段已经遇到象形文字的限制，开始利用声音来创造新的字，通常利用同声"假借字"。譬如，古代汉语第三人称代名词"其"很难写，只能假借同声的"箕"(即"篮子"的意思)的象形字"𠀹"来代替它。同样，在甲骨文里动词的"lai 来"利用了音近的"mai 麦"(即"麦子")的象形字"來"[④]，介词的"自"利用了"zi 自"(即"鼻子")的象形字"自"。现代汉语也

---

① 今天通行的"刖"字，原来的象形字已经变形，加上"月"当作音符。然而，在中国最早的书写阶段，这个字肯定是象形字。

② 见江学旺：《从西周金文看汉字构形方式的演化》，《古籍整理研究学刊》2003 年第 2 期，第 30—33 页；引自 Wolfgang Behr, "The Language of the Bronze Inscriptions." in *Imprints of Kinship: Studies of Recently Discovered Bronze Inscriptions from Ancient China*, Hong Kong: The Chinese University Press, 2017. 毕鹗(Wolfgang Behr)氏说将来如果有新的文字分析法，江学旺所提出的表意文字的比例可能会降低，但是也没有说会降低多少。

③ 德范克、安戈和马爱德都基本上没有利用甲骨文材料。如上面所说，卜弼德认为出土文字资料是一个障碍，他对甲骨文也没有作研究。唯有鲍则岳对甲骨文作了相当的研究。

④ 我们也可以认为原来是一种食器的象形字的"豆"假借为"豆子"的"豆"。

是一样，借用植物的"花"字来代替"花钱"的"花"。在现代汉语里，很多原来是假借字的字已经变形了。譬如，"箕"的象形字""原来写作"其"，但是后来为了区分"箕"和代词"其"的意思，加上了竹字头，创造了新的字。

在中国文字的发展过程中，假借字（也就是利用声音来造字）是非常重要的突破。开始利用假借字以后，下一个进步是将意符和音符结合起来造出无法用象形手法描绘的新字，这是所谓的"形声字"。譬如，要造"鱼"字或"木"字当然可以画出""或""的象形，也许我们也会画出"桐树"和"松树"的不同象形。然而，要怎么区分"榉树"和"核桃树"？同样的，"鲨鱼"和"旗鱼"的形状很容易区分，可是"鳟鱼"和"鲈鱼"的形状非常相似，两种鱼的分别根本画不出来。有了假借的原则以后，当然可以借用"尊"的象形字""来代替。然而，表野鸡的"鷷"也有一样的声音，怎么区别这两个字？古人很快将假借字的原则再推进一步，也就是把意符和音符结合起来创造形声字。有了形声字以后，他们就可以把汉语里所有的词都写下来[①]。

形声字不是中国独有的文字构造，在世界其他文字系统诸如苏美尔文字、埃及文字和玛雅文字里也都是最普遍、最常见的文字构造，这点恐怕没有再讨论的余地。在现代汉语字典里，大多数的字都是形声字。然而，形声字不一定全部按照同一个原则构造。在《文字学概要》里，裘锡圭列出了十七种不同的形声字构造法。这样的分析可能过于详细，不过，我们至少应该分辨形声字的两个大类型：在一个类型中，音符仅提供词的声音；在另外一个类型中，音符不但提供词的声音，并且也表意，这是中国文字学所谓的"形声兼会意"现象，《说文解字》通常使用"从 X 从 Y，Y 亦声"这一表述。早在商代甲骨文里，就已经使用了第一个类型的形声字作

---

① 据江学旺《从西周金文看汉字构形方式的演化》第 32—33 页说，在西周铜器铭文上首次出现的 900 个文字中，百分之八十是形声字。

为专用名词。譬如，殷墟附近的洹水写作"{水日}"。"日"（即"亘"）表音，再加上"水"旁指明是河名。同样，由"水"旁和"止"组成的"沚"是一个地名，可能也是河名，"止"只表音而已。在这个类型的形声字里，唯有通常写在文字左边的偏旁才起到意符的作用[①]。

　　形声字的第二个类型有所不同：音符不但表音，并且也兼有表示词意的功能。早在顾立雅和卜弼德辩论的时候，顾立雅就已经讨论了这一类字，说是一种会意字。在他所作的《有关中国表意文字的性质》一文里，他提出《说文解字》所谓"韦，相背也"的"wei 韦"字，最早的字形是"{韦}"，即两个"止"（即"脚"）往不同的方向走在"口"（即"城郭"）的外边（按照《说文》的说法，"口"也表音），原来的意思是"守卫"。顾立雅还提到不少与"韦"相关的字，意思都是从"韦"原来的意思引申出来的，诸如"围""违""闱""纬""卫""帏"等[②]。

　　很容易看出这些字多与"守卫"或是"保卫"有关，只是不同的偏旁表示细微差别而已。比如，"口"旁表示"周围"的意思，"辶"旁表示"违背"的意思，"门"旁表示"巷门"的意思，"行"旁表示"围护"的意思，等等[③]。

　　当顾立雅和卜弼德发表文章的时候，伯希和是《通报》的编者。他的编辑习惯是在一篇文章后头加上自己的按语。在顾立雅于1936年所发表的《有关中国表意文字的性质》一文的后头，伯希和发表了题作《有关中国文字声音的小案》的文章，值得重新阅读：

　　　　顾立雅的文章所缺乏的一点是对形声字的确切定义。很明显，过去这个名词里含有两个非常不同的类型。

---

　　①　其实，我有一点怀疑"日"不但是音符，并且也有表意功能。殷墟附近的洹水的一个特点是它卷曲的形状，很像"日"字的形状。

　　②　Herrlee Glessner Creel, "On the Nature of Chinese Ideography." pp.146 – 147.

　　③　虽然这些文字中，有的不很清楚，譬如"纬"，不一定像顾立雅分析的那样，但是个别例外不能证明所有的例子都不对。见 Herrlee Glessner Creel, "On the Nature of Chinese Ideography." p.148.

在一个类型中,音符只表音,诸如"lai 赖"("依靠")、"lai 癞"("恶疮")和"lai 籁"(一种"笛")诸字。这些字的偏旁表意,但是音符完全是假借字。……这个类型的特点是音符和词毫无关系。这个类型经常被用来书写外来语。按照顾立雅的看法,这个类型才应该被称作"形声字",这个观点值得重视。虽然这个类型的文字为数不少,但是在字典里面也远达不到百分之八九十的比例。

然而,按照中国文字学的观点,也就是高本汉(Bernhard Karlgren, 1889—1978)的看法,形声字不仅指这个类型,还包括顾立雅所讨论的那些"形声兼会意"的字,诸如"wei 围""wei 卫""wei 帏"等。

虽然我们必须承认两个类型之间的区别不是很清楚,但是我仍然认为我们应该分辨这两种构造相同而来源不同的类型。

按照顾立雅的观点,第二个类型的文字完全没有音符。他说因为"韦"的本字是表意字,所以结合也是表意字的偏旁所造的字当然也是表意字。这里我也基本上同意他的观点,但是我们应该稍微改变一下惯用的术语。我和顾立雅的不同在于对偏旁作用的理解。

据顾立雅说,"wei 闱"仅是宫殿的"门韦","wei 帏"只是"巾韦","hui 讳"只是"言韦"。这好像是说中国文字完全是抄手的创造,与活着的语言没有一点关系。顾立雅当然知道这些字的声音不都一样,无论是声调还是发音。然而,他轻视这些不同,认为这只是次要的。这点我不能赞同。他所做的全部工作都表明他像中国学者一样是文字学家,而并不是语言学家或音韵学家。连书写形式完全一样的文字(诸如"好"hào 和 hǎo,"藏"zàng 和 cáng,"传"zhuàn 和 chuán),它们声调和发音的不同都表明语言是活着的这一特点,更不用说那些不相同的文

字。原则上,偏旁的不同来自口头语言中有不同意义和
声音的词。对我来说,"闱"是汉语 wei 字的写法,而并不
是"门韦"的紧凑形式。也许有一些例外,但并不是很多。
如果加上的部首可以确定口头语言中的一个表意字的意
思,我们的确可以说这个新的字是表意字,但是我们也可
以说这是一种特殊的形声字。最重要的是,我们不应该
把这个类型和第一个类型弄混。①

伯希和和顾立雅的看法大同小异。伯希和批评顾立雅说他对
口头语言没有给予应有的注意②,这样的批评很对。像伯希和所说
的那样,顾立雅"并不是语言学家或音韵学家"。然而,顾立雅从来
没有说他是语言学家或音韵学家。他文章的主题是中国文字,不
是中国语言。对我来说,伯希和的批评有一点不公平:虽然文字
和语言有非常密切的关系,可是我们不应该把它们两者等同起
来③。连利用"a""b""c"等字母书写的语言都可以利用书写表达一
些口头语言不好表达的意思,诸如利用大写、标点、不同的字形等
等。我觉得中国的书写——特别是中国上古的书写——更能利用
不同文字的字形来表达不同的意思④。

---

① Paul Pelliot, "Brèves remarques sur le phonétisme dan l'écriture chinoise." *T'oung Pao* 32 (1936), pp.163 – 165.

② Peter A. Boodberg, "Some Proleptical Remarks on the Evolution of Archaic Chinese." p.329 n.1.卜弼德说伯希和附加的讨论"正确地谴责了顾立雅将书写的和活着的语言分别开来的习惯"。我觉得这样说相当过分。伯希和的批评通常非常极端,可是他对顾立雅的批评相当平和。

③ 卜弼德、德范克、安戈、鲍则岳和马爱德都犯了同样的错误。卜弼德批评顾立雅说:"语言科学的唯一问题是词。对语言学家来说,文字的'意思'或是'概念'根本不存在。" Peter A. Boodberg, "Some Proleptical Remarks on the Evolution of Archaic Chinese." p.332 n.5. 顾立雅不在乎"语言科学",他研究的是"古文字学"。对语言学家来说文字可能不存在,但是对古文字学家来说,文字当然存在。

④ 庞朴指出在战国文献里有不少文字加上"心"旁,对文字的意思似乎提供了新的意义。譬如说,"勇"就是"勇敢"的意思,可是"悝"表达的好像是一种内在的感性(这个字跟现代汉语作为"满溢"或"涌出"的"悝"表示的不是一个意思);"反"只是"反过来"的意思,可是"㥚"是"反省"的意思;"为"只是"作为"的意思,可是"㥽"或"惥"是"心里的作为"。见庞朴:《郢燕书说——郭店楚简中山三器心旁文字试说》,《郭店楚简国际学术研讨会论文集》,湖北人民出版社,2000年,第37—42页。我们应该注意,这些文字似乎不是活着的语言的词,很可能是抄手所发明的。

　　顾立雅和伯希和在讨论形声字的第二种类型的时候,他们好像都不知道中国学者早已经认识了这个类型,它被称作"右文"。其实,在顾立雅第一篇文章发表的前一年,即 1935 年,沈兼士(1887—1947)发表了长篇文章讨论这个问题,题作《右文说在训诂学上之沿革及其推阐》,对"右文说"的历史作了综合阐述,并且也提供了很多例证①。早在刘熙(公元 200 年前后)所撰的《释名》里,右文说的原则就已经有所提及。西晋时代的杨泉(公元 280 年)作了更清楚的分析,说:"在金曰坚,在草木曰紧,在人曰贤",说明与"臤"字相关的字有相同的意思②。

　　"右文说"这个名称由北宋王圣美(公元 1060 年前后)首倡。之后很多有名的文字学家,诸如戴侗(1241 年进士)、段玉裁(1735—1815)和王念孙(1744—1832),都作了讨论③。他们经常把这类文字称作"形声兼会意字"④。

　　在裴锡圭所著的《文字学概要》里头,有一章节专门介绍"表意音符"。他所提出的例子大多是在表意字上再加上意符表示一个新的意思。譬如,"解"原来将"刀""牛"和"角"结合起来表"解开"(jie)和"懈怠"(xie)的两个意思,后来在"解"上又加了"心"(即"忄")旁来专指第二个意思。裴先生还提出下面的几个例子:

> 驷 si,由"马"和"四"表"四匹马的车"的意思。
>
> 牭 si,由"牛"和"四"表"四岁的牛"的意思。
>
> 钫 fang,由"金"和"方"表"方形的酒器"的意思。
>
> 祫 xia,由"示"(即"礻")和"合"表"综合祭祀"的

---

　　① 沈兼士:《右文说在训诂学上之沿革及其推阐》,《庆祝蔡元培先生六十五岁论文集》,史语所,1933 年,第 778—874 页。

　　② Qiu Xigui, *Chinese Writing*, p.257.

　　③ 在裴锡圭《文字学概要》里头有一个章节题作"右文说"(Qiu Xigui, *Chinese Writing*, pp.257 - 260),并见陈琳:《"右文说"研究回顾》,《湖南师范大学 2005 年研究生优秀论文集》,湖南大学,2005 年,第 227—229 页。

　　④ Qiu Xigui, *Chinese Writing*, p.255.

意思。

在 si 驷和 si 牭中,很容易看出"四"不但表音,而且也表示部分意思。这些词当然可能是古代汉语固有的词,但是也可能是某某人利用文字部件创造的。就算那些固有的词,意思恐怕也受到文字写法的影响。尽管鲍则岳、安戈和马爱德说汉语仅是口头语言,可是历来中国读者一直都利用文字的构造来理解词的意思。通过文献注疏和字典的文字分析,这些意思对词的意思就造成了一定的影响①。像上面说的那样,文字和语言不是一回事,但是我们不应该认为中国文字对汉语完全没有影响。

按照一般字典的分析,百分之九十的中国文字是形声字。虽然如此,中国文字学大多数的讨论是针对另外几种文字构造方法。我想,形声字还有再分析的必要。我赞同伯希和的建议,至少将形声字分成两个类型。为了给这两个类型起不同的名称,我建议暂时利用"形声字"(就是伯希和所谓的第一个类型,也就是音符仅表音,与意思没有关系)和"声形字"(就是伯希和所谓的第二个类型,也就是音符既表音又表意,即中国传统文字学所说的"形声兼会意"字)②。这样的名称当然很别扭,但是一方面可以保留固有的名称,一方面可以提醒我们并不是所有的形声字都一样。"声形字"不但包括顾立雅和伯希和所讨论的"韦"及其引申字,也包括裘锡圭所举的例子,诸如"懈""驷""袷"等,以及传统"右文说"的文字。

---

① Ming Dong Gu,"Sinologism in Language Philosophy:A Critique of the Controversy over Chinese Language." *Philosophy East and West* 64.3 (July 2014),p.698.文中说:"在中国学者当中,这个观点(即"汉语'意'优于'音'")是一种常识。"虽然我不能完全接受顾明栋对语言学的说法,但是很难否认他对中国学者的看法是有根据的。顾明栋在2015年的《复旦学报(社会科学版)》上发表《走出语音中心主义——对汉民族文字性质的哲学思考》一文,说:"这种认为文字附属于口语、口语优于文字的观点,就是语音中心主义。"

② 我知道这样的术语很别扭,不但与传统文字学的"形声字"不易区分,而且也只是将"形"和"声"两个字倒过来。我这样倒过来的目的是强调"形"和"声"的相对重要性。如此,"形声字"的"声"最重要,而"声形字"的"形"最重要(至少在最早的书写阶段最重要)。

　　这个类型也包括我们现在分析的不少通行形声字。譬如"贞"和"天"都应该是形声字（尽管《说文解字》对"天"字的分析存在根本的错误）。虽然通行的"贞"字是由"卜"和"贝"组成，但是我们知道"贝"只是"鼎"的简写，"贞"的本字是"鼎"，"鼎"就是这个字的音符。然而，在"鼎"字使用之前，甲骨卜辞通常假借"鼎"字来记录"贞"这个词，后来才加上"卜"旁来区别"贞"的特殊含义。如此，无论是写作"贞"还是"鼎"，原本都是象形的，被作为假借字使用，"卜"旁完全是后加的。"天"字原来也是一个象形字，尽管对它的分析与"贞"字的分析不一样。按照《说文解字》，"天"是一个会意字，"从一大"，这无疑是一个误解。"天"的本来字形是"▯"（甲骨文）或"▯"（商代金文），"一"只是"丁"（原来写作"▯"或"▯"）的简写。如此，"天"本来是一个象形字或指事字，"丁"不但起到音符的作用，并且也描绘了"大"（即"大人"）的"头部"的形状或作为指事符号。"天"的本义似乎是人的"颠"或者"顶"，"天空"这个意思是从"颠""顶"的意思引申出来的，也可以说是一个假借字①。

　　顾立雅在 1936 年发表的《有关中国表意文字的性质》一文里，指出分析中国文字应该根据中国书写的历史演变。顾立雅对很多单字的分析有错误，他对形声字在中国文字学上所起的重要作用也没有给予应有的注意，这两点不足虽然不能否认，但是这并不是说他所有的分析都错。卜弼德的观点也不一定完全正确，正如卜弼德所承认的，"在对古代'表意'文字的研究中，音韵学家和文字学家的工作常常背道而驰"。这两种学者的目的尽管不同，但是两种做法都有它的价值。西方汉学对"表意文字"的辩论还没有得出

---

　　① 据我所知，在西方学者当中，金璋（Lionel Charles Hopkins，1854—1952）首先提出这样对"天"字的解释，见 L. C. (Lionel Charles) Hopkins, "Pictographic Reconnaissances: Being Discoveries, Recoveries, and Conjectural Raids in Archaic Chinese Writing." *Journal of the Royal Asiatic Society of Great Britain and Ireland* (Oct. 1917), pp.774 - 775.这并不是金璋对中国文字学唯一的贡献。

最后的结论。虽然如此，有不少证据说明中国文字确实有"会意字"，按照一般的语言用法会意字应该是"表意文字"。不但如此，这些会意字并不仅限于中国字典里所分析的"会意字"，还包括相当多的形声字。因为这些形声字的音符也起"兼意"作用，所以也应该可以算是"会意字"。